CONNAÎTRE LA FRANCE

2ème Edition

CONNAÎTRE LA FRANCE

2ᵉᵐᵉ EDITION

Jacques Delière
Indiana State University

Robert C. Lafayette
Louisiana State University

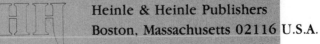
Heinle & Heinle Publishers
Boston, Massachusetts 02116 U.S.A.

Publisher: *Stanley J. Galek*
Editorial Director: *Christopher Foley*
Production Editor: *Paula Di Camillo*
Production Manager: *Erek Smith*
Production Coordinator: *Patricia Jalbert*
Cover and text design: *Jean Hammond*

Manufactured in the United States of America

ISBN 0-8384-1578-4

10 9 8 7 6 5 4 3 2

To Carole and Claire

Table des Matières

Introduction

Connaître la France is an intermediate- and upper-intermediate-level cultural reader that combines authentic texts and documents from the contemporary French press with a strong emphasis on reading skill development. Students are given the opportunity to integrate French language and culture, and to compare aspects of everyday French life with their own. There are also opportunities to further develop oral and writing skills.

The Second Edition of *Connaître la France* has been extensively revised. Twenty-three new texts have been added and there has been a substantial updating of old ones. Other changes include the addition of pre-reading activities and a variety of individual and group oral activities. These encourage personal expression and cultural comparison.

The inclusion of a particular reading selection in *Connaître la France* was guided by its thematic relevance, its intrinsic appeal to young adults, its lexical and grammatical complexity, and by its ability to resist becoming dated. Although the selections have been edited for length, they have undergone almost no linguistic changes. Most selections are illustrated with one or more photographs, drawings, or pieces of realia. In addition to providing valuable information concerning the attitudes, values, and behavior of the French, each reading selection serves as the contextual/thematic framework for the integrated oral and written exercises that accompany it.

The nine chapters that comprise *Connaître la France* can be read in any order; hence, instructors may adjust the sequence of presentation to suit their own preferences or to address specific class interests and needs. The instructional core of each chapter consists of a general thematic introduction and a variety of readings illustrating the chapter theme.

To accommodate the introduction of vocabulary in the readings and at the same time minimize the student's need to rely on the end-of-text vocabulary, difficult words and false cognates are glossed in the text margins. Whenever possible, practical definitions are given in French. Individual words are glossed only once per reading selection. To eliminate confusion, false cognates are signaled in the text by ˣ, near cognates by °. Identical or virtually identical cognates are not identified.

The exercises and activities that accompany the readings are not identical in format but vary to reflect both the theme and specific content of the chapter. Most chapters, however, include the following pre-reading aids:

Vocabulaire sur...   All chapters except the first and last begin with a list of thematic vocabulary that should be familiar to most students. Known words are reviewed and new words practiced in the *Exercices d'application* of this section.

A vous la parole   Students are asked to express their own opinions, preferences, ideas, etc., concerning the chapter theme as it relates to their own lives.

Avant de lire...   Each chapter introduction and reading selection is preceded by a pre-reading section which consists of either skim and scan activities or an advance organizer.

Skim and scan activities lead the student to gather some basic information about the passage prior to reading it in depth. These exercises also help the student distinguish between looking for general information and looking for specific information. The advance organizer, presented in paragraph form, is intended to serve as a reading guide that will help the student anticipate the content of the selection and further facilitate his or her understanding of it.

Introduction   The purpose of this section is to set forth in general terms the theme of the chapter, to establish the larger context to which the individual reading selections belong, and to facilitate the reader's comprehension of the texts that follow it.

Post-reading exercises and activities are of three general types:

Exercices de compréhension   These consist of one or more exercises that derive directly from the content of the reading. Depending on the selection, these exercises variously require the student to apply, analyze, or synthesize the information presented in the reading.

Exercices de langue   The vocabulary exercises usually focus on important new items and have as their goal to reinforce and expand the student's active use of French. The activities differ from chapter to chapter, but all are designed to promote vocabulary expansion and the use of idiomatic expression.

Parlons un peu   The functional oral activities are designed to help students increase their communicative use of language by practicing a variety of basic functions. These too differ in style from chapter to chapter.

Votre point de vue   The written and oral activities of this section invite personalized expression and cultural comparison. Their primary purpose is to have students extend the topics to themselves; that is, they encourage the student to express personal opinions, to generalize about various aspects of French and American culture, and to compare and contrast the two. In all cases, these exercises call for an application of both form and content.

We would like to express our gratitude to the numerous individuals who have helped us throughout the writing and production of this text. Among them are the many French publishers who have granted us permission to reprint the variety of texts and illustrations found in *Connaître la France*. We owe special thanks to the Valence *Médiathèque Municipale* and Monsieur and Madame Edouard Astier from Valence, who permitted us to peruse hundreds of magazines in our effort to locate appropriate materials and to Monsieur Gabriel Otman of the French Cultural Services, who provided numerous comments and suggestions concerning the chapter introductions. We are also very grateful to Arthur Babcock of the University of Southern California, Marva Barnett of the University of Virginia, Paul Bernard of St. Mary's University, and Elaine Horwitz of the University of Texas, Austin for their insightful comments on the revised manuscript.

We are especially indebted to Pat Menard for her excellent copyediting and to Stanley J. Galek, Christopher Foley, Paula Di Camillo, and Patricia Jalbert, all of Heinle & Heinle Publishers, for their numerous suggestions and recommendations offered throughout the development and production of this text.

Finally, a portion of the research done in France by Jacques Delière was supported by a Faculty Research Grant from Indiana State University.

J.D.
R.C.L.

Student Guide to Better Reading

One of the primary purposes of this book is to help you become a better reader of French. Good readers read for meaning. They pay more attention to the author's overall message than they do to individual words or specific grammar rules. They are willing to guess at the meanings of words and skip over certain words that they do not know. Finally, they work at increasing their reading speed because they realize that in reading for meaning they must deal with groups or chunks of words. They know that if they stop to look up individual items they will lose track of the message.

In order to help you become a better reader of French, we are including a series of suggestions that you should apply to every text in this book. Please study these carefully before attempting to read any of the texts. Remember that one of the worst things that you can do is to stop every time that you meet an unknown word and reach for a dictionary.

1. Your first step is to ask yourself what the text is all about and to create a frame of reference on that topic. Look at the title and try to predict what the author will be discussing, then check for subtitles that might provide you with additional information. Prior to each text, you will find a segment called *Avant de lire. Do not skip this part!* Its purpose is to help you create this frame of reference that will be so important in helping you guess at the meaning of unknown words and in helping you predict what comes next.

2. If the text is not too long, read it in its entirety without stopping; do not even stop for the glossed words in the margin. If you think that the text is too long, look for subtitles to establish stopping points. The important thing is to read a large chunk of material without stopping. You might even suggest that your teacher give the class just so many minutes to read the text. This is called a timed reading; it forces you to read without stopping.

3. Read the text once again, this time taking a look at the glossed words and guessing at the meaning of other words that you do not know. In guessing at the meaning of words, look for cognates, that is, words that look alike in French and in English. To help you do this, we have put one of two

symbols after certain words: the symbol [x] after a word means that it is a false cognate (it looks like an English word but it has a different meaning); the symbol ° after a word means that the same word exists in English but it may be spelled in a slightly different manner (for example, brick and *brique* or student and *étudiant*). Another device to try is to say the word out loud; this will often trigger its meaning. Most important of course is the context of the reading itself. What words are possible in that context? Also remember that you need not know the meaning of every word in order to understand the passage. Finally, use the dictionary *only as a last resort.*

4. Except for sounding out a few individual words, *do not read aloud, read silently.* Reading aloud will slow you down and will focus your attention on the sounds that you are making rather than on the meaning. The only person who can help you by reading out loud is the teacher or a native speaker's recording of the text. Reading while listening to a correct phonological interpretation of the text will help you read in whole sentences and focus on the context to help decipher meaning.

5. Read the entire passage a third time, once again without stopping. It is much more beneficial to read a text rapidly three or four times, than to do so once slowly and agonizingly.

6. Most important, *remember to read for meaning, not for individual words.*

La Mentalité française:

Permanence et changements

Introduction: La Mentalité française

Avant de lire...

Pensez-vous que les Américains sont tous pareils? Faites une liste de cinq adjectifs qui décrivent l'Américain typique. Ensuite, faites une liste des adjectifs contenus dans la première phrase de chaque paragraphe de l'introduction. Maintenant, lisez l'introduction en entier pour voir comment ces adjectifs illustrent les idées du texte.

Lecture

actuel de maintenant

Les caractéristiques de la mentalité française sont complexes. Cela s'explique en grande partie par la diversité des origines ethniques du peuple français. Pour ne citer qu'un exemple, c'est aux Celtes qui vivaient sur le territoire de la France actuelle[x] il y a plus de 2000 ans, qu'on attribue° l'un des traits fondamentaux de la personnalité du Français: l'individualisme. La pluralité des partis politiques illustre bien cette caractéristique; il en existe officiellement en France une bonne dizaine.

clôture *f fence*

Individualiste, le Français est aussi très indépendant. Quand il devient propriétaire° d'un terrain, sa première préoccupation n'est pas d'y construire une maison mais de l'entourer d'une clôture. Comme le dit la chanson, son rêve est «un petit jardin, une petite maison, une rivière et sa chanson, et rien que nous, c'est tout».

Il a aussi un esprit critique très développé et, souvent sceptique de nature, il n'accepte rien a priori mais après discussion. L'un des meilleurs moyens de découvrir les Français, c'est de les observer à table: même en matière de gastronomie, ils ont souvent des goûts très *arrêtés* et un *palais* exigeant.

arrêtés précis
palais *ici:* palate
de par du fait de

De par ses origines paysannes, le Français est souvent réaliste, prudent, économe,° prévoyant; il n'aime pas avoir de dettes.° Il est traditionaliste, attaché au sol et à la famille. Il a le sens de la mesure, mais il peut être aussi très idéaliste, très généreux et indiscipliné jusqu'à l'anarchisme.

épris de amoureux de, passionné pour
se réclamer de *to refer to*

Il est *épris de* logique, la logique de Descartes. Il *se réclame de* certains principes souvent très généreux et humanitaires, qu'il ne met pas toujours en pratique.

Le Français fait preuve d'un esprit curieux et ingénieux, mais il se passionne avant tout pour la création et néglige souvent d'exploiter le fruit de ses inventions.

Cette description serait inexacte si on ne signalait pas l'apparition de profonds changements dans le mode de vie actuel des Français. Au lendemain de la Deuxième Guerre mondiale, la France a connu 30 années de progrès économique et industriel, et la prospérité. Elle traverse maintenant une crise économique, une crise dont la persistance a fait naître chez beaucoup de gens, un sentiment d'incertitude et d'insécurité pour l'avenir. Cela est surtout vrai

chômage *m unemployment*
parmi *among*
une remise en
   question *questioning*

prévoyant *saves for the*
   future
s'endetter *to go into debt*
reine *f ici: very popular*

pour les nouvelles générations qui doivent faire face au *chômage* et à l'instabilité de l'emploi. Il en résulte, surtout *parmi* les jeunes, *une remise en question* des valeurs traditionnelles et des institutions, telles que la Famille, l'Eglise et l'Etat. Il est difficile de faire des projets d'avenir et l'on vit de plus en plus dans le présent et chacun pour soi. Le Français était traditionnellement économe et *prévoyant;* il évitait de *s'endetter.* Les choses sont en train de changer et la carte de crédit est devenue *reine* chez beaucoup de jeunes.

Les années 80 marquent pour la France, le passage à la société post-industrielle et à une nouvelle civilisation, et l'on ne connaît pas encore le nouveau visage du Français de demain.

Pour les jeunes, il est difficile de faire des projets d'avenir.

1. France: Hier et aujourd'hui

Avant de lire...

1. Copiez la première phrase de chaque paragraphe du texte. Choisissez dans la liste obtenue, les trois phrases qui expriment les idées les plus importantes.
2. On entend souvent dire que tout change. Vos parents et vos grands-parents décrivent leur vie, leur adolescence, leur enfance comme si c'était un autre monde. Et ils ont raison. La vie change rapidement. Pensez à votre vie en la comparant à celle de vos parents et grands-parents. Ensuite, lisez le texte et comparez les changements que vous observez chez les Américains et chez les Français.

Lecture

pouvoir d'achat *m buying power*
compte sur livret *m savings account*
cadre de vie *m lifestyle*

Pendant trente ans, la France a connu un développement économique constant; mais la crise est arrivée, la crise est toujours là: *pouvoir d'achat* en baisse, emploi menacé.° Il a fallu vider votre *compte sur livret* pour vous offrir une semaine à la montagne ou payer vos impôts. Maintenant vous prenez la crise au sérieux.

M. Dupont ne peut pas imaginer son avenir dans dix ans. Son *cadre de vie* aura changé, les produits qu'il consommera° ne sont pas dans les hypermarchés, les objets dont il se servira sont encore dans les cartons des bureaux d'études. Impossible de s'arrêter: les Français se trouvent entre deux civilisations! Les bases de la précédente brûlent, tandis que les débuts de la suivante n'apparaissent pas encore.

acquis *m ici:* le bénéfice
croissance *f ici:* le progrès
ressentir sentir

Les années 80 marquent la fin de la société industrielle. Aujourd'hui, un travailleur sur dix n'a plus d'emploi, un Français sur dix ne dispose pas d'un revenu suffisant pour vivre décemment.° La plupart des Français sentent qu'ils vont perdre *l'acquis* de trente années pendant lesquelles s'est élevé leur niveau de vie. La dernière génération n'a connu que *la croissance* économique. Elle *ressent* la crise comme une notion étrangère et injuste.

L'insécurité sociale

volant *m steering wheel*
concitoyen *ici:* les autres Français
biens *m pl* les richesses
accru augmenté
cambriolage *m burglary*

L'agressivité se manifeste aussi contre l'homme de la rue, qui devient un adversaire au *volant* de sa voiture, dans le métro, ou dans toute autre situation de rapport avec ses *concitoyens*. A chacun sa peur: celle de perdre son emploi, ses *biens* ou ses illusions. Si la délinquance s'est *accrue* depuis dix ans, (triplement° des *cambriolages* et des vols à main armée, doublement des homicides), le sentiment d'insécurité augmente encore plus vite que l'insécurité elle-même. La peur se nourrit aussi des menaces° que représentent pour les hommes les applications possibles des nouvelles technologies: biologie, génétique, électronique, nucléaire. Du bébé-*éprouvette* à la bombe à neutrons et à la robotique, le progrès technique non *maîtrisé engendre* l'inquiétude.

éprouvette *f test-tube*
maîtrisé *ici:* contrôlé
engendrer faire naître
se dérouler avoir lieu
en berne *at half-mast*

Une révolution culturelle *se déroule* sous nos yeux, au terme de laquelle plus rien (ou presque) ne sera comme avant. Les valeurs traditionnelles sont *en berne* et c'est la fin des trilogies: Liberté-Egalité-Fraternité, Travail-Famille-Patrie. A l'égalité (surtout celle des autres), les Français préfèrent de plus en plus la liberté, en particulier la leur. Quant à la fraternité, ses manifestations épisodiques, de préférence

lors de à l'occasion de

au moment de Noël ou *lors des* campagnes° antiracistes ne doivent pas faire illusion. Dans l'autre trilogie, la patrie est devenue moins importante. Chacun pour soi et la France pour tous.

Reste la religion, longtemps considérée dans notre pays comme une garantie de l'ordre, la pratique religieuse a subi, elle aussi, des ruptures culturelles. Les Français vont plus rarement à l'église et s'y marient moins. Le Pape est plus admiré que suivi.

se poursuivre continuer

Depuis vingt ans *se poursuit* une révolution silencieuse. La contestation des institutions (Etat, partis, armée, syndicats, Eglise, télévision) indique la méfiance des Français envers ceux qui jouent un rôle dans leur vie *quotidienne*. Elle montre aussi l'inadaptation des vieilles structures à préparer la nouvelle société.

quotidien de chaque jour

Le changement d'attitude le plus significatif concerne sans doute l'Etat. Celui-ci a connu en quarante ans trois figures successives:

Les kiosques sont toujours là pour annoncer les spectacles. Quel est le prochain film?

1. L'Etat-permanent (1945-1973) a duré de la fin de la Seconde Guerre mondiale jusqu'au premier choc pétrolier. Les Français voulaient qu'il organise la reconstruction, la production des richesses, leur planification et leur redistribution. Ils ne furent pas déçus.

2. L'Etat-providence (1974-1982) a pris le relais° pendant les premières années de la crise économique, jusqu'à l'arrivée de la gauche au pouvoir. Les Français attendaient de leur gouvernement le maintien de la croissance du pouvoir d'achat, l'indemnisation du chômage et la prise en charge des entreprises en difficulté.

3. L'Etat-d'exception (depuis 1983) est celui qu'un nombre croissant de Français désirent aujourd'hui. Fort, compétent, présent à *l'échelon* national et international, mais discret au plan régional, *effacé* au plan local, inexistant au plan privé.

échelon *m ici: level*
effacé *ici:* ignoré

Décentralisation, justice, absence de bureaucratie. Et, surtout, respect de l'individualité.

Les Français au quotidien

Dans le grand film de la société, les principaux acteurs ont changé. **La femme,** qui joua les seconds rôles jusqu'en 1965, se retrouve, vingt ans plus tard, *en haut de l'affiche.* **Aux jeunes,** le monde des adultes apparaît à la fois fascinant et dangereux. La fascination les incite à être adolescents plus tôt, aidés en cela par les parents et les médias. Le sentiment du danger les pousse à devenir adultes plus tard; à retarder leur intégration à la vie professionnelle, condition de l'accès à l'autonomie. **Les plus vieux** aussi ont un nouveau statut. Il arrive que le troisième âge devienne une seconde vie. A 60 ans, on peut encore espérer vivre une vingtaine d'années.

La famille patriarcale est en déclin, souvent remplacée par deux autres types de famille. **La famille associative** lui emprunte sa défense envers le monde extérieur mais s'efforce de concilier l'harmonie de la cellule familiale et le respect des individus. **La famille contractuelle** repose sur d'autres bases. Elle se fait et se défait *au gré des* passions, *l'épanouissement* de chacun étant prioritaire par rapport à celui de l'ensemble.

La vie professionnelle a commencé sa révolution. Le travail-devoir de la génération des anciens, d'inspiration religieuse (il faut gagner son pain à la sueur de son front), a fait place à d'autres conceptions. Les Français préfèrent *jouir de* la vie ici et maintenant, plutôt qu'ailleurs et plus tard. Ils attendent aussi du travail la possibilité de se réaliser *en tant qu'*individus.

A l'écologie succède **l'égologie:** «chacun pour soi et la France pour tous»; ou encore, «on ne vit qu'une fois». Lorsqu'un choix se présente entre l'individuel et le collectif, les préférences se révèlent: le consommateur° prend le pas sur le citoyen.

Les années 80 auront *consacré* la fin d'un monde. Les sociétés étaient fondées° sur quelques certitudes acquises dès l'adolescence à travers la famille, l'école et l'Eglise. Ces dernières années marquent la fin de la sécurité procurée par des certitudes acquises de l'extérieur. Les Français *constatent* l'inaptitude des modèles politiques ou sociaux à résoudre les problèmes nouveaux.

Cette remarque s'applique aussi aux «stars» des arts et du *spectacle:* elles ne représentent plus des modèles humains auxquels on voudrait ressembler. Auprès de ces professionnels du spectacle, on vient chercher un peu de distraction ou de rêve, mais surtout pas de leçons.

Dans le travail, les relations employeurs-employés prennent une forme plus constructive. Dans la vie quotidienne, l'opposition travail-loisirs *s'estompe,* sauf pour les travaux pénibles. Dans la vie personnelle, les classiques rapports corps-esprit commencent à être surmontés. Les Français se découvrent multidimensionnels.

Entre deux chaises, chacun compte sur ses propres forces. De loin, les Français admirent la solidarité de la nation polonaise. Chez eux, dans leur réaction «égologiste» à la crise économique, ils ont un long chemin à parcourir pour devenir— enfin—solidaires.

Gérard Mermet   Extrait de *L'Express*

---

en haut de l'affiche avec le premier rôle

au gré de *ici: according to*
épanouissement *m fulfillment*

jouir de *ici: profiter de*

en tant que comme

consacrer *ici:* marquer

constater *ici:* reconnaître

spectacle *m ici: show business*

s'estomper *ici:* diminuer

Exercices de compréhension

A. Trouvez dans le texte cinq phrases qui décrivent la France d'hier et cinq phrases qui décrivent la France d'aujourd'hui.

B. Comment le rôle de l'homme, de la femme, des adolescents et celui des vieux a-t-il changé depuis vingt ans?

C. Quels sont les changements les plus importants de la révolution culturelle?

D. Les deux listes de mots ci-dessous illustrent les différences entre les Français d'hier et ceux d'aujourd'hui. Trouvez dans le texte un exemple illustrant chacune des 10 oppositions présentées dans ces deux listes.

LES GRANDS MOTS:	HIER	AUJOURD'HUI
	collectivité	individu
	travail	loisirs
	famille tribu	famille association
	l'homme	les deux sexes
	plus tard	maintenant
	croyance dans le progrès	peur technique
		consommation
	épargne	égologie
	solidarité	corps
	esprit	doute
	certitude	

Exercice de langue

Comparez les deux listes de mots et trouvez les synonymes correspondants.

1. dès	a. comme
2. pénible	b. à l'occasion de
3. à la fois	c. à partir de
4. engendrer	d. continuer
5. se dérouler	e. profiter de
6. augmenter	f. faire naître
7. lors de	g. s'accroître
8. jouir de	h. en même temps
9. en tant que	i. fatigant
10. se poursuivre	j. avoir lieu

Votre point de vue

A. Si les années 80 marquent la fin de la société industrielle, comment s'appelle la société nouvelle qui lui succède?

B. Trouvez un partenaire et faites ensemble une liste des «grands mots» qui caractérisent l'Américain d'hier et celui d'aujourd'hui. Illustrez chaque caractéristique par un exemple.

2. Bande dessinée: Mes amours

Exercices de compréhension

A. Sept des situations présentées dans cette bande dessinée contiennent une idée commune: quelle est cette idée?

B. Trouvez la situation qui vous présente une idée différente. Quelle est cette idée?

C. Pourquoi cette histoire est-elle amusante?

D. Quelle est la technique utilisée pour produire un effet comique?

■ ■

3. Ce Peuple cartésien

Avant de lire...

cartésien du philosophe Descartes
qualificatif adjective

L'un des traits caractéristiques de la mentalité française est l'esprit « *cartésien* ». Ce *qualificatif* est dérivé du nom de Descartes, philosophe français (1596–1650), auteur du *Discours de la méthode.* Il est à la fois synonyme de logique, de méthodique et de clarté.° L'esprit cartésien constitue une manière typiquement française de raisonner et de convaincre. On le retrouve aussi bien dans les slogans publicitaires que dans les discussions philosophiques ou politiques. Pourtant, malgré toute cette logique, il arrive que les principes ne soient pas toujours suivis dans la pratique; comme nous le verrons dans la chronique intitulée «Ce Peuple cartésien».

Lecture

épris de amoureux de
pour un peu + *conditionnel* il
suffirait de peu de chose pour
que . . .

Les Français sont, comme chacun sait, cartésiens et *épris de* logique. Ces Français, il faut les comprendre. Ils sont bons démocrates. Ils se croiraient même *pour un peu* les inventeurs de la démocratie. Mais ils rêvent de l'homme fort qui imposerait silence aux partis. Ils sont pour l'ordre et pour la traversée des rues en dehors des passages pour piétons, contre l'inflation et pour l'augmentation régulière et substantielle des salaires, s'ils sont salariés, des prix s'ils vendent quelque chose, des retraites s'ils sont retraités. Ils sont pour la réduction des dépenses de la sécurité sociale[1] en général, et pour l'augmentation des dépenses de la sécurité sociale dans chaque cas particulier, au moins si ce cas les concerne.

farouchement violemment
jacobin *ici:* intransigeant

Ils sont convaincus qu'il faut «faire l'Europe»,[2] mais *farouchement* jaloux de leur identité nationale. Ils sont décentralisateurs et *jacobins,* sceptiques et intolérants. Ils sont convaincus qu'ils sont infiniment plus intelligents que les Allemands, mais que, dans la compétition avec les Allemands, ils n'ont aucune chance. Ils sont antimilitaristes, adversaires de l'arme nucléaire, anti-américains, anti-communistes, anti-arabes, ils estiment que la France ne se fait pas assez respecter.

étalage *m display*
flic *m cop*
s'indigner se scandaliser
quitte à + *infinitif* au risque de
. . .
le cas échéant si le cas se
présente
se mêler de s'occuper de
scolarité prolongée *continuing
education*
se soucier de se préoccuper
de
bergerie *f sheep's barn*
arrondissement *m section,
division of Paris*

Ils sont des champions de l'égalité° et des défenseurs de l'héritage. Ils sont contre toutes formes de censure, contre l'*étalage* de la pornographie, pour une police plus efficace et contre les *flics*. Ils sont isolationnistes et *s'indignent* qu'un Américain puisse l'être, *quitte à* lui reprocher, le *cas échéant,* de *se mêler* indiscrètement *des* affaires des autres. Ils sont favorables à la *scolarité prolongée,* à l'avancement de l'âge de la retraite, mais pour la restriction des naissances sans *se soucier du* fait que les deux premiers termes excluent le troisième.

Ils sont contre les travailleurs immigrés qui viennent leur prendre leur travail, mais refusent de faire le travail que font les travailleurs immigrés. Ils sont pour le moderne et contre les robots, ils sont contre la société de consommation, mais ils veulent l'automobile pour chacun, le dernier gadget dans la cuisine modèle. Ils rêvent de Paris à Châteauroux[3] et d'une *bergerie* en Ardèche[4] s'ils habitent le XVe *arrondissement.*

Ils pensent «qu'il faut que ça change» et ils ne veulent rien changer dans leurs habitudes, dans leur manière de vivre et de penser. Ils sont, comme le disait déjà, il y a plus de trois siècles, le cardinal de Retz, pour une révolution qui ne les trouble pas à l'heure du déjeuner. «Vous voulez vraiment la révolution?» demandait quelqu'un que je connaîs à un communiste du Midi rouge, qui lui répondit: «Oh! Monsieur, la révolution, c'est pas pour demain.»

La France est la patrie du genre humain, et l'on y est très accueillant aux étrangers, exception faite, bien entendu, pour les amerloques[5], les englishes, les

1. *French national health insurance and aid to families and the elderly*
2. le Marché commun, union économique spéciale entre plusieurs pays d'Europe de l'ouest
3. Ville de province au centre de la France
4. Département du sud-est de la France
5. Terme péjoratif pour désigner les Américains

métèque *ici:* un étranger
méditerranéen

fridolins, les macaronis, les espingouins[6], les polacks, les macaques, les ratons, les youpins[7] et autres *métèques.*

Nous attendons de nos gouvernements qu'ils nous jettent hardiment sur les voies de la grande compétition internationale (c'est bien leur faute si nous ne faisons pas aussi bien que les Japonais), mais à la condition de respecter nos caractères nationaux de peuple conservateur,° protectionniste, nationaliste, avec *un brin de* xénophobie. . .

un brin de un petit peu de

6. Termes péjoratifs pour désigner, respectivement, les Allemands, les Italiens et les Espagnols

7. Deux termes péjoratifs pour désigner les Arabes d'Afrique du Nord et un pour les Juifs

Thierry Maulnier, de l'Académie française
Extrait du journal *Le Figaro*

**Exercices de
compréhension**

A. Cette chronique illustre une certaine contradiction entre la théorie et la pratique. En relisant le texte, faites une liste des différents principes, en énumérant chaque fois les contradictions correspondantes.

THÉORIE	PRATIQUE
_____	_____
_____	_____
_____	_____

B. Expliquez les phrases suivantes.

1. «Il faut faire l'Europe.»
2. «Ils rêvent de Paris à Châteauroux et d'une bergerie en Ardèche s'ils habitent le XVe arrondissement.»
3. «Oh! Monsieur, la révolution, c'est pas pour demain.»

Exercice de langue

Comparer les deux listes de mots et trouver les synonymes correspondants.

1. un brin de   a. se scandaliser
2. épris de   b. hospitalier
3. le cas échéant   c. amoureux de
4. se mêler de   d. opposé à
5. estimer   e. un agent de police
6. se soucier de   f. un peu de
7. s'indigner   g. si l'occasion se présente
8. contre   h. se préoccuper
9. un flic   i. juger
10. accueillant   j. s'occuper de

■ ■ ■ ■ ■ ■ ■ ■ ■ ■ **A.** Complétez les paragraphes suivants par des termes correspondant à la
Votre point de vue   mentalité américaine.

Ces Américains, il faut les comprendre. Ils sont _____. Ils se croiraient même
pour un peu les inventeurs de _____. Ils sont pour _____ mais contre
_____.

    Ils sont convaincus qu'ils sont infiniment plus _____ que les _____,
mais ils n'ont aucune chance. Ils sont anti- _____, adversaires de _____,
anti- _____. Ils estiment que les Etats-Unis ne se font pas assez _____.

    Ils sont des champions de _____ et des défenseurs de _____. Ils sont
favorables à _____ mais pour la restriction de _____. En somme, les Etats-
Unis sont la patrie de _____.

B. Voici une phrase tirée du texte. Décrivez un exemple de ce même phénomène aux Etats-Unis.

Ils sont contre les travailleurs immigrés qui viennent leur prendre leur travail,
mais refusent de faire le travail que font les travailleurs immigrés.

4. Publicité : Descartes et l'automobile

Avant de lire...   Cette publicité d'un ancien modèle d'automobile exploite un trait important de
la mentalité française: l'esprit «cartésien», synonyme de logique mais aussi de
doute. Avant de lire cette publicité, soulignez les mots suivants chaque fois que
vous les rencontrez: «doute», le verbe «douter», «sceptique».

MEME LE PLUS SCEPTIQUE DES FRANÇAIS VOUS RECOMMANDERAIT LA SIMCA 1100 SPECIAL.

René Descartes (1596-1650),
père du scepticisme français.

Le célèbre auteur du Discours de la Méthode et des Méditations Métaphysiques, René Descartes, a été le premier à formuler une des caractéristiques de l'esprit français : le doute.

Aujourd'hui, si vous êtes français, vous êtes cartésien, donc vous doutez, donc vous êtes sceptique. Particulièrement quand vous achetez une voiture. Nous le savons.

C'est pourquoi nous vous demandons de bien regarder la Simca 1100 Special. Rationnellement. Logiquement. Comme Descartes l'aurait fait.

Même le plus sceptique des Français serait conquis par sa traction avant. Elle a aussi une suspension à barres de torsion (pour le confort et la tenue de route).

Elle a une cinquième porte, des freins à disque (à l'avant), une vitesse de pointe de 157 km/h et une accélération de 35"7 au kilomètre départ arrêté (pour doubler plus vite et plus sûrement, c'est logique) et cinquante huit journalistes automobiles français, donc sceptiques, lui ont décerné le Prix de la Sécurité...

Ce n'est peut-être pas si mal de trouver tout cela dans une seule voiture, à un prix raisonnable. A ne pas oublier : la Simca 1100 a été la berline la plus vendue en France...

Automobilistes français, quand vous choisirez votre prochaine voiture, soyez sceptiques, mais soyez logiques.

Crédit Cavia. Leasing Locasim. Simca a choisi l'huile Shell.
La Simca 1100 existe en 5, 6 ou 7 CV.

CHRYSLER
FRANCE

SIMCA CHRYSLER FRANCE: DES MILLIERS ET DES MILLIERS D'ANCIENS SCEPTIQUES ROULENT DEJA EN SIMCA 1100.

Chrysler France a été acheté en août 1978 par Peugeot. La marque Simca a été remplacée par Talbot.

A. A part le doute, quelle est l'autre caractéristique que cette publicité fait ressortir? Trouvez les mots qui expriment cette caractéristique.

B. Faites une liste des caractéristiques techniques de cette voiture, telles que «traction avant» etc.

C. Comment cette publicité présente-t-elle le produit pour le vendre? Est-ce que SIMCA veut que le lecteur reste sceptique?

D. Commentez l'emploi de l'adjectif qui précède le mot «sceptique» dans la dernière ligne de la publicité.

■ ■ ■ ■ ■ ■ ■ ■ ■ ■
Votre point de vue

Répondez aux questions suivantes.

1. Serait-il possible d'utiliser les théories d'un philosophe pour vendre une voiture aux Etats-Unis?
2. Quels sont les symboles de publicité utilisés pour vendre une voiture dans votre pays?

5. «C'est tout de même en France qu'on vit le mieux…»

Avant de lire…

constater *to find out*

Ce texte présente le point de vue de plusieurs étrangers sur la mentalité française. Vous allez *constater* comme on le dit dans l'introduction du chapitre que les caractéristiques de la mentalité française sont complexes et souvent contradictoires. En particulier il est intéressant de noter les différences d'opinion parmi ces étrangers. Par exemple, l'Allemand apprécie l'imagination des Français; l'Italien, leur respect de la liberté; tandis que la Hollandaise critique leur traditionalisme.

Lecture

à leurs heures quand cela leur plaît
arriviste désireux de réussir

«Les Français? Ils aiment la liberté, mais surtout la sécurité. Fantaisistes *à leurs heures*, ils sont terriblement conservateurs.° Et puis, comme ils sont *arrivistes*, égoïstes, hostiles aux étrangers! Tous les Européens que nous avons interrogés sont

à notre égard *with respect to us*

d'autant plus . . . que *all the more . . . as*

confier *ici: to admit*

station balnéaire *seaside resort*

dévaliser *voler*

séduisant *charmant*
P.D.G. *président-directeur général*
émerveillé *plein d'admiration*
ressentir *sentir*
attrait *m attraction*
frissonner *trembler légèrement*

neerlandais *hollandais*

Alliance française *f association culturelle qui enseigne le français*
travailler au pair *travailler dans une famille pour le logement et la nourriture*
cadre *m executive*
soupirer *to sigh*

mannequin *m model*
autodidacte *self-taught*
partager un avis *avoir la même opinion*
carte de visite *f calling card*
gravir des échelons *to climb the ladder*
allocation vieillesse *f government aid to the elderly*
chômeur *m unemployed worker*

aussi sévères *à notre égard. D'autant plus* sévères *qu'* ils espéraient tant de la France, avant de la découvrir!° Pourtant tous ceux d'entre eux qui y vivent depuis plusieurs mois *confient* aussi «c'est tout de même en France qu'on vit le mieux.»

«J'habite en France depuis maintenant cinq ans et je ne pourrais pas vivre ailleurs, surtout pas en Italie!» dit Michele Ferrari, patron d'une pizzeria rue Montmartre et marié depuis trois ans à une Française. En Italie, pourtant, il habitait une *station balnéaire* de rêve, Anzio, le «Deauville des Romains». Mais, dit-il, en Italie, c'est l'anarchie. On peut construire sa villa où l'on veut, sans permis, mais on peut aussi être *dévalisé* en un après-midi. Quand tout est permis,° il n'y a plus de liberté. En France, les libertés sont encore respectées et la sécurité assurée, car les gens tiennent plus que dans tout autre pays à leur vie privée.»°

Depuis dix ans qu'il habite en banlieue ouest de Paris, avec sa femme et ses enfants, Norbert Wagner, quarante-trois ans, sportif et *séduisant* P.D.G. allemand de Porsche France, a toujours, lui, le même sourire *émerveillé* pour vanter «la fantaisie française.»

«J'ai toujours *ressenti* pour la France un *attrait* viscéral, confie-t-il. Quand j'étais petit, je *frissonnais* de joie° en entendant parler votre langue.» Aujourd'hui, cet émerveillement n'a pas cessé. Norbert Wagner vante l'imagination de ses collaborateurs français. «Grâce à leur extraordinaire rapidité d'esprit, un produit peut être lancé sur le marché beaucoup plus vite ici qu'en Allemagne. Mais les Français sont souvent superficiels, ils ne s'intéressent pas à la réalisation des projets. Pour innover,° ils sont meilleurs; mais pour la réalisation, je ferais plutôt confiance aux Allemands.»

Cette légèreté de l'esprit français, dont elle avait tant rêvé dans son plat pays natal, Marianne Ruydaele, dix-neuf ans, fille de commerçants *néerlandais* de la banlieue d'Amsterdam, le cherche encore désespérément° à Paris. Etudiante à *l'Alliance française* depuis dix-huit mois, elle *travaille* comme jeune fille *au pair* dans une famille de *cadres*—lui ingénieur,° elle avocate, deux enfants, une maison à la campagne. Visiblement, elle a été déçue par leur accueil. «Les Français, *soupire*-t-elle, n'ont qu'une idée, ne pas être dérangés. Ils craignent par dessus tout qu'on touche à leur confort et à leurs privilèges. C'est certainement la raison pour laquelle ils sont si froids, si distants avec nous. Même les jeunes ont peur de la nouveauté, peur de ne pas faire comme les autres et d'être critiqués. Quand je pense que j'imaginais une France, patrie de la liberté. C'est le pays le plus traditionaliste de toute l'Europe.»

Lena Mannerik, vingt-huit ans, *mannequin* danois mariée à un jeune homme d'affaires *autodidacte* français, ne *partage* pas tout à fait cet *avis*. «C'est vrai, observe-t-elle, que les Français n'aiment pas prendre trop de risques. Ils sont très attachés aux traditions, aux diplômes, aux *cartes de visite* bien remplies, à tout ce qui leur donne un sentiment de sécurité. Mais ils sont beaucoup plus ambitieux que les Danois. Chez nous, les gens se moquent bien de *gravir des échelons* et «d'arriver». Pourquoi? Parce qu'ils sont entièrement pris en mains par la société, de la naissance à la mort. Ils ont tout un arsenal de garanties sociales, l'*allocation vieillesse* à 4000 francs par mois, trois ans de salaires garantis aux *chômeurs*, etc.

inculquer *to inculcate*
toucher . . . ruisseau tomber
     dans la pire situation

L'éducation aussi est différente. Les parents n'*inculquent* pas comme en France à leurs enfants, la peur de «toucher le fond du ruisseau». Au Danemark, cela rend les gens un peu mous, mais très ouverts. Tandis qu'en France, les gens sont ambitieux mais très fermés.»

Wallon Belge de langue française
histoire belge *f typical joke made by the French about the Belgians*
renvoyer la balle *ici: faire aussi bien*

«Vous les Français, vous êtes relax, dit au contraire Charles Coen, quarante-deux ans, boulanger belge (*Wallon*, précise-t-il). Vous dites toujours que vous avez des soucis, mais c'est parce que vous aimez vous plaindre. Mais vous savez rire, aussi. Vos *histoires belges*, formidable! Nous, nous sommes incapables de vous *renvoyer la balle*.»

Interprète° à la Chambre de Commerce internationale, Dominique Simpson-Jones, vingt-sept ans, charmant accent britannique, a été élevée en France et connaît Paris comme sa poche (elle a d'ailleurs publié un petit guide: «Les Secrets de Dominique à Paris»). Elle fait l'inventaire° complet des défauts du Français moyen avec autant d'humour que l'inventaire de ses bistrots préférés: «Critique, indiscipliné, s'amuse de tout quand il s'agit des autres, mais dès qu'il sent qu'on touche à sa dignité ou à son droit, *farouchement* sur la défensive.» Et encore, «Raciste, terriblement *soucieux du qu'en-dira-t-on*, ne vous laisse pas facilement pénétrer chez lui. . .» Malgré tout, si Dominique consent à se marier un jour, c'est un Français qu'elle épousera. «Je préférerais, lance-t-elle, être trompée par un Français que par un Anglais. Le Français est encore très attaché à des valeurs° comme le devoir, l'honneur et l'amitié. L'Anglais, qui n'a plus beaucoup le sens du devoir, laissera complètement tomber sa femme au profit de sa maîtresse. Le Français saura encore avoir quelque attention pour vous . . . »

farouchement *violemment*
soucieux de *anxious about*
qu'en-dira-t-on *what people will say*
épouser *to marry*

Bruno Ferreira
Extrait du *Figaro Magazine*

Exercices de compréhension	**A.** D'après les témoignages présentés dans le texte, quelles sont les caractéristiques positives du Français? Les caractéristiques négatives? Enumérez-les en deux listes.

B. Ce texte contient le témoignage de trois hommes et de trois femmes. Pensez-vous qu'il existe un rapport entre le sexe et le jugement porté?

Exercice de langue

Complétez le paragraphe suivant par les mots qui conviennent.

au pair	confier	gravir des échelons	ressentir
cadre	dévaliser	partager l'avis	station balnéaire

Monsieur Béranger est _____ dans une importante usine d'automobiles de la région parisienne. C'est un homme qui a _____ pour «arriver». Il passe généralement ses vacances dans une _____ du Midi, car il adore le climat et le ciel méditerranéens. Sa fille, Brigitte, qui est étudiante, ne _____ pas _____ de son père sur bien des problèmes. Brigitte m'a _____ qu'elle préférerait passer ses vacances en Angleterre _____ dans une famille pour apprendre l'anglais.

Pendant que les Béranger étaient partis en vacances, des voleurs ont _____ leur appartement parisien. Monsieur Béranger a _____ une certaine colère. Il a décidé de passer l'été prochain à Paris.

■ ■ ■ ■ ■ ■ ■ ■ ■ ■
Votre point de vue

Comparez: quels sont les deux principaux traits que ces témoignages attribuent aux Français? Pensez-vous qu'ils s'appliquent aussi aux Américains? Pourquoi ou pourquoi pas?

CHAPITRE

2

L'Evolution
de la famille

Activités préliminaires

Vocabulaire sur la famille

Exercices d'application

Choisissez l'un des exercices ci-dessous: dans chaque cas décrivez un souvenir personnel de famille en utilisant le vocabulaire approprié.

A. Ecrivez un paragraphe en employant au moins dix mots de la liste ci-dessous.

B. Préparez un exposé oral. Vous devez parler pendant au moins une minute et utiliser un minimum de cinq mots sur le sujet.

C. Travail oral en petits groupes de deux, trois ou quatre personnes. Faites chacun à votre tour une phrase contenant un mot sur le thème de la famille. Continuez jusqu'à ce que tous les éléments du vocabulaire soient utilisés.

affection *f*	famille *f*	ménage *m*
allocations familiales *f pl*	fille *f*	mère *f*
chef de famille *m*	fils *m*	parents *m pl*
couple *m*	foyer *m*	père *m*
divorce *m*	frère *m*	petit-fils *m*
enfants *m pl*	génération *f*	sœur *f*
épouse *f*	mari *m*	vieux *m pl*

A vous la parole

Avant de lire les textes de ce chapitre, pensez un peu à l'évolution de la famille américaine. Comment est-ce que la famille américaine a changé pendant les vingt dernières années? Qu'est-ce qui a contribué à ces changements? La libération des femmes? La télévision? Le rôle des vieux dans la famille? Discutez ces questions avant de lire les textes de ce chapitre.

Introduction: La Famille française d'aujourd'hui

Avant de lire...

Trouvez trois phrases dans le texte: la première qui décrive le rôle de la mère dans la famille d'aujourd'hui; la deuxième, le rôle du père; la troisième, le rôle des enfants. Pensez-vous que ces phrases décrivent aussi le rôle de la famille américaine?

Lecture

Depuis la Deuxième Guerre mondiale et, plus encore depuis 1968, on remarque d'importants changements dans la famille française. En particulier, une plus grande autonomie entre ses membres. De plus, en dehors de la famille traditionnelle, on voit apparaître de nouveaux types de famille tels que la cohabitation ou concubinage, et la famille «monoparentale». Cependant, la famille conserve son rôle fondamental: elle *reste* pour les Français *la cellule de base* de la société.

Si, traditionnellement, le père est le «chef de famille», il existe de plus en plus dans le couple moderne, un partage de l'autorité, des *tâches* et des libertés. Les membres de la famille sont devenus plus autonomes et se trouvent plus souvent séparés. C'est tout d'abord le cas de *l'épouse*: la femme a toujours joué un rôle important dans la société française et plus précisément dans la famille. Elle est *l'âme du foyer;* même avant son émancipation, elle avait déjà une certaine autorité dans le ménage. C'est elle qui, par exemple, tenait *les cordons de la bourse.* Cependant, ce n'est qu'après 1945, *grâce à* l'évolution des lois sociales (1945: droit de vote; 1946: à travail égal salaire égal pour la femme et pour l'homme) qu'elle est devenue juridiquement l'égale de l'homme.

Plutôt que de rester «la femme au foyer», presque la moitié des femmes françaises préfèrent travailler, quelquefois pour des raisons financières, mais encore plus fréquemment par amour de leur métier. La femme peut aujourd'hui *accéder* aux plus hautes fonctions: plus d'un tiers des *cadres* sont des femmes.

Cette émancipation et ces nouvelles responsabilités confèrent° à la femme une plus grande indépendance. *Cependant,* son absence du foyer rend plus difficile son rôle de mère et la vie de famille en général. En effet, dans bien des cas où la femme travaille, la famille ne se réunit plus pour le déjeuner, à cause des transports et des distances ou de *la journée continue.* On connaît l'importance des repas dans la vie familiale française: c'est à table qu'ont lieu le plus souvent les discussions et les échanges° d'idées. A ce sujet, il faut noter l'intrusion de la télévision dans la vie familiale.

rester to remain
la cellule de base l'élément fondamental

tâche *f* task

épouse *f* une femme mariée

l'âme du foyer *beart of the family*

les cordons de la bourse *purse strings*
grâce à avec l'aide de

la femme au foyer *housewife*

accéder à *ici:* arriver à
cadre *m executive*

cependant *however*

la journée continue *workday with short lunch break*

En France comme ailleurs, le rôle du père est en train de changer.

crèche *f ici: daycare center*

Lorsque la mère travaille, les enfants en bas âge passent la journée à *la crèche;* c'est alors la collectivité qui doit se substituer à la famille pour assurer leur éducation. Les enfants sont plus libres et plus indépendants qu'avant.

En dehors de ces transformations affectant la famille française traditionnelle, il existe plusieurs phénomènes nouveaux très importants qui, d'après les statistiques, doivent modifier considérablement le visage de la famille française de demain:

actuellement d'aujourd'hui

Tout d'abord, si *actuellement* la grande majorité des couples (environ 85 pour cent) sont mariés, on note par ailleurs une importante progression de la cohabitation ou union libre. Parmi les moins de 35 ans ce n'est souvent qu'une prise à l'essai qui se termine par un mariage. Pour d'autres couples qui considèrent le mariage comme une institution *dépassée* et *contraignante,* le concubinage est devenu un véritable statut, un nouveau type de famille; il est même encouragé par certaines lois fiscales. C'est ainsi qu'un couple en concubinage paye moins d'impôts qu'un couple marié ayant le même nombre d'enfants.

dépassé *ici: old-fashioned*
contraignant *restricting*

croissant grandissant

Il faut aussi signaler un nombre *croissant* de familles «monoparentales», c'est-à-dire composées d'un seul parent, en général la mère (dans 80 pour cent des cas) et d'un ou plusieurs enfants. Il *s'agit de* mères veuves ou célibataires, mais surtout de femmes divorcées. Il existe en France un million de familles monoparentales.

il s'agit de il est question de

Le nombre des divorces augmente lui aussi. Aujourd'hui en France, un mariage sur quatre se termine par un divorce.

Un autre phénomène caractérise la famille d'aujourd'hui, celui de *la dénatalité*. « La France *fabrique* plus de *cercueils* que de *berceaux*. » Ainsi, il y a plus de *décès* que de *naissances*. La cause principale de ce grave problème démographique est le travail du couple.

Le gouvernement s'est déjà montré très généreux pour encourager les naissances: *congé* (payé) de maternité de quatorze semaines; allocations familiales; congé parental, qui permet à l'un des parents d'un nouveau né de s'absenter de son travail pendant plusieurs mois sans perdre son emploi. On va prendre de nouvelles mesures pour encourager les Français à avoir des enfants.

La famille française traditionnelle a donc beaucoup perdu de son caractère fermé et autoritaire; elle a en quelque sorte *éclaté* pour accorder à ses membres plus d'autonomie et de libertés. On remarque même l'apparition de nouveaux types de famille. Cependant, la famille conserve toute son importance. Elle reste en France la cellule sociale de base par excellence. Elle devient plus que jamais un refuge affectif et matériel contre les dangers de notre monde en constante mutation.

dénatalité *f decrease in the birth rate*
naissance *f birth*
fabriquer faire
cercueil *m coffin*
berceau lit de bébé
décès *m* la mort
congé *m ici: leave*

éclater *to burst*

1. La Famille: Une idée moderne

Avant de lire...

parmi *among*

Quel est le pourcentage° de divorcés *parmi* les parents de vos amis? Connaissez-vous des couples qui vivent en union libre? Ont-ils des enfants? Etudiez le graphique ci-dessous et décrivez en deux ou trois lignes la famille actuelle. Ensuite, décrivez l'évolution des pourcentages d'aujourd'hui à 1995.

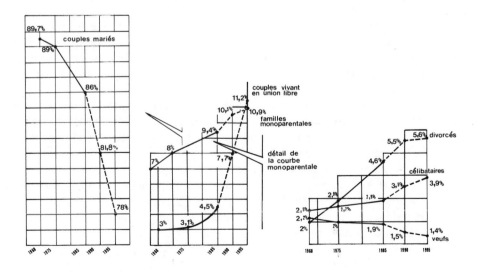

Lecture

allons donc! *come on!*
décennie *f* 10 années

En péril, la famille? *Allons donc!* Que nos moralistes se rassurent: la famille a résisté à tous les chocs; et Dieu sait s'il y en a eu ces dernières *décennies!* Elle survit, vit et revit. Et reste bien la cellule de base de notre société. Mieux, elle est redevenue une valeur sûre. Plébiscitée par les jeunes, chérie° par les parents, défendue par la gauche comme par la droite! Ses supporters font presque l'unanimité (92 pour cent au dernier *sondage*). «Réussir» sa famille, voilà la grande affaire des années 80. Bref, la famille, on aime.

sondage *m statistical survey*

foyer *m home*
promouvoir *to promote*
croissant *ici: de plus en plus grand*
angoisse *f anguish*
se replier sur *ici: to turn to*

Il y a une aspiration profonde, collective, à vivre dans son *foyer,* à *promouvoir* le clan familial. Les sociologues parlent d'un «besoin *croissant* de famille». Logique: dans une société en mutation rapide, où *l'angoisse* est à tous les coins de rue, la famille apparaît comme un refuge. On *se replie* sur le couple, sur les enfants, dont on attend des choses extraordinaires.

De plus en plus, les parents distribuent° de leur vivant, en donation ou en cadeaux, ce que leurs enfants n'auraient eu qu'en héritage. Près des deux tiers des familles bourgeoises et la moitié des familles ouvrières aident ou *entretiennent* leurs fils ou leurs filles devenus adultes. Les familles tiennent le rôle de la banque pour acheter un appartement, ou de *l'A.N.P.E.* pour trouver du travail: 11 pour cent des enfants de cadres et 21 pour cent des enfants d'ouvriers ont obtenu un emploi grâce à leur famille.

entretenir *ici: to support*

A.N.P.E. Agence Nationale Pour l'Emploi

Etonnante vitalité! Et, pourtant, quelles secousses a subies le modèle familial depuis quinze ans!

chuter *tomber*

Entre 1972 et 1985, le nombre des mariages *chute* de 416 000 à 273 000 par an! Pendant ce temps, celui des divorces grimpe de 43 000 à 109 600. Si l'évolution actuelle se poursuit, un mariage sur quatre *aboutira* à un divorce. L'union libre, *en revanche,* progresse à grands pas: plus d'un million de couples en 1985. A 30 ans, un couple sur dix n'est toujours pas passé par la mairie.

aboutir *avoir pour résultat*
en revanche *par contre*

Les enfants illégitimes représentent, pour la première fois, en 1979, plus de 10 pour cent des naissances. En 1984, on arrive déjà à 18,5 pour cent avec 135 000 enfants nés hors mariage.

L'instabilité des unions conduit aux familles monoparentales: un parent seul, le plus souvent une femme, avec un ou plusieurs enfants. Elles ont progressé de 25 pour cent entre 1975 et 1982. Elles représentent plus d'une famille avec un enfant sur dix. Phénomène nouveau: les mères y sont plus souvent des divorcées que des veuves.

Les années après 1968 ont été cruciales. Les jeunes rejettent l'autorité parentale, les rites familiaux et le mariage, au nom de l'individualisme ou d'un esprit communautaire qui refuse les institutions et recherche l'égalité. Au revoir papa, au revoir maman!

désormais *à l'avenir*
le sort *ici: la condition*

Plus grave, les femmes choisissent la contestation: elles refusent *désormais le sort* qui leur était imposé. Elles veulent s'assumer, choisir leur sexualité et leur maternité, changer leur rôle dans la société. Mais plus elles sont diplômées, actives et cadres, plus elles cohabitent, plus elles se marient et font des enfants tard et plus elles demandent le divorce!

Alain et Claire ont appris en famille que pour bien vivre il faut bien manger.

bouleversement *m ici:* un grand changement

quotidien de tous les jours
four à micro-ondes *m*
   microwave oven
dressé *ici:* mis
fief *m* le domaine
contrainte *f* une obligation
mœurs *f pl* les habitudes de vie

Pauvre famille! Certains la jugent moribonde. Eh bien, non, elle résiste! Au prix d'un sérieux *bouleversement*, d'une véritable métamorphose. D'abord, dans le partage de l'autorité et des libertés. Finie la soumission des uns aux ordres des autres. L'heure est aux concessions et à la tolérance. Les règles du jeu de la vie *quotidienne* changent: *le four à micro-ondes* et le réfrigérateur ouvert à tous, tout le temps, remplacent bien souvent le repas servi à heure fixe sur une table bien *dressée*. La maison est un lieu de rencontre plus que le *fief* des parents. La réunion de famille est sans obligation et sans *contrainte*.

Révolution dans les *mœurs*, mais plus encore révolution dans les structures. Il n'y a plus actuellement[x] un modèle de famille, mais des types de familles. Il n'y a plus de normes. Autant d'individus, autant de couples, autant de clans. Chacun choisit maintenant son look familial en toute liberté. Les sociologues discernent quatre «variantes» dans la famille moderne:

1. Proche de la tradition, la famille alliance est en recul. «Le couple s'engage à
   maintenir la cohésion du groupe familial, *quelles que soient* les variations du

quel que soit *whatever be...*

sceller *to seal*
point de *pas de*

se consacrer à *to devote oneself*
Mamie *grand-mère*

sentiment amoureux. Et le mariage est l'acte qui *scelle* cette promesse», explique Louis Roussel. *Point de* relations sexuelles régulières avant le mariage. Les enfants, le plus souvent trois ou quatre, sont le prolongement indispensable du couple. François P., profession libérale, rentre tard le soir dans sa banlieue résidentielle. Les enfants ont dîné et fait leurs devoirs sous la surveillance de leur mère, qui *se consacre* à leur éducation. On se retrouve tous les dimanches, pour la messe et le repas familial, rites presque obligés. L'après-midi, on va goûter chez *Mamie*, à la campagne.

2. La famille-fusion actuellement[x] est le modèle dominant. Le couple repose sur l'intensité de la relation amoureuse. La vie commune peut commencer ou pas avant le mariage. «Le problème n'est plus mariage ou pas, mais enfant ou pas», estime Juliette, 26 ans. On retarde d'ailleurs la naissance de cet enfant. Dans ces familles-là, on partage tout, on se dit tout, on fait tout ensemble. Mais si, par malheur, les parents constatent que l'ardeur de leur sentiment amoureux faiblit, ils n'hésitent pas et préfèrent sacrifier l'unité familiale pour «refaire leur vie» ailleurs.

3. La famille spontanée: encore minoritaire, elle est en voie de développement. «Les adeptes de la nouvelle doctrine matrimoniale, explique François Singly, recherchent l'amour en haute tension, dans le très grand respect de l'autonomie de chacun.» Ils choisissent plus souvent la cohabitation.

Homme ou femme, il n'y a plus de rôle réservé. L'un s'échappe pour un dernier week-end à la neige pendant que l'autre emmène les enfants à Trouville. On surveille à tour de rôle *la varicelle* du petit . . . Tous deux travaillent, cuisinent, s'occupent des enfants et ont leurs *propres* distractions.

varicelle *f chicken pox*
propre *ici:* à eux

4. Les familles monoparentales ne sont pas constituées que de victimes, loin de là: on préfère maintenant courir le risque, temporaire, d'être un parent «seul», plutôt que de souffrir la médiocrité de l'union. Mais la proportion des mères célibataires, environ 2 pour cent des familles, n'est pas appelée à évoluer parce qu'on n'ose plus délibérément priver un enfant de son père.

L'optimisme reste de règle. Par sa capacité d'adaptation, sa flexibilité, sa solidarité, la famille a montré qu'elle pouvait répondre à toutes les exigences de notre époque. Vraiment, la famille c'est une idée moderne.

Anne Beaujour
Extrait de *L'Express*

Exercices de compréhension

A. Relisez brièvement les trois premiers paragraphes et choisissez dans chacun la phrase qui résume le mieux son contenu.

B. Enumérez les changements principaux que la famille a subis depuis quinze ans.

C. Comment la femme a-t-elle contribué à l'évolution de la famille? Et les enfants?

D. Trouvez trois ou quatre adjectifs qui décrivent chacune des quatre variantes de la famille moderne.

E. Quel est le message principal de cet article?

Exercice de langue

Remplacez les mots en italique par les synonymes qui conviennent.

s'échapper	être veuf(-ve)	faire un cadeau
décennie	franchir	grimper
surveiller	à tour de rôle	mœurs
être célibataire	reculer	se poursuivre

1. *Il n'est pas marié.*
2. *Son mari est mort.*
3. Ils ont répondu *chacun son tour.*
4. Êtes-vous assez agile pour *monter* sur cet arbre?
5. Après l'avalanche, les recherches pour trouver les alpinistes *continuent.*
6. Les *habitudes de vie* de cette tribu sont encore primitives.
7. Les prisonniers *se sont évadés.*
8. Grâce à ce vaccin, l'épidémie *est en régression.*
9. Il *m'a donné quelque chose;* je l'ai bien remercié.

■ ■ ■ ■ ■ ■ ■ ■ ■
Parlons un peu

La Désapprobation.

Tu n'aurais pas dû
Il ne fallait pas
Tu as eu tort de   + infinitif
Il est inadmissible de
Comment as-tu pu . . .

Pour désapprouver les actions d'une personne ou pour reprocher quelque chose à quelqu'un, on peut utiliser une des expressions encadrées ci-dessus. Adressez des reproches à une personne en utilisant ce schéma et l'une des expressions suivantes:

épouser ce garçon	se marier	rester célibataire
divorcer	vivre seul(e)	rester veuf(-ve)
abandonner vos 4 enfants		

EXEMPLE: à une femme qui n'est plus mariée

« Vous n'auriez pas dû divorcer.»

1. à une cousine qui a quitté son mari et ses quatre enfants
2. à une amie qui a épousé un homme pas sérieux
3. à votre fils de 17 ans
4. à un collègue qui a refusé de se remarier
5. à un ami qui a toujours vécu seul
6. à un ami qui vit seul depuis la mort de sa femme

■ ■ ■ ■ ■ ■ ■ ■ ■ ■
Votre point de vue

A. Simulation: la moitié des étudiants sont journalistes. En se servant des questions suivantes, chaque reporter interviewe un(e) étudiant(e) de l'autre moitié de la classe et écrit les réponses.

1. Combien de personnes y a-t-il dans votre famille?
2. Est-ce que ces personnes habitent toutes au même endroit?
3. Est-ce que votre mère exerce une profession? Depuis quand?
4. Où habitent vos grands-parents? Combien de fois par an les voyez-vous?
5. Quelles sortes de contacts avez-vous avec vos tantes, vos oncles, vos cousins, vos demi-frères, vos demi-sœurs? Quelle est la fréquence de ces contacts?

B.   Comparez.

1. Quelles ressemblances existe-t-il entre les familles des étudiants de votre classe et celles décrites dans l'article?
2. En vous servant des questions ci-dessus, faites une composition. Décrivez votre famille et comparez-la à l'une des familles présentées par l'auteur.

2. Bande dessinée: Les triplés

Avant de lire...   L'humour français est très souvent lié à un mot, ou à une expression, qui a un double sens. C'est le cas dans cette bande dessinée. Trouvez le mot clef pour la compréhension de l'humour et expliquez ensuite pourquoi cette histoire est amusante.

Les triplés

Inspiré par la petite Olivia Olaña, 3 ans, de Paris 7ᵉ

Nicole Lambert

Le Cantal: département situé au centre de la France
Le cantal: fromage fabriqué dans le département du Cantal

3. Les Vieux, rejetés

Avant de lire...

cependant *however*

La solution apportée au logement et à la prise en charge des personnes âgées varie suivant les pays et les civilizations. En France, la tradition veut que les enfants et la famille s'occupent des parents qui les ont élevés. *Cependant,* avec les exigences de la vie moderne, la famille évolue, et le nombre des personnes âgées qui finissent leurs jours dans une maison de retraite augmente chaque jour. Cet article vous en expose les raisons.

Les vieux quand ils sont seuls . . .

Lecture

Il faut savoir que les quatre cinquièmes des entrants en maison de retraite sont «placés» par un membre de leur famille, un ami, un voisin, une assistante sociale. Ce sont donc habituellement des adultes actifs qui choisissent de mettre en «conserve» une vieille personne, devenue socialement gênante pour son propre entourage. «Elle ne peut plus rester seule...», disent-ils.

tenir compte de prendre en considération

Le «nous ne pouvons pas faire autrement» est l'argument essentiel avancé par les enfants ou les petits-enfants des vieux placés. Il veut dire: *compte tenu d'*une situation professionnelle, familiale, de logement donnée, nous sommes dans l'impossibilité totale de prendre en charge notre vieux parent. Et c'est vrai dans *la plupart des* cas.

la plupart de la majorité de

hospice *m old people's home*

La maison de retraite, tout comme l'*hospice,* est un choix imposé aux vieilles personnes, choix dont l'efficacité économique n'est plus à démontrer, un choix de plus en plus généralisé au niveau des *comportements* des ménages français, qui ont préféré, à titre d'exemple, des mètres carrés d'habitation réservés à la voiture automobile plutôt que de consacrer quelques mètres carrés de logement pour une chambre à un vieux parent. C'est un choix de société.

comportement *m behavior*

Marc Losson
Extrait du *Monde*

Exercices de compréhension

A. Expliquez le sens de l'expression «mettre en conserve une vieille personne».

B. Indiquez deux des arguments donnés par les gens qui veulent «mettre les vieux en conserve».

C. D'après l'auteur, qui décide de placer les vieux dans des maisons de retraite?

D. Décrivez le choix de société dont parle l'auteur.

■ ■ ■ ■ ■ ■ ■ ■ ■ ■
Votre point de vue

A. Parmi les gens que vous connaissez, choisissez cinq personnes âgées d'au moins 70 ans et indiquez chez qui elles habitent et qui s'occupe d'elles.

B. Faites l'interview de deux étudiants de votre classe pour savoir chez qui habitent les vieux qu'ils connaissent. Qui les prend en charge?

C. Comparez. Aux Etats-Unis, qui est-ce qui héberge (*takes in*) les personnes âgées et s'occupe d'elles (famille, maisons de retraite, etc.)? Comparez à ce qui se passe en France.

4. Publicité: La Résidence Harmonie

Avant de lire... Voici une publicité qui a paru dans le *Figaro Magazine,* une revue hebdomadaire qui accompagne le journal *Le Figaro* du samedi. Examinez d'abord les titres en gros caractères en haut de la page. Quel est le but de cette publicité?

En France comme aux Etats-Unis, il existe des résidences adaptées aux besoins des personnes âgées. Etudiez le reste de la publicité et faites une liste des mots et expressions qui montrent la fonction spéciale de cette résidence.

1. Où se trouve la Résidence Harmonie? Pourquoi la publicité insiste-t-elle sur la proximité de Neuilly?
2. Qui peut manger au restaurant?
3. Quelles précautions prend-on pour assurer la sécurité des gens qui habitent la Résidence Harmonie?
4. Expliquez la phrase «pas de capital immobilisé».
5. Justifiez le nom de cette résidence.

■■

5. Famille nombreuse, le gouvernement vous adore

Avant de lire... Combien d'enfants y a-t-il dans votre famille? Combien de frères et de sœurs a votre mère? Votre père? Demandez à un(e) autre étudiant(e) combien de frères et sœurs il/elle a. Savez-vous quel est le taux de fécondité dans votre pays? Comparez les chiffres ci-dessous qui décrivent le nombre d'enfants dans la famille française. Quelles sont vos conclusions?

Sur 100 familles de tout âge et de tout statut...

40 ont 1 enfant
37 ont 2 enfants
16 ont 3 enfants
 4 ont 4 enfants
 3 ont 5 enfants et plus

Cherchez dans le texte quel est le taux actuel[x] de fécondité en France. Quelle est la conséquence de ce fait? Maintenant, lisez le texte pour apprendre ce que propose le gouvernement français.

Lecture

Les Français n'ont pas beaucoup d'enfants, mais cela ne les empêche pas d'aimer les familles nombreuses. En fait, plus de la moitié d'entre eux désireraient avoir trois enfants ou plus. Un seul problème: le «*coût* de l'enfant» en France.

coût *m* le prix

Consciente de ce handicap, Michèle Barzach, le ministre de la Santé et de la Famille, a présenté le nouveau «plan famille» du gouvernement. Sa préoccupation majeure est claire: faire naître plus souvent qu'aujourd'hui le troisième enfant qui, selon les démographes et les économistes, manque tant à la France.

Un taux critique

constatation *f* l'observation

Actuellement, le taux de fécondité est de 1,82 alors qu'il devrait être de 2,1 pour assurer le remplacement des générations. Partant de cette *constatation,* la nouvelle politique familiale vient en aide aux familles disposant de revenus modestes et moyens.

Elle entend également «mettre un terme aux pénalisations imposées aux couples mariés», car ce sont les seuls couples qui ont de nombreux enfants.

haïr détester
de rigueur obligatoire

Malgré tout, alors que tous les démographes se lamentent sur la difficulté de dépasser le nombre de deux enfants par famille, les sondages indiquent que le fameux «Familles, je vous *hais»* d'André Gide n'est plus *de rigueur* en France. Au contraire, la réalité serait plutôt «Familles, je vous adore mais...» Car, malheureusement, il y a un mais.

Le sens de la famille

Selon un récent sondage paru dans le *Figaro Magazine,* 60 pour cent des Français estiment qu'une famille de trois enfants ou plus est la situation préférable pour l'éducation d'un enfant. De même pour la présence de la mère au foyer: 63 pour cent des Français souhaitent son «retour à la vie familiale» car le travail de la mère est un handicap pour l'enfant.

versement *m* le payement

Pourtant ce sens de la famille doit faire face à un obstacle important: les considérations matérielles. C'est pourquoi, *le versement* d'un salaire parental apparaît à 52 pour cent des Français comme une bonne incitation à la natalité. Autres résultats du sondage: le développement du travail à temps partiel (51 pour cent) et l'augmentation du nombre des crèches (28 pour cent).

Une révision «radicale»

constater *ici:* voir

Il n'est donc pas surprenant de *constater* que les nouvelles mesures décidées par le gouvernement vont dans ce sens. Elles consistent principalement en une révision «radicale» de l'allocation parentale d'éducation (APE). Celle-ci permet à la mère

provisoirement temporairement
afin de pour
désormais à l'avenir
bénéficier to qualify
le montant *m* le total
parvenir à arriver à

d'abandonner *provisoirement* ou non son emploi *afin de* se consacrer à l'éducation de son enfant. *Désormais,* un plus grand nombre de femmes pourront en *bénéficier.* De plus, *le montant* de l'APE passe de 1 500 à 2 400 francs par mois, pour une durée de trois ans au lieu de deux. 52 000 familles bénéficiaient jusqu'ici de l'APE. Le gouvernement espère *parvenir à* 214 000 bénéficiaires.°

D'autre part, l'allocation de garde d'enfant à domicile (AGED) est une création toute nouvelle. Elle contribuera à financer le salaire payé par une famille à une personne employée à domicile pour garder un ou plusieurs enfants de moins de trois ans. L'allocation maximum sera de 2000 francs par mois. Le gouvernement espère ainsi permettre la création de 150 000 emplois.

Le Journal Français d'Amérique

Exercices de compréhension

A. Expliquez le titre de l'article: «Famille nombreuse, le gouvernement vous adore.»

B. Que pensent les Français de la famille de trois enfants ou plus? Du rôle de la femme au foyer? Est-ce que la réalité correspond à leur opinion? Pourquoi ou pourquoi pas?

C. Le gouvernement français propose deux solutions au problème de la dénatalité. Enumérez-les et expliquez comment chacune peut résoudre le problème.

Exercice de langue

Complétez chaque phrase par les mots qui conviennent.

garder	paraître	empêcher
souhaiter	manquer	coût
foyer	haïr	parvenir
à fin de	dépasser	provisoirement

1. Elle vient d'avoir un bébé; elle s'est arrêtée de travailler _____ .
2. Sur les autoroutes françaises il est interdit de _____ 130 kilomètres à l'heure.
3. Au cinéma: Zut! Le chapeau de la dame devant moi m'_____ de voir le film.
4. Le _____ de la vie a monté à cause de l'inflation.
5. Il est inutile d'insister; vous ne _____ *(futur)* pas à me persuader!
6. Elle travaille dans un supermarché _____ payer ses études.
7. Cet article est très intéressant; il _____ dans le *Figaro Magazine* de la semaine dernière.
8. Grâce à l'allocation parentale, la mère de ce bébé peut rester au _____ au lieu de travailler.
9. Je vous _____ un joyeux anniversaire!
10. Ce timbre-poste _____ à ma collection.

■ ■ ■ ■ ■ ■ ■ ■ ■ ■
Parlons un peu

Comment faire l'hypothèse d'un fait éventuel. En vous servant du schéma ci-dessous complétez les phrases en utilisant vos propres idées ou celles du texte.

Si + imparfait, . . . conditionnel

EXEMPLE *Si j'étais riche, j'aurais beaucoup d'enfants.*

1. Si _____ , cela assurerait le remplacement des générations en France.
2. Si _____ , les couples seraient incités à faire plus de bébés.
3. S'il y avait plus de couples mariés, _____ .

4. Si _____ , cela permettrait à la mère d'abandonner temporairement son emploi.
5. S'il existait une allocation de garde d'enfant à domicile, _____ .
6. Si _____ , je ne pourrais pas travailler.

■ ■ ■ ■ ■ ■ ■ ■ ■ ■
Votre point de vue

A. Faites une liste des personnes que vous connaissez qui ont au moins trois frères et sœurs; deux frères et sœurs; un frère et une sœur. Comparez votre liste à celle de trois autres étudiants. Est-ce que les résultats sont les mêmes? Faites une phrase qui résume les «statistiques» de votre groupe.

B. Est-ce qu'il y a une crise de la natalité dans votre pays? Quel est le rôle du gouvernement dans le domaine de la natalité? Est-ce que les femmes ont droit à un congé de maternité à la naissance d'un bébé? Qui paye? Le gouvernement? L'entreprise?

C. Comptez-vous avoir des enfants? Combien? A quel âge? A votre avis, après combien de temps la femme doit-elle reprendre le travail après la naissance d'un enfant?

6. Publicité: La France a besoin d'enfants

Avant de lire... Vous venez de lire un article de presse sur le problème de la natalité en France. Voici trois panneaux publicitaires exposés dans les villes de France en 1986. Consultez-les et trouvez le message de chacun.

7. Ma Télé, ma femme et moi

Avant de lire... Pensez pendant quelques minutes à l'influence de la télévision dans votre famille. Qui est-ce qui (sans oublier le poste de télévision lui-même) décide ce que la famille va faire le soir et pendant le week-end? Qui est le plus intéressé par la télévision? Le mari? La femme? Les enfants? Maintenant lisez ce texte pour savoir ce qui se passe en France dans ce domaine.

L'intrusion de la télévision dans la vie familiale

Lecture

Un ménage à trois qui ne se porte pas si mal, mais qui présente quelques dangers. Car s'aimer, c'est regarder ensemble dans la même direction... le plus souvent vers le petit écran.

chéquier *m checkbook*
cuisinière *stove*

loisir *m leisure*

[Zitrone...
  Apostrophes] reporters et
programmes de la télévision
française

Ils ont tous deux sorti leur *chéquier.* Signe des temps. Marie-Paule et Patrick paient chacun la moitié de «leur» téléviseur. Après le lit et la *cuisinière,* c'est le troisième gros achat du couple en prévision de son mariage. «La famille, les amis offrent l'utile, dit le vendeur. Les jeunes n'osent pas mettre le téléviseur sur la liste des cadeaux. C'est une dépense de *loisir,* qu'ils font eux-mêmes.»

Patrick est programmeur, Marie-Paule employée de bureau. Ils sont nés et ont grandi, sinon devant le téléviseur, du moins à côté: Pour eux, *Zitrone* et Fabienne Egal, «Les Dossiers de l'Ecran,» et «Apostrophes» font naturellement partie de la vie. Leur demander pourquoi ils achètent la télévision paraît presque aussi incongru que de s'inquiéter de savoir si leur futur logement a l'électricité. «On prend une télé pour la regarder ensemble, après le travail», dit Marie-Paule. Des problèmes à

craindre avoir peur de

craindre dans leur couple? Franchement,° ils ne voient pas . . . Le vendeur non plus.

dépanneur *m repairman*
sillonner traverser dans toutes les directions

Mais côté «service après-vente»: le ton change. J'ai rencontré cinq *dépanneurs* qui *sillonnent* sans arrêt la banlieue parisienne. Eux voient vivre les couples avec la télévision, et surtout . . . sans. Tous les cinq ont laissé tomber le même mot: drogue.° Pour eux, télé = danger.

Ce qui les frappe, c'est l'état° général de dépendance dans lequel ils trouvent les téléspectateurs. «Lorsque nous annonçons à un couple un vendredi ou un samedi que son poste n'est pas réparable tout de suite, combien de fois entendons-nous: «Mais alors, qu'est-ce qu'on va faire pendant le week-end?» Même s'il fait un temps magnifique!»

sursaut *m ici:* une réaction soudaine
aux dires de d'après

Quelquefois, pourtant, ils entendent une autre phrase, qui en dit long aussi sur la vie quotidienne: «Enfin, on va pouvoir sortir . . .» C'est le plus souvent une femme qui la prononce, dans une sorte de *sursaut.* Car «l'homme est beaucoup plus intéressé par la télévision que la femme», *aux dires des* cinq témoins. Un signe qui ne trompe pas: «Quand le gosse est malade, c'est la femme qui prend son après-midi pour rester avec lui. Mais quand le téléviseur est en panne, une fois sur deux, le mari manque son travail pour attendre le dépanneur.»

Le journal «Télé 7 jours» a mené une enquête et lancé divers sondages pour mesurer l'influence de la télévision dans la vie des couples. Cette enquête confirme l'attachement des maris . . . à leur récepteur: ce sont eux qui sont les premiers devant le poste après le repas du soir, trois fois plus souvent que les femmes, occupées alors aux *tâches ménagères.* En effet, 39 pour cent des couples allument leur poste pendant le repas de quatre à sept soirs par semaine et 13 pour cent de un à trois soirs. «Qu'est-ce qu'il y a à la télé?» a remplacé «Qu'est-ce qu'il y a à manger?».

tâches ménagères *f pl household tasks*

désaccord *m disagreement*

En cas de *désaccord* sur le choix° du programme, c'est le plus souvent le mari qui décide. Cependant, les désaccords sont rares. Quatre-vingt-deux pour cent des couples estiment que «la télévision ne vaut pas une dispute».

avouer *ici:* affirmer

C'est donc ensemble qu'on s'installe devant le petit écran, presque quotidiennement: 42 pour cent des Français *avouaient* à un enquêteur qu'ils regardaient la télévision tous les soirs de la semaine, 16 pour cent quatre à six soirs et 38 pour cent un à trois soirs seulement. Les sondages réguliers des trois chaînes^x montrent qu'aujourd'hui ces chiffres sont au-dessous de la réalité.

chaîne *f ici: channel*

conjoint le mari ou la femme
tricot *ici: knitting*

Même si le programme ne plaît pas à l'un des *conjoints,* il est rare qu'il quitte la pièce, pour aller se coucher par exemple. L'épouse° sortira plutôt un *tricot,* un ouvrage, le mari un journal. Rester ensemble devant la télévision, quelle que soit l'émission en cours, c'est, pour beaucoup de couples, un signe de *bonne entente.* Même si près du tiers des Français estiment qu'ils perdent ainsi leur temps souvent, ou très souvent! Mais, paix du foyer oblige, c'est un reproche qu'ils ne font que très rarement à leur conjoint.

bonne entente l'harmonie

La vie de couple de la plupart des Français est donc devenue un tranquille ménage à trois. Certains s'en félicitent: «La télévision, dit un responsable de «Télé 7 jours», a ramené les maris à la maison. Dans le petit village du Loiret où je vais en week-end, les cafés ont fermé, faute de clients».

Quels sont vos programmes
de télévision préférés?

SÉLECTION DE LA SEMAINE	VEN 10 JUILLET	SAM 11 JUILLET
	20.30 JEUX INTERVILLES de Guy Lux VIC-FEZENSAC/MARENNES **22.15** FILM LA PART DE L'AUTRE de Jeanne Labrune	**20.30** SÉRIE COLUMBO ACCIDENT **21.55** OPÉRA LE VAISSEAU FANTOME de Richard Wagner
2	**20.30** SÉRIE DEUX FLICS A MIAMI LE RETRAITÉ de Jim Johnston **22.45** CINÉ-CLUB MISSISSIPPI BLUES de Bertrand Tavernier	**20.30** VARIÉTÉS BOUM NOSTALGIE avec Carlos, Michel Sardou **21.40** TÉLÉ-CLUB LES BRIGADES DU TIGRE
LA CINQ 5	**20.30** SÉRIE L'INSPECTEUR DERRICK UN ÉVÉNEMENT PAS BANAL **22.30** ÉCRAN NUIT LES GAIETÉS DE L'ESCADRON Cycle Fernandel	**20.30** FILM TV VENGEANCE EN DIFFÉRÉ de Curtis Harrington avec Anthony Perkins **22.20** SÉRIE KOJAK
FR3	**20.35** SÉRIE DEUX DE CONDUITE LE MOBILE DU PRÉSIDENT de François Dupont-Midy avec Pierre Santini **21.30** PORTRAIT ANDRÉ VERCHUREN	**20.35** DIVERTISSEMENT DISNEY CHANNEL DESSINS ANIMÉS LE FANTOME DES CYPRÈS **22.40** FEUILLETON DYNASTIE MACHIAVÉLISME
M6	**20.30** SÉRIE CAGNEY ET LACEY de Chris Nyby avec Tyne Daly **21.20** SÉRIE LE SAINT	**20.30** FILM TV UN HOMME de Robin Spry avec Jean Lapointe **22.00** SÉRIE DROLES DE DAMES
CANAL+	**20.30** DOCUMENT OMBRE ET SOLEIL VOYAGE EN TAUROMACHIE avec Paco Ojeda **21.20** FILM LE JEU DE LA VÉRITÉ de Robert Hossein	**20.30** FILM TV LES ASSASSINS DE LA GUERRE FROIDE de William Brayne **21.55** SPECTACLE FESTIVAL DU CIRQUE DE MONTE-CARLO

DIM	LUN	MAR	MER	JEU
12 JUILLET	**13 JUILLET**	**14 JUILLET**	**15 JUILLET**	**16 JUILLET**
20.35 FILM RETOUR EN FORCE **de Jean-Marie Poiré** **22.10** SPORT SPORT DIMANCHE SOIR	**20.35** FILM DEUX HOMMES DANS LA VILLE **de José Giovanni** **avec Jean Gabin** **22.15** DOCUMENTAIRE « Z » COMME LÉON	**20.35** THÉÂTRE AUGUSTE **de Raymond Castans** avec Fernand Raynaud, Jacqueline Mille **22.15** DOCUMENT HISTOIRES NATURELLES	**20.30** FEUILLETON DALLAS **L'ASCENSION** avec Larry Hagman, Linda Gray **21.25** FEUILLETON LE GERFAUT (2)	**20.30** FEUILLETON LE SOUFFLE DE LA GUERRE (2) **de Dan Curtis** **21.25** VARIÉTÉS ALAIN SOUCHON AU ZÉNITH
20.30 OPÉRA LE CHEVALIER A LA ROSE **de Richard Strauss** **en direct du Festival d'Aix-en-Provence,** avec l'orchestre philar- monique de Strasbourg	**20.30** THÉÂTRE LA VALISE EN CARTON **de Françoise Dorin** avec Linda de Suza Jean-Pierre Cassel **22.15** ATHLÉTISME GRAND PRIX DE NICE	**20.30** FILM LE SAUVAGE **de Jean-Paul Rappeneau** avec Catherine Deneuve, Yves Montand **22.15** MAGAZINE LES ENFANTS DU ROCK	**20.30** FILM TV ONE TWO FLIC **de Patrick Le Gall** avec Charlotte Kadi Roger Mirmont **22.00** OPÉRA L'AIGLON	**20.30** FILM ANGÉLIQUE ET LE ROY **de Bernard Borderie** avec Michèle Mercier, Robert Hossein **22.15** MAGAZINE CAMÉRA 2
20.30 FILM LA BARAKA **de Jean Valère** avec Roger Hanin Marthe Villalonga **22.20** SÉRIE MISSION IMPOSSIBLE	**20.30** FILM TV MEURTRE DANS UN MIROIR **de Richard Lang** avec Jane Seymour **22.10** SÉRIE MISSION IMPOSSIBLE	**20.30** FILM CINQ GACHETTES D'OR **de Tonino Cervi** avec Bud Spencer **22.25** SÉRIE MISSION IMPOSSIBLE	**20.30** VARIÉTÉS L'EUROPE EN COULEURS avec Kassav, Julien Clerc, Dépêche Mode, Jane Birkin, Cécilia Noah, Vasco Rosi, Patrick Bruel, Jean-Luc Lahaye, Francis Cabrel.	**20.30** FILM ASPHALTE **de Denis Amar** avec Jean Yanne, Carole Laure **22.25** SÉRIE MISSION IMPOSSIBLE
20.35 SÉRIE SUR LA PISTE DU CRIME **LA VENGEANCE** **de Don Medford** **22.40** FILM ABOVE SUSPICION **de Richard Thorpe**	**20.35** FILM LA MÉTAMORPHOSE DES CLOPORTES **de Pierre Granier-Deferre** avec Lino Ventura **22.40** DOCUMENT HISTOIRES VRAIES	**20.35** FILM LES NUITS ROUGES DE HARLEM **de Gordon Parks** avec Richard Roundtree **22.40** MINI-FILMS	**20.35** VARIÉTÉS SOIRÉE AU CAIRE **en direct des pyramides** avec Mireille Mathieu, Charles Aznavour **23.25** MAGAZINE THALASSA	**20.35** FILM TV COMMANDO SUICIDE **de Michael Ferguson** avec Rod Steiger, Anthony Perkins **23.20** MAGAZINE DÉCIBELS
20.30 FILM TV INFIDÈLEMENT VOTRE **de Marco Vicario** avec Monica Vitti **22.15** SÉRIE VEGAS	**20.30** FILM LA FUITE **de Mende Brown** **OU** CES MESSIEURS DE LA GACHETTE **de Raoul André**	**20.30** FILM TV CALIFORNIA KID **de Richard Heffron** avec Martin Sheen, Vic Morrow **22.00** SÉRIE MAITRES ET VALETS	**20.30** SÉRIE LES ROUTES DU PARADIS **de Michael Landon** **22.25** FILM TV L'ÉCHÉANCE FATALE **de A. Nicholson**	**20.30** SÉRIE MARCUS WELBY **de Léon Penn** **22.25** FILM MACISTE A LA COUR DU CHEIK **de D. Paolella**
20.35 FILM LE DIABLE AU CORPS **de Marco Bellocchio** avec Maruschka Detmers, Federico Pitzalis **22.30** SPORT BOXE	**20.30** FILM TV LES NÉGRIERS **de Jürgen Goslar** avec Britt Ekland, Ron Ely **22.10** CORRIDA	**20.30** FILM SÉRIE NOIRE POUR UNE NUIT BLANCHE **de John Landis** **22.30** FILM VINGT MILLE LIEUES SOUS LES MERS	**20.55** COMÉDIE MUSICALE THE WIZ **de Sidney Lumet** **23.10** FILM LE DIABLE AU CORPS **de Marco Bellocchio**	**20.30** SPORT ATHLÉTISME **LE MEETING DE PARIS** **22.40** FILM FLAGRANT DÉSIR **de Claude Faraldo**

de l'aveu de d'après
quant à *as for, with respect to*
salé *salted*
qu'importe cela n'a pas
   d'importance
Poivre d'Arvor personnage de
   la télévision française
fée du foyer *perfect
   housekeeper*

De l'aveu des téléspectateurs mariés, leur vie sexuelle ne souffre généralement pas de la concurrence. *Quant au* climat de la famille, il est excellent, le nombre des disputes diminuant dès que le poste est allumé: si la soupe est trop *salée*, *qu'importe*, puisque *Poivre d'Arvor* est en train de parler. La télé serait donc une bonne *fée du foyer*, que chacun se vante de pouvoir domestiquer.

France de Lagarde
Extrait de *La Vie*

Exercice de compréhension

Vrai ou faux? Si une affirmation est fausse, corrigez-la.

1. Marie-Paule et Patrick reçoivent un poste de télévision comme cadeau de mariage.
2. Quand ils étaient petits, Marie-Paule et Patrick regardaient beaucoup la télévision.
3. Selon les dépanneurs, la télévision peut être une drogue dangereuse.
4. Souvent, le mari ne travaille pas quand le téléviseur est en panne.
5. Très peu de Français regardent la télévision pendant le repas du soir.
6. Le plus souvent, le mari et la femme sont d'accord sur le choix du programme.
7. En cas de désaccord sur le choix du programme, c'est le plus souvent la femme qui décide.
8. Le poste de télévision réduit le nombre des disputes entre mari et femme.

Exercice de langue

Complétez chacune des phrases suivantes par les mots qui conviennent.

avouer	craindre	désaccord	sillonner
chéquier	cuisinière	en panne	sondage
foyer	dépanneur	poste	tricot

1. Sa _____ électrique est _____ ; il a téléphoné au _____ pour la faire réparer.
2. Quel que soit le prix de ce _____ de télévision, j'ai décidé de l'acheter.
3. Je ne peux pas vous payer tout de suite parce que j'ai oublié mon _____ .
4. Quarante-deux pour cent des Français _____ qu'ils regardent la télé tous les soirs de la semaine.
5. Leur téléviseur est en panne et ils _____ qu'il ne soit pas réparable.
6. Un _____ récent montre que la télévision est une cause de _____ dans 26 pour cent des foyers consultés.
7. Il est voyageur de commerce et il _____ la région en voiture pour vendre ses produits.

8. Lelouch: Tout ce que je pense des femmes

Avant de lire...

sensibilité *f sensitivity*

Est-ce que la femme est plus intelligente que l'homme? Est-ce que la femme est plus forte que l'homme? Est-ce que la femme est plus courageuse que l'homme? Est-ce que la femme est plus héroïque que l'homme? Est-ce que la femme est un meilleur leader que l'homme? Est-ce que la femme a plus de sensibilité[x] que l'homme?

Ces questions sont très intéressantes et les réponses le sont encore plus. Dans ce texte, Claude Lelouch, réalisateur de cinéma, répond plus ou moins à ces questions quand il nous apprend ce qu'il pense des femmes. Lisez avec attention, car cette lecture nous réserve quelques petites surprises.

Lecture

Les femmes ont toujours été au centre des films de Claude Lelouch. En exclusivité, il nous parle d'elles à cœur ouvert.

foi *f faith*

demeurer *ici: to remain*

côtoyer être en contact avec

Je nourris vis-à-vis des femmes une tendresse° particulière. J'ai pour elles une passion, un cri, une *foi*, et, pour tout dire, un véritable amour. Elles sont faites, biologiquement, pour rire et pleurer. Cela, je l'ai compris tout de suite. D'où cette certitude: La femme représente mon spectateur préféré. La femme *demeure* le moteur essentiel de tous mes films. Les hommes, eux ne m'intéressent que dans la mesure où les femmes les *côtoient* ou les motivent. Je crois que nous sommes plus brillants, nous les hommes, et plus intelligents, et plus sensibles, quand nous nous trouvons devant une femme. Elle devient, psychiquement, et presque chimiquement,° notre catalyseur.

se ramasser *ici: to fail*

saisir *ici:* comprendre
parfois *at times*

Prenons les femmes dans la vie courante. Moi, devant elles, je ne sais pas tricher. J'en suis incapable. Dans les rares occasions où j'ai tenté de jouer ce jeu, je *me suis ramassé*. Parce qu'elles possèdent un sixième sens, quelque chose d'inexplicable qui les rend follement sensitives. Elles comprennent tout, *saisissent* tout et ne laissent *parfois* rien supposer. Sur ce plan, elles sont beaucoup plus fortes que nous. Elles savent nous détecter mieux qu'un radar. Elles savent aussi nous attirer en déployant et en utilisant leurs armes auxquelles, quelquefois, nous ne comprenons rien.

outrancier exagéré
fard *m* produit de maquillage
rajouter *to add*
factice artificiel

La sophistication ne me plaît pas. Le style Marilyn Monroe ou Brigitte Bardot . . . pas pour moi. Je ne parle pas des comédiennes. Je parle de la femme. Le maquillage *outrancier*, les *fards* . . . non! Je n'aime pas les femmes qui *rajoutent* à leur personnalité quelque chose de *factice*.

détenir posséder

Je peux aussi tomber parfaitement° amoureux d'une femme laide et paraissant sans intérêt, si les rapports entre mon intuition et son intelligence—ou réciproquement—me paraissent bons. Et puis j'aime bien aussi les femmes qui réussissent à traverser le temps. Qui existent et qui *détiennent* un passé.

Claude Lelouch réalise un de ses films.

La femme est formidable: c'est elle-même qui, maintenant, supprime ses propres privilèges et, en se révélant apte à travailler comme un homme, se transforme en abolissant° ce qui, *jadis,* la plaçait sur un piédestal. Ce droit au travail qu'elles réclament me *bouleverse.* Les hommes, dans le même cas, n'auraient pas leur courage. Elles ont des nerfs d'*acier,* bien que d'aspect fragile. A mon sens, une femme résiste *davantage* à la souffrance physique que l'homme. Il ne devient héroïque, lui, que dans la souffrance morale.

Notre siècle est dur pour la femme. Elle se retrouve face à mille problèmes et face, surtout, à l'attitude de l'homme qui, en ce qui la concerne, ne me paraît pas nette. En fait, il existe toute une génération de femmes sacrifiées à notre époque° et qui, volontairement, acceptent l'holocauste. Rien ne les empêche pourtant de *faire machine arrière.* Elles pourraient, si elles le voulaient, revenir au temps de la femme-idole, mais non, elles s'y refusent. Ou bien elles s'amusent, le temps d'un week-end, durant une nuit, à jouer la femme-esclave,° mais sans plus. Aujourd'hui, un homme et une femme, vivant ensemble ou non, s'aimant, fonctionnent différemment. La machine-amour ne tourne à plein *rendement* que si l'un des deux reconnaît un leader. L'autre représentant l'assistant. Il y a le chef et l'aide. Il y a le champion cycliste et le porteur de *bidons.* Avant, le leader—l'homme—ne

jadis autrefois
bouleverser *to overwhelm*
acier *m steel*
davantage plus

faire . . . arrière *ici:* revenir au passé

rendement *m* la productivité

bidon *m canteen*

changeait pas. On le respectait toute la vie. Maintenant, une femme peut devenir leader.

éprouver *ici:* to feel

Jusqu'à présent, la femme *éprouvait* un sentiment d'infériorité vis-à-vis de l'homme, que l'organisation de la vie quotidienne ne faisait que renforcer.° Dieu soit loué, ça change. La femme prend conscience de son intelligence petit à petit. N'oubliez pas que durant des siècles, la femme a eu besoin de la force de l'homme. Pour survivre.° Pour se nourrir. Il allait chercher la nourriture. Elle attendait. Mais avec le progrès, l'homme perd de sa puissance et la femme s'installe à la place qu'elle mérite.

affoler *ici:* exciter
constater s'apercevoir
bagarre *f* une bataille
rigoler rire
se situer *ici:* se trouver
clivage *ici:* la différence

La force de l'homme provoque aujourd'hui le sourire. Les machos disparaissent. Ils ne servent plus à rien. Rappelez-vous: il fut un temps où les militaires plaisaient. Un temps où, sur les plages (oui ça existe encore, mais beaucoup moins), les muscles de ces messieurs *affolaient* les jeunes filles. Or je *constate*—et c'est bon signe qu'aujourd'hui la force physique ne compte° presque plus. Une *bagarre* fait rire. Un homme qui s'exhibe, les femmes en *rigolent.* C'est là que *se situe* le *clivage.* Nous allons nous apercevoir très rapidement que les femmes préfèrent à toute autre qualité la sensibilité et l'intelligence.

Propos recueillis par Pierre Laforêt
Extrait de *Madame Figaro*

Exercice de compréhension

En choisissant dans le texte les phrases les plus significatives, décrivez:

1. la femme vue par Lelouch
2. Lelouch lui-même
3. la femme d'hier
4. le changement du rôle de la femme

Exercice de langue

Complétez chacune des phrases suivantes par les mots qui conviennent.

l'acier	constater	le fard	saisir
bouleverser	côtoyer	quotidien	jadis
se situer	s'exhiber	le rendement	

1. En ouvrant son sac à main elle _____ que son argent avait disparu.
2. _____ est un métal très dur.
3. Est-ce que vous _____ tout ce que je dis ou est-il nécessaire que je vous donne des explications supplémentaires?
4. _____ de ce moteur est remarquable; c'est le plus économique que je connaisse.
5. Cette femme se met trop de _____ sur le visage; elle ressemble à une poupée.
6. J'ai été _____ en apprenant la mort tragique de mon meilleur ami.

7. _____ il n'y avait ni radio ni télévision.

8. Il sait qu'il est très beau et très élégant, et il aime bien _____ en public pour qu'on l'admire.

9. Dans sa profession d'assistante sociale, elle _____ les pauvres comme les riches.

■ ■ ■ ■ ■ ■ ■ ■ ■ ■
Votre point de vue

A. Faites une liste des qualités de la femme idéale. Expliquez les raisons de votre choix à une personne du sexe opposé.

B. Décrivez votre mère à l'époque où elle avait votre âge. Que faisait-elle? Quel rôle jouait-elle dans la famille? Quelles choses connaissez-vous aujourd'hui qui lui étaient inconnues? Qu'est-ce qu'elle ne pouvait pas faire à votre âge, que vous faites aujourd'hui tout naturellement?

C. Comparez. Vos réponses aux questions ci-dessus s'appliquent-elles aussi aux Français?

3

Les Jeunes:

Indépendants mais attachés
à la famille

Activités préliminaires

Vocabulaire sur les jeunes

Choisissez l'un des exercices d'application ci-dessous: dans chaque cas décrivez un souvenir personnel de jeunesse en utilisant le vocabulaire approprié.

A. Décrivez en un paragraphe ce que vous faites pour vous amuser.

B. Préparez un exposé oral. Vous devez parler pendant au moins une minute et utiliser un minimum de cinq mots de la liste ci-dessous.

C. Travail oral en petits groupes de deux, trois ou quatre personnes. Faites chacun à votre tour une phrase contenant un mot sur le thème de la jeunesse. Continuez jusqu'à ce que tous les éléments du vocabulaire soient utilisés.

adolescent *m*	discothèque *f*	mode *f*
ami *m*, amie *f*	études *f pl*	parents *m pl*
argent de poche *m*	étudier	rapport *m*
auto-stop *m*	famille *f*	relations sexuelles *f pl*
cinéma *m*	génération *f*	soirée *f*
concert *m*	indépendance *f*	sport *m*
copain *m*, copine *f*	loisirs *m pl*	théâtre *m*
danser		

Répondez aux questions suivantes et discutez.

1. Où habitez-vous? Est-ce que la plupart des jeunes Américains qui ont terminé leurs études secondaires habitent chez leurs parents? Expliquez.
2. Quels sont les loisirs préférés des jeunes Américains? Expliquez pourquoi.
3. Expliquez comment vous faites pour avoir de l'argent de poche. Que faites-vous avec cet argent?
4. Qu'est-ce qui est important pour vous: la famille, les amis, l'indépendance, les études, l'argent, la religion, la politique? Pourquoi?

Introduction: Les Jeunes

Avant de lire...

1. Trouvez les paragraphes de l'introduction dans lesquels on discute les thèmes suivants: l'avenir des jeunes, la famille d'aujourd'hui, les loisirs des jeunes, l'amour chez les jeunes, l'idéal des jeunes.
2. Dites ce qu'on peut faire quand on est chez soi; quand on atteint sa majorité; quand on va dans une boîte.

Lecture

Nés dans un monde changeant, avec un avenir souvent incertain, les jeunes Français d'aujourd'hui forment une nouvelle catégorie sociale, avec des attitudes et des idéaux caractéristiques de leur propre génération.

acquérir *to acquire*

Ils ont *acquis* vis-à-vis de la famille une plus grande autonomie que par le passé. Il existe au moins deux raisons° à ce changement: la révolution culturelle de 1968 qui remettait en cause l'autorité des parents, et aussi l'*abaissement* de la majorité° de 21 à 18 ans. Mais, paradoxalement, les jeunes n'abusent pas de leurs droits; maintenant qu'ils se sentent plus libres, ils ne sont plus aussi pressés de quitter leurs parents. Ils ont rapidement découvert que l'indépendance loin du toit familial, cela coûte cher. Et puis, après tout, ces parents, ils les aiment bien, même si ce n'est pas l'amour fou. En fait, la grande majorité des jeunes Français habitent chez leurs parents jusqu'à l'âge de 24 ans.

abaissement *m lowering*

haïr *détester*

La famille du passé était très fermée, ce qui faisait dire à l'écrivain André Gide: «Familles, je vous *hais*...portes fermées, possessions jalouses du bonheur». La famille d'aujourd'hui est beaucoup plus ouverte; les enfants peuvent librement inviter leurs amis à la maison. Pour certains parents, ce libéralisme est un moyen de mieux connaître les *fréquentations* de leur fils ou de leur fille. De plus, maintenant qu'ils sont libres, ceux qui s'étaient évadés du cocon° familial pour échapper à l'autorité des parents, reviennent s'y installer et, souvent, ne peuvent plus se décider à en partir. Certains jeunes de plus de vingt ans affirment même: «Le meilleur service que mes parents puissent me rendre serait de me mettre à la porte.» Si les uns «*zonent*» chez leurs parents parce que c'est plus économique et plus confortable, la plupart le font parce qu'ils veulent conserver avec la famille des *liens* affectifs et *sécurisants*. Pour beaucoup d'entre eux, la famille ce n'est pas dépassé mais important. En fait, *parmi* ceux qui s'en vont, environ 6 pour cent seulement le font parce qu'ils ne s'entendaient pas avec leurs parents.

fréquentations *f pl acquaintances*

zoner *habiter*

lien *m ici:* un rapport
sécurisant *reassuring*
parmi *among*

Malgré cet esprit° d'indépendance, beaucoup participent à la vie familiale, discutent, plus souvent avec leur mère qu'avec leur père, des sujets qui les intéressent, travail, *loisirs,* amour et fréquentations, religion. Les générations

loisirs *m leisure activity*

grâce à *thanks to*

chez soi *home*

lorsque quand

ont donc tendance à mieux se comprendre, *grâce à* de nouveaux rapports parents-enfants: une sorte de contrat basé sur la confiance° réciproque.

Les statistiques montrent aussi que leur idéal est généralement d'avoir un métier, une famille, un *chez soi*. Deux pour cent seulement ont pour idéal la réussite sociale ou l'argent. Ceci dit, il est fréquent qu'ils reçoivent de l'argent de poche de leurs parents. *Lorsque* ceux-ci sont assez riches, ils payent très souvent les dépenses de leur fils ou de leur fille quand ils sont étudiants. Dans les autres cas, l'Etat s'en charge, ou l'étudiant travaille.

sondage *statistical survey*

D'après les *sondages,* beaucoup de jeunes Français sont inquiets pour leur avenir; car la France n'échappe ni à la crise° économique internationale ni au chômage. Malgré cette situation préoccupante, moins d'un tiers des jeunes s'intéressent à la politique ou *militent* dans des organisations. Ils pensent que la société dans laquelle ils vivent est supportable malgré tous ses défauts. D'une manière générale, très peu d'entre eux sont membres d'un club ou d'une association.

militer *ici:* être actif

Pour leurs loisirs, ils vont au cinéma, souvent en groupe; ils s'intéressent à la musique pop ou classique; ils vont danser dans les *boîtes* et les discothèques; ils regardent la télévision, lisent des livres ou des magazines. Il y a aussi les sports: football, ski, *planche à voile,* tennis, cyclisme, moto, etc. . . . Beaucoup aiment voyager, les uns en *auto stop,* les autres en avion. C'est une question d'argent, mais aussi de philosophie.

boîte *f nightclub*

planche à voile *f sail board*
auto-stop *m hitchhiking*

Quant à l'amour, même si les relations sexuelles sont devenues beaucoup plus libres, il reste sentimental et romantique. L'idéal du plus grand nombre est de vivre un grand amour et de fonder une famille.

quant à *as for*

■ ■

1. «Famille, je vous aime»

Avant de lire...

Les jeunes croient très souvent que c'est une bonne idée de quitter la maison paternelle dès qu'ils ont terminé leurs études ou qu'ils peuvent travailler. Ce texte nous montre que ce n'est pas toujours le cas. Il nous présente plusieurs jeunes qui ont décidé de rester chez leurs parents. Ces jeunes nous expliquent pourquoi ils préfèrent rester à la maison familiale plutôt que de prendre un appartement. Dans ce texte, il y a un assez grand nombre de mots ou d'expressions qui font partie du vocabulaire des jeunes et on y trouve aussi des abréviations de la langue parlée telles que *y'a pas, t'as, j'ai aucun, je sais pas.*

Lecture

piaule *f* une chambre

Une piaule? Pouah! Un appart? Brr! Les jeunes, aujourd'hui, ne veulent plus quitter papa-maman!

«Vous habitez chez vos parents?» Jacques, dix-huit ans, aide-cuisinier: «Jamais il m'est venu l'idée de partir. Ça se fera peut-être un jour. Pas d'un seul coup. Petit à petit.» Bob, dix-neuf ans, bassiste dans un groupe rock: «*Y a pas* d'âge pour se

y a pas il n'y a pas

Repas du dimanche en famille

imprimeur *m printer*

à demeure *à la maison*

avec mention *with honors*
faire la gueule *to pout*

scène *f stage*
comptoir *counter*
boulot-dépannage *m a temporary job to make money*
chantier *m construction work*
manutention *stock boy*
moquette *f carpeting*
épuisement des réserves *m exhausting of one's funds*
fondre *to melt*

tirer. J'suis pas pressé, moi. J'en connais qui ont trente ans et qui sont toujours là.» Gilles, vingt-trois ans, *imprimeur:* «J'ai aucune raison de m'en aller.»

Aucune raison de rester, non plus, à première vue, ces grands jeunes gens . . . Adolescents, ils ne le sont plus. Leurs études, ils les ont terminées, ou abandonnées. Du travail, ils sont en âge d'en trouver ou d'en chercher. Alors, qu'est-ce qu'ils attendent? Rien. Ils y sont. Ils y restent. *A demeure.* Bob: «Une fois passé le bac, j'ai voulu me reposer un an. Les parents pouvaient rien me dire. J'ai eu mon bac à dix-sept ans, et *avec mention* encore. Ils étaient assez contents comme ça. Quand je leur ai dit: «Je m'arrête un moment», ils ont pas trop *fait la gueule.*» Pourquoi zoner ailleurs quand on peut zoner chez soi? Son année sabbatique passée, Bob ne sait toujours pas ce qu'il veut. Il sait en revanche ce qu'il ne veut pas: se prendre en charge.

Bob caresse des ambitions artistiques. Depuis son premier concert au lycée, il ne se voit plus ailleurs que sur une scène:[×] «Une fois que t'as connu ça, être plus haut que les autres et les voir t'applaudir, tu peux plus passer derrière une machine, un *comptoir,* un bureau.» Il vit, chez ses parents, pour la musique. Vivra-t-il de la musique, un jour, chez lui? En attendant, il prend, sans conviction, tous les *boulots-dépannages* qui se présentent. Les *chantiers,* les assurances, les fleurs, la *manutention,* les disques, la *moquette.* Il travaille un mois, s'arrête jusqu' à *épuisement des réserves*—chez les parents, ça *fond* moins vite— reprend sans se presser.

actif _ici: working_

Gilles, notre imprimeur, et Jacques, notre cuisinier, sont installés dans la vie _active_, tout en gardant un pied à la maison. Les deux travaillent depuis l'âge de seize ans sans jamais avoir songé à quitter le domicile maternel.

verser _ici: payer_
mensuellement _chaque mois_
pécule _ici: une petite somme d'argent_
note _f ici: bill_
pension _f boarding house_
davantage _plus_
inabordable _ici: trop cher_
plateau _m tray_
foutre _ici: mettre (vulgar)_
blé _m ici argent (slang)_

Leur participation aux frais du ménage va de soi. Ils _versent mensuellement_ un _pécule_ à leurs mères veuves, comme ils régleraient leur note[x] dans une pension[x] de famille.

Pas trop lourde à porter, cette dépendance? L'indépendance, à les entendre, leur pèserait _davantage_. Une piaule? Inconfortable. Personne n'en veut. Un appartement? _Inabordable._ Aucun ne peut. Même s'il lui est offert sur un plateau.[x] «Mes vieux m'avaient acheté un appart, dit Césarin. J'y ai jamais _foutu_ les pieds. Je gagne pas assez de _blé_. Y a toujours des factures à régler. Faut être millionnaire.» Chauffage, électricité, téléphone, ménage, marché: la maison familiale roule pour eux. Espace, confort, sécurité. «J'y vais surtout pour manger, dit Bob. C'est bon et c'est gratuit.» Service compris.

Un réfrigérateur toujours plein et une maison la plupart du temps vide. Pas encombrants,° les nouveaux parents. Les horaires souvent inversés° font que les deux générations cohabitent sans jamais se rencontrer. «Des fois, je vois pas ma mère pendant une semaine, dit Jacques. Je lui _passe_ juste _un coup de fil_ pour lui dire que je suis encore en vie.» «Je sais qu'ils sont là, dit Bob. Je sens leur présence. Et en même temps c'est comme si je vivais seul.»

passer . . . fil _téléphoner_

Ils vont et ils viennent, ces jeunes, à toute heure du jour et de la nuit. Gilles: «Je sors et je rentre quand je veux. J'ai pas à dire où je vais. On m'attend pas. On

constater ici: affirmer

colmater ici: remplir
fossé m ici: gap

soulagé relieved
s'éterniser rester
   éternellement
turlupiner tourmenter

s'inquiète pas. Je peux ne pas rentrer du tout. Y a jamais d'histoires.» «Je peux parler de tout avec ma mère», dit Jacques. Et Marc: «C'est plus une amie qu'une mère.» «Pour mes frères aînés, c'était pas pareil, *constate* Gilles. Maintenant ils admettent beaucoup plus de choses. En dix ans, il y a eu de gros changements dans la maison. Avec le temps...» Temps record en tout cas pour *colmater* ce qu'on appelait encore en 1968 le *«fossé* des générations».

Chaude, chaude, chaude la family-life. Les départs sont rares. Et les retours fréquents. Emilie, vingt-deux ans, vendeuse, est partie à dix-neuf ans s'installer avec un garçon. Au bout d'un an, elle est revenue habiter chez sa grand-mère. Césarin part en voyage six mois, revient, repart trois mois. Ça fait des années qu'il fait le coup du faux départ. Là, il vient de partir pour de bon. Vivre chez une copine. Ça y est. Sa mère est *soulagée:* «Ce n'est pas sain de *s'éterniser* chez les parents.» «Je ne suis pas parti, proteste le fils. Dans ma tête c'est pas définitif. C'est pas que j'ai envie de rentrer. Mais ça peut arriver. Ça les *turlupine,* mes vieux. Ils aimeraient bien que je devienne grand.»

«Le seul truc pour partir vraiment, dit Bob, c'est de se faire foutre à la porte.»

Mariella Righini
Extrait du *Nouvel Observateur*

Exercices de compréhension

A. Après avoir lu le texte en entier, faites une description des personnes suivantes: Jacques, Bob, Gilles et Césarin.

B. Enumérez les raisons pour lesquelles ces jeunes ne veulent pas prendre un appartement et dites aussi pourquoi ils préfèrent rester à la maison familiale.

C. Quelle est l'attitude des parents envers ces jeunes qui veulent rester à la maison?

Exercice de langue

Remplacez les mots en italique par les synonymes qui conviennent.

les frais	passer un coup de fil	régler
inabordable	soulagé	zoner
mensuellement	pareil	

1. Quand l'examen est terminé, je me sens *mieux.*
2. Cet employé est payé *chaque mois.*
3. *Téléphonez-moi* quand vous aurez le temps.
4. Je ne peux pas me payer une voiture à ce prix-là; c'est vraiment *trop cher.*
5. Pourquoi *habiter* ailleurs?
6. A la fin du mois, elle a beaucoup de factures à *payer.*
7. J'accepte de faire ce voyage d'affaires si vous me remboursez *les dépenses* du transport.

<table>
<tr><td>

Votre point de vue

</td><td>

A. Choisissez parmi vos connaissances trois ou quatre jeunes gens de seize à vingt-quatre ans qui ont terminé leurs études. Expliquez où ils habitent et ce qu'ils font.

B. D'habitude, quand les jeunes Américains quittent-ils la maison familiale? Est-ce que c'était la même chose vers 1970 aux Etats-Unis? Quand pensez-vous quitter la maison de vos parents? Expliquez.

C. Que pensez-vous de ces jeunes Français qui veulent continuer à habiter chez leurs parents?

</td></tr>
</table>

2. Les Ecoliers des années 80

Avant de lire...

Demandez à vos parents ou à un adulte de décrire les écoliers typiques des années 50. Quel était leur comportement en classe? Comment s'habillaient-ils? Est-ce qu'ils avaient beaucoup de devoirs? Comment allaient-ils à l'école? Comparez ces réponses à la description d'un écolier actuel. Est-ce qu'il y a eu des changements importants?

Lecture

gamin *m jeune garçon*

Ils arrivaient à l'école, *les gamins* d'un côté, les fillettes de l'autre, et s'alignaient dans leur cour avec leurs blouses grises. Puis, béret à la main, ils entraient en classe en disant respectueusement «Bonjour Monsieur».

survêtement *m sweatsuit*

Aujourd'hui, garçons et filles sont en *survêtement* et sentent bon la savonnette. Ils entrent dans la classe comme chez eux, vous saluent comme un copain et poursuivent leur conversation sur le match de foot télévisé de la veille. Fini la différence, bonjour l'indifférence.

Jean-Paul Ruiz n'est ni amer ni nostalgique. Bien au contraire. Il a pris sa retraite d'instituteur l'an dernier, après trente et un ans de carrière. Jean-Paul Ruiz a connu

la préparatoire *1ère année d'école primaire*

mixité *f coeducation*

toutes les classes, de *la préparatoire* au cours moyen deuxième année, les écoles de campagne et celles de la ville, le Midi et l'Ile-de-France, les cours séparés et *la mixité*. Il a enseigné à plus d'un millier d'écoliers et d'écolières de six à quatorze ans. Six générations depuis ses débuts, en 1950.

éveillé *vif*

Eh bien, les gosses d'aujourd'hui, il les trouve étonnants, *éveillés* et même formidables. Comparés aux grandes révolutions de l'histoire, les changements qui

rupture *f ici: interruption*
incessant *continu*
basculer de . . . dans *ici:*
   passer de . . . dans

terne *dull*
tout en *+ part. prés. while +*
   -ing
brouillon *ici: careless*
surclasser *surpasser*
marelle *f hopscotch*

moisson *f harvest*
récit *m histoire*
somnoler *ici: to be sleepy*
le petit écran *la télévision*

ont marqué la vie des écoliers ces trente dernières années paraissent modestes. Elles s'appellent mixité, télévision, rénovation pédagogique, sport, confort matériel. Pas de *rupture* mais un mouvement *incessant*. En six générations scolaires, la vie a fait irruption dans les classes, les enfants ont *basculé* d'un siècle dans l'autre. Ce n'est pas rien.

La mixité, par exemple, qui a commencé vers 1956, quel changement! Vivant à part, les filles étaient studieuses, timides, un peu *ternes*. Le mélange a fait merveille. Elles se sont affirmées, *tout en* tempérant l'ardeur *brouillonne* des garçons. Et ceux-ci ont parfaitement accepté d'être, parfois, *surclassés*. Mais ce sont elles qui ont le plus changé. Fini *la marelle,* place à la corde à sauter, parfois même au foot, et même au judo.

«Les écoliers des années 80, raconte Jean-Paul Ruiz, apportent en classe *une moisson* d'informations sans commune mesure avec celles des années 50: des documents, des *récits* de week-end. Mais les lundis matin sont durs: les enfants *somnolent*. S'ils sont restés tout un dimanche après midi devant *le petit écran,* ils n'en ont

émission *f ici:* un programme
aile *f wing*

rien retenu. La télé n'est profitable que s'ils en discutent avec leurs parents ou si *l'émission* a été préparée en classe. Pis: l'abondance des images offertes aux enfants coupe *les ailes* de leur imagination. Quand nous faisons faire un devoir d'imagination, les résultats sont catastrophiques.»

Les modèles aussi ont changé. Autrefois, les gamins s'identifiaient à des personnages historiques comme le bon roi Henri IV. Désormais, ils ont pour héros des champions du sport comme Platini, ou de la chanson comme Sheila.

maternelle *f preschool*

Si les écoliers ne sont plus ce qu'ils étaient, c'est aussi que l'enseignement lui-même a changé. Le passage systématique par *la maternelle,* les activités d'éveil, les maths nouvelles, les classes de nature, l'allégement des programmes, tout cela compte.

certif *m* certificat d'études; diplôme d'études primaires
P.T.T. Postes, Télégraphes et Téléphones
S.N.C.F. Société Nationale des Chemins de Fer Français
farci *stuffed*
chef-lieu *m county seat*
recette *f recipe*

«Autrefois, raconte l'instituteur de Carcassonne, nous recevions des enfants un peu sauvages, mais vite dociles, auxquels on enseignait d'entrée, et de manière mécanique, les quatre opérations. Puis, en faisant constamment appel à la mémoire, on les poussait jusqu'au *certif.* Ils partaient pour les *PTT* ou la *SNCF* avec une bonne orthographe et la tête *farcie* de dates d'histoire et de *chefs-lieux* de départements. Les gosses d'aujourd'hui manipulent le matériel pédagogique, découvrent, s'amusent, observent, analysent, se passionnent pour les sorties. Ils ont moins d'orthographe, mais je les trouve réfléchis, raisonnant juste, capables de s'adapter aux circonstances. Nous leur donnions des *recettes,* ils possèdent à présent une méthode.»

argot *m slang*
troquer échanger

bon point *m a star*

Même physiquement, les écoliers sont différents. Ces athlètes hauts comme trois pommes, parmi lesquels on distingue de moins en moins les filles des gamins, ces gosses éveillés, impertinents, qui se permettent de répondre en *argot,* dont les poches sont pleines de jouets électroniques, qui *troquent* non plus deux billes contre une gomme mais une montre contre un stylo, ces élèves à qui on n'ose plus donner *un bon point* mais qui apprécient les remarques du professeur sur leur cahier, ces petits hommes qui parlent comme la télé et savent tout sur tout, paraissent fin prêts pour la société post-industrielle.

Extrait du *Monde, Dossiers et documents*

Exercices de compréhension

A. Relisez les premiers paragraphes. Choisissez dans chaque paragraphe les mots qui montrent les différences entre les écoliers des années 50 et ceux d'aujourd'hui.

B. Qui est Jean-Paul Ruiz? Pourquoi est-il qualifié pour comparer les écoliers d'hier et d'aujourd'hui?

C. Comment la mixité a-t-elle changé la vie des filles depuis les années 50?

D. Relisez l'avant-dernier paragraphe. Comparez les méthodes d'enseignement d'autrefois et d'aujourd'hui. Quelles différences y a-t-il dans les résultats obtenus?

| **Exercice de langue** | Remplacez les mots et les expressions en italique par le synonyme qui convient. |

éveillé   la veille   un instituteur
survêtement   troquer   un copain
la télévision   farci   une aptitude
l'émission   un gosse   sauter

1. *Le petit écran* attire plus de gens que le cinéma.
2. *Le programme* de radio commence à 11 heures.
3. Il est arrivé *le jour précédent*.
4. Cet élève est très *vif*.
5. *Les gamins* jouent dans la cour de l'école.
6. Il est *professeur dans une école primaire*.
7. A l'école, Jean-Pierre a trois *bons camarades*.
8. François a *échangé* son jeu électronique contre un stylo.
9. Cet élève a la tête *pleine* de dates historiques et de formules de mathématiques.
10. Hélène a mis son *vêtement de sport* pour jouer au tennis.

■ ■ ■ ■ ■ ■ ■ ■ ■
Parlons un peu

La durée. Les mots et les locutions ci-dessous expriment la durée. Choisissez dans la liste l'expression qui convient et écrivez une phrase synonyme.

pendant	il y a ... que	durer
depuis	cela fait ... que	en

EXEMPLE: L'élève a mis un mois pour préparer son examen.

L'élève a préparé son examen en un mois.

1. Jean-Paul Ruiz est à la retraite depuis un an.
2. Jean-Paul Ruiz a été instituteur de 1950 à 1986.
3. Il y a plus de 30 ans que la mixité existe dans les écoles françaises.
4. Cela fait 2 heures qu'elle regarde la télévision.
5. L'émission de télévision commence à 1 heure et se termine à 2 heures.
6. Jean-Pierre a été élève à l'école Notre-Dame de 1972 à 1978.

■ ■ ■ ■ ■ ■ ■ ■ ■
Votre point de vue

A. D'après Jean-Paul Ruiz, le changement parmi les écoliers français depuis 1950 est attribuable à cinq phénomènes principaux: la mixité, la télévision, la rénovation pédagogique, le sport et l'aisance matérielle. Est-ce que ces cinq phénomènes sont également la cause des changements observés parmi les écoliers dans votre pays? Choisissez un de ces phénomènes et décrivez son influence sur la vie des écoliers de votre région depuis 1950.

B. Décrivez en un paragraphe la vie des jeunes Américains qui sont dans leur dernière année d'école secondaire. Discutez au moins trois des sujets suivants: les vêtements, les loisirs, les rapports avec les parents, la scolarité, l'importance de l'avenir, le mariage, la drogue.

3. Dessin humoristique: Comment faire sauter les cours

Exercices de compréhension	1. Combien de jours de classe l'élève a-t-elle fait sauter? 2. Quelles sont les trois grandes fêtes de famille dont l'élève se sert comme excuse? 3. Pourquoi le professeur dit-il «vous féliciterez vos parents de ma part» et «vous leur demanderez de passer me voir entre deux enterrements»? 4. Expliquez pourquoi cette scène est comique.

4. Finis les Routards

Avant de lire... Pour leurs vacances, les jeunes français des années 70 aimaient l'auto-stop, le camping sauvage, le sac à dos et l'aventure. D'après le texte qui suit, il est évident que les jeunes ont changé d'opinion et de style en ce qui concerne les vacances. Et vous? Où avez-vous passé vos dernières vacances? Etes-vous parti pendant longtemps? Comment avez-vous voyagé?

Lecture

sondage *m statistical survey*

routard *m voyageur de style hippie (1970)*

godillot *m hiking boot*
mœurs *f pl les habitudes de vie*

joug *m ici: l'oppression, la domination*

s'envoler *to take off*
lointain *éloigné*

Champions toutes catégories du temps libre, les étudiants sont traditionnellement de grands voyageurs. Selon *un sondage* du journal *Le Monde,* 57 pour cent d'entre eux préfèrent passer leurs vacances à l'étranger. Mais l'art et la manière de voyager, les destinations de prédilection varient avec l'air du temps. Le touriste de 1986 n'a rien à voir avec le *routard* des années 70.

Sac à dos en forme de globe terrestre, cheveux au vent, le pas alerte et décidé: c'était la couverture bien connue des Guides du routard. Dans les nouvelles éditions, il a les cheveux plus courts, sa chemise et son pantalon se sont modernisés et il a troqué ses *godillots* de marche pour des chaussures de sport. Au delà du changement vestimentaire, il existe une évolution profonde des *mœurs* des jeunes.

Les années 70 correspondent au grand boom des voyages. Les étudiants aspiraient à découvrir un monde qui s'ouvrait. «Les espoirs nés dans l'agitation de 1968 étaient vite retombés. Il fallait trouver ailleurs de nouvelles raisons de vivre», se souvient un étudiant de l'époque. Il fallait aller voir les révolutions en marche dans les pays qui venaient de se débarrasser du «*joug* colonial».

Grâce à des associations comme Nouvelles Frontières, les premiers charters *s'envolèrent* vers les terres *lointaines* et permirent à cette génération de confronter ses mythes à la réalité.

Dans les années 1970—1975 s'ouvrait une nouvelle route des Indes, destination Calcutta et Katmandou. Les kilomètres ne comptaient pas. Il fallait tout voir, tout expérimenter, de la drogue à la mystique hindoue. De l'Asie du Sud-Est, ils revenaient boudhistes; de l'Amérique latine, guérilleros.

hantise *f ici:* la peur
poux *m* lice

cadre *m executive*

devanture *f* une vitrine de magasin

transat *m deck chair*

dortoir *m* grande salle avec des lits

recette *f ici:* le moyen

onéreux cher

se permettre de *to afford*
quitte à au risque de + *inf.*

consacrer à *ici:* passer à
effectuer faire
stage *m training period*

engendrer créer
repli *m ici: withdrawal*

La hantise de ces routards: passer pour des touristes. Peu importait la saleté des hôtels. *Les poux* et les embarras intestinaux faisaient partie du plaisir. Ces étudiants étaient les nouveaux nomades de l'Europe. Aujourd'hui ils portent une cravate, sont *cadres* dans les entreprises, passent leurs vacances au Club Méditerranée et ont des enfants qui à leur tour sont étudiants.

Comme leurs parents, ceux-ci ont gardé les bonnes adresses du voyage et continuent d'être clients de Nouvelles Frontières ou de l'OTU (Organisation pour le Tourisme Universitaire). Mais l'esprit n'y est plus. On n'a jamais autant parlé d'aventure, les revues spécialisées sont de plus en plus nombreuses à *la devanture* des kiosques et se vendent bien. Pourtant, il semble que le grand vent des années 1968—1975 soit brutalement tombé. Témoin de cette évolution, la couverture du catalogue été 1986 de l'OTU: une mer bleue, un peu de sable et *un transat* vide. L'exotisme de l'Asie et de l'Amérique latine ne les intéresse plus.

«On a l'impression, à les entendre, qu'ils ont tout vu, qu'ils connaissent tout, que le cinéma et la télévision leur suffisent pour leur procurer des émotions», observe Raymond Chabaud, ancien routard.

L'Europe attire de nouveau les étudiants. Mais pas n'importe laquelle: celle du soleil, de la mer, du bassin méditerranéen. En voyage, le mode de vie de l'étudiant a complètement changé. S'il fait les agences les unes après les autres pour économiser quelques dizaines de francs sur le transport, il est prêt à dépenser beaucoup en hôtellerie.

«Plus question de leur proposer des logements en *dortoir*. Maintenant ils exigent des chambres à trois au maximum, avec des douches[x]», explique Mme Claude Raymond-Rocher, permanente à l'OTU. *La recette* du succès: leur offrir un séjour organisé en club, où ils se retrouvent entre étudiants français au bord de la mer avec un choix d'activités sportives. Lorsqu'ils vont en Grèce—pays parmi les plus en vogue, avec les Baléares et l'Afrique du Nord—les sculptures du Parthénon ne tiennent pas la concurrence avec la planche à voile.

Plusieurs raisons peuvent expliquer ces changements d'état d'esprit. Les transports sont plus *onéreux* qu'il y a dix ans et les longues distances moins abordables. Pour Lima, en 1975, le billet coûtait 2000 francs; aujourd'hui, environ 6000 F. Si l'étudiant des années 70 pouvait *se permettre de* partir plusieurs mois, *quitte à* déborder les vacances universitaires, aujourd'hui il est essentiellement préoccupé par ses études, qu'il juge de plus en plus difficiles, et surtout par la recherche d'un emploi. Il préfère partir moins longtemps (en moyenne trois semaines) et *consacrer* une partie de ses vacances à *effectuer* des *stages* qui faciliteront son insertion professionnelle.

La crise économique *a engendré* un sentiment d'insécurité, donc un *repli* des jeunes sur eux-mêmes, une espèce de peur qui les rend moins indépendants. Ces éléments conjugués expliquent pourquoi l'étudiant en voyage souhaite se retrouver avec d'autres étudiants; pourquoi il cherche à s'occuper essentiellement de lui-même. De son corps plus que de son esprit.

François Danchaud
Extrait du *Monde Campus*

A. Trouvez dans le texte la description vestimentaire du jeune touriste des années 70 et celle du jeune touriste d'aujourd'hui.

B. Les jeunes des années 70 aimaient voyager en Inde, en Asie du Sud-Est et en Amérique Latine. Pourquoi?

C. Que supportaient les routards des années 70 afin de ne pas passer pour des touristes?

D. Sur la couverture du catalogue été 1986 de l'OTU (Organisation pour le Tourisme Universitaire) on voit une mer bleue, un peu de sable et un transat vide. Que signifie cette scène?

E. Décrivez les vacances idéales pour des jeunes d'aujourd'hui.

F. Expliquez pourquoi les destinations et les motivations des jeunes pour leurs vacances ont beaucoup changé depuis 10—15 ans.

Comparez les deux listes de mots et trouvez les antonymes correspondants.

1. créer	a. ennuyeux
2. décidé	b. bon marché
3. alerte	c. la propreté
4. s'envoler	d. indolent
5. la saleté	e. repousser
6. garder	f. trop cher
7. de plus en plus	g. détruire
8. vendre	h. acheter
9. lointain	i. de moins en moins
10. intéressant	j. abandonner
11. attirer	k. indécis
12. onéreux	l. proche
13. abordable	m. atterrir

La négation d'un fait. Les mots et les locutions ci-dessous expriment la négation d'un fait. Utilisez ces expressions pour contester les affirmations proposées. Ensuite, dites pourquoi vous n'êtes pas d'accord.

Non.	Ce n'est pas vrai.
Si.	Absolument pas.
C'est faux.	Jamais de la vie.
Pas du tout.	

EXEMPLE: La majorité des étudiants américains habitent chez leurs parents.

Ce n'est pas vrai. La plupart habitent des résidences universitaires.

1. Un grand nombre d'étudiants américains passent leurs vacances de printemps dans l'Illinois.
2. Aujourd'hui, les étudiants français préfèrent voyager en Amérique Latine.
3. Pendant les années 70, les routards aimaient surtout voyager avec leurs parents.
4. Les étudiants actuels aiment bien loger en groupes dans des dortoirs.
5. Aux Etats-Unis, les filles et les garçons ne peuvent pas habiter dans la même résidence universitaire.
6. Les étudiants français ne vont jamais en Grèce.

■ ■ ■ ■ ■ ■ ■ ■ ■ ■
Votre point de vue

A. Complétez les phrases suivantes par des mots ou des expressions qui expriment vos propres idées sur les vacances.

1. Les vacances en famille, c'est _____ .
2. Quand arrive l'été, j'ai envie de _____ .
3. Pendant les vacances de Pâques, beaucoup d'étudiants vont _____ .
4. L'an dernier, j'ai passé les vacances d'été _____ . Je suis allé _____ avec _____ . Nous avons eu de petits problèmes de _____ , mais c'était _____ .

B. Comparez. Répondez aux questions suivantes en comparant les jeunes Français et les jeunes de votre région.

1. Où les jeunes vont-ils en vacances?
2. Quels moyens de transport utilisent-ils?
3. Que font-ils?
4. Y a-t-il beaucoup de jeunes qui partent en vacances avec leurs parents?

5. Publicité: Comment se documenter

Avant de lire... Quand vous avez besoin d'essence pour votre voiture, vous allez à une station-service pour «faire le plein». Très souvent vous avez accès à un self-service. Quelle sorte d'«essence» est-ce qu'on vous propose dans la publicité ci-dessous? Trouvez-vous les mêmes services chez vous? Est-ce une bonne idée?

VENEZ FAIRE LE PLEIN D'INFOS À

l'Etudiant

Le **Service d'auto-documentation** met gratuitement à votre disposition des brochures d'information pour :
■ choisir une formation ■ organiser vos vacances et vos loisirs
■ consommer utile ■ créer une entreprise
■ trouver un premier emploi

Une manière astucieuse de venir chercher des infos à la source !

Ouverture : du lundi au vendredi, de 9 h à 19 h
et le samedi, de 10 h à 18 h

27, rue du Chemin-Vert, 75011 Paris,
téléphone (1) 43.38.99.99.

ESPACE
l'Etudiant

A. Qu'est-ce que c'est qu'un service d'auto-documentation?

B. A quoi servent les brochures disponibles dans ce service?

C. *L'Etudiant* est une revue mensuelle destinée aux étudiants français.
Décrivez une revue américaine uniquement destinée aux étudiants.

6. Les Jeunes Couples: 20-25 ans

Avant de lire...   Est-ce que les expressions suivantes sont toutes synonymes: vivre ensemble, cohabitation, vivre sous le même toit, mariage, vie commune, un couple qui dure?

En France, on trouve de plus en plus de couples de 20 à 25 ans qui décident d'habiter ensemble et de vivre en union libre. Les femmes sont exigeantes et les hommes participent aux tâches du ménage. Ces couples veulent un rapport qui dure et la fidélité devient une valeur importante.

Lecture

La génération des vingt à vingt-cinq ans, est plus attachée à la vie en couple et plus désireuse de la réussir durablement que celle qui l'a précédée. Pour Carole, les jeunes de son âge sont très marqués par la multitude des ruptures observées autour d'eux: «Nous n'avons aucune envie de faire la même chose.»

Thomas et Véronique ont vingt-et-un ans. Brigitte et Mathieu, Laurence et Vincent, vingt-cinq ans. Cinq sont étudiants salariés, le sixième est technicien. Chacun des trois couples a déjà à son actif trois à quatre ans de cohabitation. Ils vivent à Toulouse. Leur milieu d'origine: enseignement supérieur, cadres d'industrie. «Peut-être à cause des couples qui *se sont brisés* autour de nous, nous éviterons les formules qui évoquent le mariage. Nous ne voulons pas dire, explique Mathieu, que nous allons passer notre vie ensemble, mais c'est peut-être ce que nous allons faire.» Peut-être, peut-être.

Rares, aujourd'hui, sont ceux qui osent dire en clair que leur projet de couple est à l'échelle de leur vie. Mais beaucoup y pensent secrètement. Vivre un couple qui dure est de nouveau *perçu* comme une façon de réussir sa vie; et se donner les moyens d'y *parvenir* comme un objectif valable.

Ils ont déjà des mots pour le dire: construire (celui qui revient le plus souvent), ambition, projet, fidélité... Et plus d'un pourrait s'exprimer comme Carole: «Nous sommes nombreux à avoir envie «d'entreprendre», sur le plan professionnel

se briser *ici:* se séparer

percevoir *ici:* considérer
   comme
parvenir à arriver à

foncer *ici: aller en avant*

ou dans la vie de couple. La réussite n'est garantie ni dans un cas ni dans l'autre; mais *nous fonçons* tout de même, en essayant de mettre le maximum de chances de notre côté.»

«Depuis quatre ans que Brigitte et moi vivons ensemble, raconte Mathieu, étudiant à Bordeaux, nous avons avancé pas à pas. Maintenant, l'idée de couple est intégrée à nos projets d'avenir. Au début, ce n'était pas le cas.» Les premiers mois

galère *f ici: une aventure désagréable*
tâtonnement *m ici: l'hésitation*
se passer de *se priver de*

de vie commune, «ça a été un peu *la galère*» parce que chacun voulait préserver au maximum son autonomie. Il a fallu beaucoup de discussions et de *tâtonnements* pour trouver un juste équilibre entre cette autonomie dont ils ne pouvaient pas *se passer*, et la dose de concessions sans lesquelles aucun couple n'est viable. «Nous en sommes encore à faire des comptabilités séparées et à nous rembourser mutuel-lement en fin de mois. Au début chaque objet acheté *appartenait* à l'un ou à l'autre.

appartenir à *être à*

Maintenant nous mettons nos deux noms sur les livres que nous achetons. Et nous

tréteau *m ici: board*

venons de remplacer nos briques° et nos *tréteaux* par de vrais meubles, qui appar-tiennent aux deux.»

Le plus souvent, dans ces couples de jeunes adultes chacun garde l'argent qu'il gagne et dispose librement de la part qui n'a pas servi aux dépenses du ménage. «C'est indispensable pour préserver un certain sentiment de liberté» estiment Na-dine et Jean-Claude, tous deux employés de banque. «Avoir son argent à soi, pouvoir en faire ce qu'on veut, c'est symbolique...»

Le besoin d'autonomie marque l'ensemble de la vie à deux: «Si on fait tout en-semble, ça risque de *craquer*.» Ils parlent de «besoin de respirer», de «*soupape* de

craquer *ici: to fail*
soupape *f valve*

sécurité», de «jardin secret»... «Nous sommes décidés à avoir un certain nombre d'activités séparées, disent Mathieu et Brigitte. C'est un sujet dont nous avons beaucoup discuté. Pour nous, la vie de couple passe autant par ce que nous faisons chacun de notre côté que par ce que nous réalisons ensemble.» Le temps des rêves de fusion est dépassé.

Le Partage des *tâches* domestiques

Dans le milieu étudiant et chez les anciens étudiants, il est devenu rare que les hommes ne participent pas aux tâches ménagères, même si les attitudes *de seigneur*

tâche *f ici: le travail*
de seigneur *m lordly*
mec *m a guy (slang)*
s'y mettre *ici: aider*

ont encore «de beaux restes».

«Quand *les mecs* ne *s'y mettent* pas assez, ajoute Laurence, ça proteste!» La répartition se fait en fonction des goûts et de la liberté de chacun. Mais certaines tâches, qui n'attiraient personne, comme le repassage, et qui restaient, de ce fait,

apanage *m le privilège*

l'apanage exclusif des femmes, commencent à être partagées.

Le plus remarquable est la façon dont les jeunes hommes acceptent une situation

trancher *ici: contraster*

qui *tranche* souvent beaucoup avec ce qu'ils ont connu chez leurs parents. «Quand nous avons commencé à vivre sous le même toit, se rappelle Pascal, fini le petit déjeuner tout prêt le matin... Quelle surprise! Et puis la vaisselle, la lessive, le

repassage *m ironing*
avoir du mal à + *inf avoir des difficultés à*
corbeille *f un panier*
désormais *à partir de maintenant*

repassage... J'ai eu beaucoup *de mal* à m'y faire. Aujourd'hui encore, il faut que *la corbeille* soit très pleine pour que je me mette au repassage. Pourtant, rien ne prédispose Marie-France à ce travail. Mais c'est lourd, l'éducation reçue!»

Le travail des femmes, l'idée de leur réussite professionnelle, sont *désormais* admis: les filles affirment tranquillement leur identité et leurs projets que les garçons

état d'âme ici: bad mood

foyer m home
compter ici: comprendre
bagage m ici: training

prennent en compte au même titre que les leurs, apparemment sans *états d'âme*. Comme deux partenaires qui vivent ensemble.

Cependant, la minorité de partisans de la mère au *foyer* n'a pas disparu. Elle *compte* plus de femmes que d'hommes: celles qui désirent élever une famille nombreuse et surtout celles qui n'ont pas de *bagage* professionnel et qui voient dans la maternité une façon de se trouver une place dans la société.

Marie-Claude Betbeder
Extrait du *Monde de l'Education*

Exercices de compréhension

A. Trouvez deux phrases qui décrivent l'impact du divorce sur la génération des 20—25 ans.

B. Trouvez deux phrases qui montrent que les 20—25 ans attachent beaucoup d'importance à la vie de couple.

C. Comment la vie de couple de Brigitte et Mathieu a-t-elle changé depuis leurs premiers mois ensemble?

D. Trouvez deux phrases qui décrivent le besoin d'autonomie chez ces couples.

E. Faites une liste des tâches domestiques que partagent ces couples.

Exercice de langue

Remplacez les expressions en italique par le synonyme proposé dans la liste ci-dessous. Faites les changements nécessaires.

avoir envie de	parvenir à	tâche
avoir du mal à	désormais	oser
autour de	corbeille	tâtonnement
trancher	bâtir	se passer de

1. Jean-Claude *a des difficultés à* s'adapter à sa nouvelle vie.
2. *A l'avenir,* il y aura plus de jeunes couples qui vivront en cohabitation.
3. Il a fait *construire* sa maison à la campagne.
4. Ils sont obligés de travailler; *ils se privent de* vacances.
5. Ils ont réussi à trouver la solution après de nombreuses *hésitations.*
6. Il a mis le pain dans *le panier.*
7. Je voudrais lui annoncer la nouvelle mais *je suis trop timide.*
8. Paul et Virginie vivent ensemble; ils partagent *les travaux* domestiques.
9. Il a gagné un million à la Loterie Nationale; *il n'arrive pas* à le croire.
10. Cette association *comprend* 280 membres.

La nécessité ou l'obligation. Les expressions ci-dessous expriment une nécessité ou une obligation. Utilisez-les dans les situations proposées.

avoir à + *inf.*	être obligé de + *inf.*
il faut que + *subj.*	il est indispensable que + *subj.*
devoir + *inf.*	il est nécessaire que + *subj.*

EXEMPLE: Il fait froid/je mets mon manteau

Il fait froid; il faut que je mette mon manteau.

1. Mathieu et Brigitte sont très indépendants/ ils font des concessions mutuelles pour vivre ensemble
2. Laurence n'aime pas faire le repassage et la lessive/ son ami partage les tâches domestiques
3. il est très tard / ils vont se coucher
4. ce couple n'est pas riche/ le garçon et la fille travaillent tous les deux pour vivre
5. Brigitte sort/ elle fait des courses
6. Pascal n'habite plus chez ses parents/ il prépare son petit déjeuner car Marie-France ne le fait pas pour lui

A. Vous avez déjà fait la liste des tâches domestiques que partagent les jeunes couples français. Formez des équipes de garçons et de filles. Quelles sont, à votre avis, les tâches respectives de l'homme et de la femme pour un couple américain?

B. A votre avis, la cohabitation avant le mariage est-elle souhaitable? Expliquez.

L'Enseignement
et la vie universitaire

Activités préliminaires

Vocabulaire sur l'enseignement

Exercices d'application

Choisissez l'un des exercices d'application ci-dessous: dans chaque cas, décrivez un souvenir personnel d'étudiant(e) en utilisant le vocabulaire approprié.

A. Ecrivez un paragraphe en employant un minimum de dix mots sur le thème de l'enseignement.

B. Préparez un exposé oral. Vous devez parler pendant au moins une minute et utiliser un minimum de cinq mots de la liste ci-dessous.

C. Travail oral en petits groupes de deux, trois ou quatre personnes. Faites chacun à votre tour une phrase contenant un mot sur le thème de l'enseignement. Continuez jusqu'à ce que tous les éléments du vocabulaire soient utilisés.

baccalauréat *m*	enseignement *m*	livre *m*
bibliothèque *f*	étudier	lycée *m*
café *m*	examen *m*	primaire
cafétéria *f*	faculté *f*	professeur *m*
cahier *m*	s'inscrire	scolarité *f*
chambre *f*	jardin d'enfants *m*	secondaire
collège *m*	librairie *f*	université *f*
diplôme *m*		

A vous la parole

Répondez aux questions suivantes.

1. Pourquoi avez-vous décidé de continuer vos études après l'école secondaire? Croyez-vous qu'un diplôme universitaire est nécessaire pour obtenir un bon emploi? Pensez-vous continuer vos études après l'université?
2. Pourquoi avez-vous choisi cette université? A cause de sa bonne réputation? Les professeurs? La bibliothèque? Est-ce que c'est une université publique ou privée?
3. D'habitude, où prenez-vous vos repas? Dans votre chambre? Chez vos parents? A la cafétéria? Au restaurant? Chez des amis? Est-ce que vous sautez *(skip)* des repas? Pourquoi?

Introduction: L'Enseignement

Avant de lire...

1. Lisez la première phrase du texte. Peut-on dire la même chose de l'enseignement public aux Etats-Unis?
2. Quelle est la signification des abréviations suivantes: IUT, CES, DEUG, BAC?

Lecture

René Haby Ministre de l'Education nationale

L'enseignement public en France est gratuit à tous les niveaux. La scolarité est obligatoire pour tous les enfants de six à seize ans. Malgré différentes réformes, notamment° la Réforme *Haby* de 1975, l'organisation de l'enseignement élémentaire et secondaire reste fortement centralisée. Elle est placée sous le contrôle du Ministre de l'Education nationale, qui assure pour l'ensemble du pays la réglementation des programmes, des diplômes et même des vacances scolaires. Cette centralisation remonte à Napoléon, créateur des lycées. Pour assurer l'administration de l'enseignement sur le plan régional, la France est divisée en 26 *académies* ayant chacune à sa tête un *recteur,* représentant le Ministre de l'Education nationale. Il y a de plus, dans chaque département, un inspecteur d'académie.

académie *f area school district*
recteur *m superintendent*

enseignement supérieur *m higher education*
loi d'Orientation *law governing student options*

En ce qui concerne l'*enseignement supérieur,* il était lui aussi très centralisé jusqu'en 1968, où la *loi d'Orientation* vient profondément modifier les anciennes structures universitaires. Avant 1968, il existait en France 23 universités. Depuis, l'ensemble a été réorganisé en 69 universités comprenant environ 780 *Unités d'enseignement et de recherche* (UER).

Unité ...
recherche *equivalent of a university department or school*
désormais à l'avenir

Cette importante réforme qui répond aux exigences de la révolution industrielle et technique, assure *désormais* aux universités une plus grande autonomie pédagogique, administrative et financière. De plus, en 1974, l'administration des universités cesse de dépendre du Ministère de l'Education nationale. Elle est *confiée* au Secrétariat d'Etat aux Universités qui devient en 1978 le ministère des Universités.

confié *ici:* donné

En dépit de telles réformes, le système reste encore assez centralisé en comparaison d'autres pays comme les Etats-Unis où il ne l'est pas du tout.

en dépit de malgré

On distingue quatre niveaux d'enseignement.

1. L'ENSEIGNEMENT PRE-SCOLAIRE (jardin d'enfants, école maternelle). Destiné aux enfants âgés de deux à six ans, il est *facultatif* mais largement utilisé.

facultatif pas obligatoire

2. L'ENSEIGNEMENT PRIMAIRE, appelé aussi élémentaire, pour les enfants de six à onze ans. Il comprend une année de Cours préparatoire (CP),

deux années de Cours élémentaire (CE1, CE2) et deux années de Cours moyen (CM1, CM2). Il n'y a pas d'examen obligatoire pour le passage de l'école primaire à l'école secondaire.

3. L'ENSEIGNEMENT SECONDAIRE, divisé en deux cycles. Le premier cycle comprend quatre années d'études (classes de 6ème, 5ème, 4ème, 3ème) dans un Collège d'enseignement secondaire (C.E.S.) où les élèves suivent environ 24 heures de cours par semaine: français, mathématiques, deux langues vivantes, histoire et géographie, sciences physiques et naturelles, éducation manuelle et technique, éducation artistique, éducation physique. A la fin de ces quatre années d'études, les élèves peuvent passer un examen facultatif, le *Brevet* d'études du premier cycle (BEPC).

brevet un diplôme

Quand ils entrent dans le second cycle, les élèves ont le choix° entre deux orientations possibles.

Le second cycle court. Dans un Lycée d'enseignement professionnel (LEP), ils pourront préparer en deux ans, un Brevet d'études professionnelles (BEP) ou un Certificat d'aptitude professionelle (CAP).

Le second cycle long (classes de seconde, première et terminale) permet de préparer en trois ans dans un lycée, un baccalauréat (BAC) littéraire, scientifique, économique ou technique. Il existe huit séries de baccalauréats (A,B,C,D,E,F,G,H) et de nombreuses options à l'intérieur de chaque série. Les étudiants qui le désirent peuvent préparer, en faisant une ou deux années supplémentaires d'études, un Brevet de technicien supérieur (B.T.S.). Le diplôme du baccalauréat est obligatoire pour entrer à l'université.

4. L'ENSEIGNEMENT SUPERIEUR, donné dans les universités, les Instituts universitaires de technologie (IUT) et dans les Grandes Ecoles.

bachelier *m* celui qui a le baccalauréat

poursuivre continuer

Un nombre° grandissant de *bacheliers* entrent dans les IUT où ils peuvent préparer en deux ans un Diplôme universitaire de technologie (DUT). Environ 60 pour cent des bacheliers *poursuivent* des études universitaires dans une UER (Unité d'enseignement et de recherche). Cet enseignement se subdivise en 3 cycles.

Le 1er cycle correspond aux deux premières années d'études universitaires. Il est sanctionné par le Diplôme d'études universitaires générales (DEUG).

passer *ici: to take*
licence, maîtrise deux types de diplômes

Le 2ème cycle comprend deux années d'études supplémentaires. A la fin de la première, l'étudiant *passe* la *licence,* et à la fin de la deuxième, *la maîtrise,* qui consiste essentiellement en la rédaction d'un mémoire.

Le 3ème cycle permet de préparer le Diplôme d'études supérieures spécialisées (DESS), le Diplôme de docteur-ingénieur (trois ans) ou le Doctorat de 3ème cycle, qui s'obtient en deux ou trois ans. L'étudiant pourra préparer ensuite un autre doctorat, le Doctorat d'Etat, qui nécessite de longues années de préparation.

UNIVERSITE
DES LANGUES ET LETTRES
(ENTRÉE PRINCIPALE)

94

Aujourd'hui, on construit les universités sur des campus en dehors des villes.

formation *f* préparation
fonctionnaire *m*
　government worker
cadre *m executive*

En plus des universités, il existe aussi un certain nombre de Grandes Ecoles, comme l'ENA (Ecole Nationale d'Administration), l'X (Ecole Polytechnique), l'Ecole des Mines, etc . . . qui assurent la *formation* d'une élite parmi laquelle l'Etat recrute ses hauts *fonctionnaires.* Ce sont aussi ces écoles qui assurent la formation des ingénieurs et des *cadres* supérieurs des grandes entreprises. L'admission à ces Grandes Ecoles se fait par un concours très difficile auquel environ un candidat sur dix est reçu. La préparation à ces concours se fait pendant deux ou trois ans après le baccalauréat, dans des classes préparatoires qui existent dans certains «Grands Lycées»

s'évader vers *ici:* retourner à

En dehors de sa fonction d'enseignement, l'école joue quelquefois un rôle différent d'un pays à l'autre. Dès la classe finie, le jeune Français *s'évade vers* sa famille, ses amis, ou tout simplement retrouve sa tranquillité personnelle. Celui-ci serait bien surpris de voir l'Américain de son âge reprendre spontanément° le chemin de l'école, après le dîner, ou même le samedi ou le dimanche, pour y faire du sport, de la musique, du théâtre, ou participer à d'autres activités de groupe. L'école joue donc aux Etats-Unis dans les relations entre les jeunes, un rôle particulier qu'elle n'a pas en France. De même les «fraternities» et les «sororities» sont inconnues en France.

1. Le Baccalauréat

A. 89 ou la révolution des bacs

Avant de lire... En 1989 les candidats au baccalauréat seront les premiers à passer une nouvelle série d'examens: il y aura huit nouveaux baccalauréats d'enseignement général et plus d'une douzaine de bacs technologiques.

Le schéma qui suit décrit les huit baccalauréats d'enseignement général. Notez les trois pôles d'orientation: A (littéraire), B (technique) et C (scientifique).

Lecture

POLES	SÉRIES	INTITULÉS	MATIÈRES DOMINANTES	DÉBOUCHÉS PRINCIPAUX
A	A1	LETTRES HUMANITÉS	Lettres Langue ancienne Histoire	Enseignement Sciences humaines et historiques Livre (édition, bibliothèques...)
	A2	LETTRES COMMUNICATION	Lettres Deux langues vivantes	Enseignement Sciences humaines Langues (traduction, interprétariat, tourisme et hôtellerie, secrétariat bi et trilingue, relations internationales, commerce...) Information, documentation, communication
	A3	LETTRES ARTS	Lettres Arts	Enseignement Architecture, audiovisuel, photo, cinéma... Arts (arts plastiques, musique, danse, théâtre...)
B	B1	SCIENCES HUMAINES ET SOCIALES	Sciences économiques et sociales Deux langues vivantes	Enseignement Sciences humaines Droit, sciences politiques Administration
	B2	MATHÉMATIQUES ÉCONOMIE DE L'ENTREPRISE	Économie Mathématiques	Enseignement Commerce Gestion Comptabilité
C	C1	MATHÉMATIQUES PHYSIQUE	Mathématiques Physique	Sciences mathématiques et physiques pures et appliquées Enseignement
	C2	MATHÉMATIQUES BIOLOGIE	Sciences expérimentales	Biologie appliquée Médecine, pharmacie, agronomie, vétérinaire Sciences de la terre Enseignement
	C3	MATHÉMATIQUES TECHNOLOGIE	Mathématiques Technologie	Sciences mathématiques et physiques pures et appliquées Techniques industrielles Enseignement

Extrait de *Juniorscopie*

Exercices de comprehension

A. Quel bac faut-il passer si on veut faire des études: de gestion? d'interprétariat? de techniques industrielles ? de médecine? de comptabilité? d'architecture? d'éditeur? de physique pure? de communication?

B. Quel est le débouché commun à chacun des huit bacs?

C. A quelle(s) série(s) appartient un étudiant qui a de l'anglais et de l'allemand à son programme d'étude? Celui qui a du grec à son programme d'étude? L'étudiant qui a un cours d'arts plastiques?

■ ■ ■ ■ ■ ■ ■ ■ ■ ■
Parlons un peu

Comment exprimer une action accomplie dans le futur. En vous servant du schéma et des expressions ci-dessous, faites des phrases qui expriment une action accomplie dans le futur.

après	+	infinitif passé	+	futur simple
quand	+	futur antérieur	+	futur simple

réussir mon bac   apprendre le français
passer mon examen   étudier l'architecture
terminer mes études

EXEMPLE: apprendre le français

Après avoir appris le français, je voyagerai dans les pays francophones.

Quand j'aurai appris le français, je voyagerai dans les pays francophones.

B. Bac quand tu nous tiens...

Avant de lire...

Au moment de passer un examen très important, comment réagissez-vous? Le bac représente un événement important pour beaucoup de jeunes Français. Les citations suivantes décrivent ce qu'ils en pensent.

Lecture

«Peur de l'inconnu, peur de l'échec, j'ai maigri de 1 à 2 kilos en 1 mois.»
   «Je mangeais plus que d'habitude.»
   «Ayant raté mon bac l'année précédente, j'étais plutôt anxieux et pas trop sûr de moi.»

«C'était comme une traversée du désert, l'impression de ne jamais pouvoir arriver au bout des révisions. Plus j'en apprenais, plus j'avais l'impression d'en avoir à apprendre.»

«A la distribution des sujets, j'ai cru que j'allais m'évanouir.»

«J'ai passé les examens en me disant que mon sort était déjà décidé.»

redoubler *to repeat*

«Je n'étais pas angoissé. Etait-ce le fait que j'avais un an d'avance et que j'aurais pu *redoubler?*»

«Je ne me suis pas privée de sorties. Appartenant à un groupe de théâtre, c'est durant les révisions que j'ai pu monter ma première pièce.»

Extrait de *Juniorscopie*

| **Exercices de compréhension** | Les citations ci-dessus décrivent différentes réactions. Trouvez la phrase qui exprime chacune des réactions suivantes: anxiété, certitude, déprime, perte d'appétit, état de choc, boulimie, euphorie, fatalisme. |

■ ■ ■ ■ ■ ■ ■ ■ ■ ■
Votre point de vue

A. Consultez de nouveau le schéma des huit bacs et trouvez la série qui vous conviendrait le mieux. Expliquez les raisons de votre choix à un autre étudiant.

B. Travail en petits groupes:

1. Chacun écrit une phrase exprimant ses réactions physiques ou affectives au moment où il/elle passe un examen.
2. Chaque étudiant échange sa phrase avec un voisin, puis chacun lit une phrase à haute voix.
3. Discutez ensuite les résultats.

■ ■

2. Panorama de l'université

Avant de lire...

parmi *among*

formation *f* préparation

Avant de lire les textes de ce chapitre, trouvez le sens des abréviations (sigles) à la page 78 et étudiez le schéma présentant les diplômes universitaires (page 78). N'oubliez pas que l'université ne représente qu'une possibilité *parmi* d'autres pour les étudiants qui désirent continuer leurs études après le baccalauréat. Ce texte décrit le monde universitaire, si différent pour les jeunes gens qui arrivent du lycée. Cherchez surtout à découvrir comment vivent les étudiants et quel est le rôle de l'université dans la formation[x] professionnelle de ces jeunes adultes.

Lecture

Le lycée et la fac sont deux mondes différents. Du jour au lendemain, après un été passé à fêter son bac, on se retrouve perdu, livré à soi-même dans un monde qui vous attire mais qui reste plus ou moins indifférent *à votre égard*. Un *fossé* sépare la terminale de l'université. On sort de sa vieille *coquille* de lycéen pour *arborer* fièrement l'étiquette Etudiant (avec un grand E). Et puis ça fait bien de dire «je suis à l'université» et même plus tard «j'ai été à l'université».

Agnès, en terminale D dans un lycée parisien, rêve d'avoir des contacts avec des personnes réellement motivées.° «Université, écrit-elle, veut dire pour moi plaisir° et volonté d'étudier; liberté d'organiser son travail mais aussi responsabilité de ses échecs.»

Mais souvent c'est la déception. *Lâchés* dans un environnement qui manque quelque peu *d'intimité,* les étudiants sont désorientés par le décor en forme de hall de gare. Vastes campus anonymes où des milliers de gens *se croisent* sans se connaître.

Avant d'entrer pour la première fois en fac, écrit François, de l'université de Bordeaux, je pensais que l'université était avant tout un lieu de rencontres, de fête, de militantisme et bien sûr de travail.» Cette nouvelle vie, ce désir de partir ailleurs, de *rompre avec* la vie lycéenne, les lycéens les recherchent intensément. Pour le reste, c'est affaire de nostalgiques. En réalité les étudiants de 1988 ont d'autres motivations que celles créées par le *mythe 68.*

Le mythe de la *fac-terrain-de-lutte* est bien mort. Mai 68 est loin. D'ailleurs les étudiants *cuvée 88* étaient tout juste nés. Ils évoluent dans un lieu calme où il ne se passe pas grand chose. La vie culturelle est *morne* et les centres d'intérêt ailleurs. Détachés de ce qui se passe dans le monde, ils *se replient* dans leur cocon:° travail,

à l'égard de envers
fossé gap
coquille shell
arborer montrer, exhiber

lâché released
intimité f privacy
se croiser se rencontrer

rompre avec ici: abandonner

mythe 68 allusion à la révolution des étudiants en 1968
fac-terrain-de-lutte university as revolutionary ground
cuvée f vintage
morne triste
se replier to withdraw

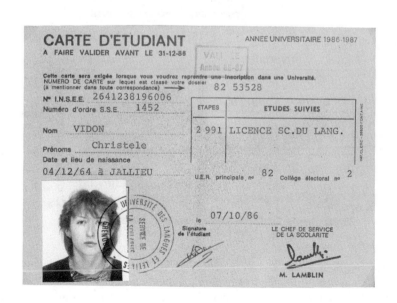

L'ORGANISATION SCOLAIRE EN FRANCE

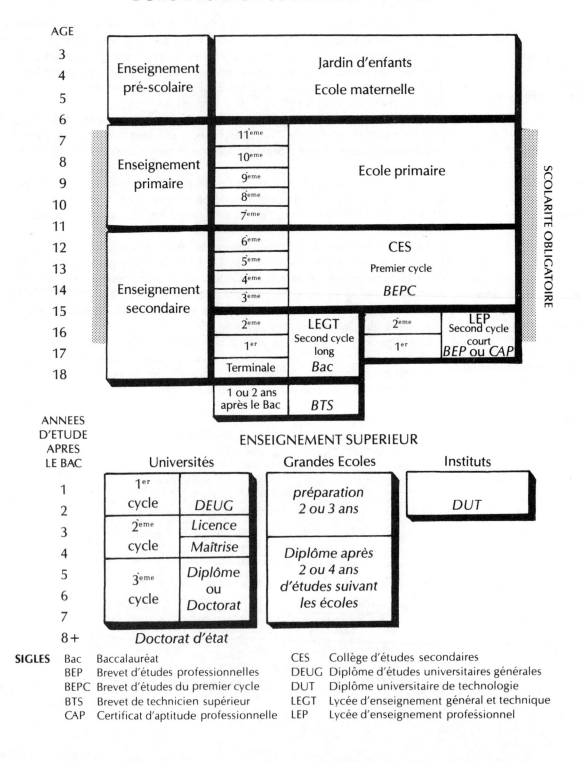

AGE

3		
4	Enseignement pré-scolaire	Jardin d'enfants
5		Ecole maternelle
6		

7		11ᵉᵐᵉ
8	Enseignement primaire	10ᵉᵐᵉ
9		9ᵉᵐᵉ — Ecole primaire
10		8ᵉᵐᵉ
11		7ᵉᵐᵉ

12		6ᵉᵐᵉ
13		5ᵉᵐᵉ — CES
14	Enseignement secondaire	4ᵉᵐᵉ — Premier cycle
15		3ᵉᵐᵉ — BEPC

	LEGT Second cycle long Bac	LEP Second cycle court BEP ou CAP
16	2ᵉ	2ᵉᵐᵉ
17	1ᵉʳ	1ᵉʳ
18	Terminale	

1 ou 2 ans après le Bac	BTS

ENSEIGNEMENT SUPERIEUR

ANNEES D'ETUDE APRES LE BAC

	Universités	Grandes Ecoles	Instituts
1	1ᵉʳ cycle — DEUG	préparation 2 ou 3 ans	DUT
2			
3	2ᵉᵐᵉ cycle — Licence		
4	— Maîtrise	Diplôme après 2 ou 4 ans d'études suivant les écoles	
5	3ᵉᵐᵉ cycle — Diplôme ou Doctorat		
6			
7			
8+	Doctorat d'état		

SCOLARITE OBLIGATOIRE

SIGLES

Bac	Baccalauréat	CES	Collège d'études secondaires
BEP	Brevet d'études professionnelles	DEUG	Diplôme d'études universitaires générales
BEPC	Brevet d'études du premier cycle	DUT	Diplôme universitaire de technologie
BTS	Brevet de technicien supérieur	LEGT	Lycée d'enseignement général et technique
CAP	Certificat d'aptitude professionnelle	LEP	Lycée d'enseignement professionnel

Aix ville de France
lorsque quand
sacré ici: très fort, *important*
déprime *f* la dépression
la plupart la majorité
déracinement *m uprooting*
relié à rattaché à
métropole *f geographical*
France
resto *m restaurant*
relier *to bind*
bourse plate *f empty wallet*
c'est à crever *it's deadly*
boring
se fournir en *to be supplied*
with
tract *m leaflet*
boum *f*, «**zinzin**» *m parties*

cependant *however*
outre en plus de
conférence *f lecture*
vannerie-poterie *f basket*
making and pottery

d'attente temporaire

faute de mieux *for want of*
anything better

soutirer obtenir

flou ici: *vagueness*
afin de *in order to*

déboucher sur ici: conduire à

pôle ici: un centre d'intérêt
comportement social la
manière de vivre
actuel *present day*

famille, argent, amour parfois. Jean-Pascal, *d'Aix*, a raison *lorsqu'* il affirme qu' «il faut une *sacrée* dose d'optimisme aux étudiants qui arrivent dans une ville universitaire inconnue pour résister à la *déprime*, conséquence de la solitude. Seuls, au milieu d'une foule résignée, *la plupart* résistent mal au *déracinement.*» Satellites, peu *reliés* à la *métropole*, les universités deviennent des ghettos: Orléans-la-Source, Bordeaux-Talence, Lyon-Villeurbanne, Toulouse-le-Mirail... les exemples abondent° de campus installés à 10 km des magasins, cinémas, *restos,* théâtres, etc. Les bus les *reliant* sont souvent rares et chers pour les *bourses plates.* Personne n'a envie de se voir, en dehors des obligations de la fac. «Ici, le week-end, c'est vide, le dimanche, *c'est à crever.*»

La cafétéria est l'unique lieu d'information. C'est là que l'on *se fournit en tracts* en tout genre, en programmes de cinéma, que l'on prend connaissance des *boums* ou *«zinzins»* organisés sur le campus par les autres facs ou écoles et les diverses associations d'étudiants étrangers.

L'ambiance manque en fac. Les gens se regroupent entre amis, à trois ou quatre maximum, puis ils s'en vont à la fin des cours. La culture sur les lieux du campus se limite aux activités du ciné-club. Certaines facs sont plus animées, *cependant.* A Nancy[1], par exemple, *outre* l'éternel ciné-club, la bibliothèque et les sports on peut s'inscrire à des activités de chorales, suivre des conférences[x] (bien évidemment, il n'y a pas que là!) et faire un peu de *vannerie-poterie* ou de ping-pong...

La fac est malheureusement pour bon nombre° d'étudiants une solution de transition *d'attente:* «Je ne savais pas que choisir! Je n'avais pas d'idées très claires° sur mes études futures... C'est pourquoi la fac était pour moi la filière idéale pour faire mon choix.» Certains vont à l'université *faute de mieux.* «Je passe des concours à la fin de l'année scolaire, dit Frédéric, 19 ans, si je ne suis admis à aucun, je crois que je me dirigerai vers la fac.» Il en est qui s'incrivent en fac tout simplement pour profiter des avantages attachés au statut° étudiant ou pour avoir un alibi permettant de *soutirer* de l'argent à leurs parents. On n'a pas besoin de travailler, on est loin de la famille. On vit d'indépendance tout en profitant des largesses de papa-maman. Ces cas sont rares mais ils existent.

Bref, l'université reste quelque chose de vague où l'on étudie. Ce *flou* donne la possibilité à ceux qui le désirent, de prolonger leurs études *afin de* savoir ce qu'ils aiment vraiment. Encore quelques années devant soi avant de choisir un métier!

Historiquement, l'université a toujours été le lieu de formation privilégiée d'un certain nombre de professions et elle le reste. Elle a donc le monopole de la formation dans les domaines suivants: médecine, pharmacie, enseignement, recherche, droit (seule formation ne *débouchant* pas directement *sur* une activité professionnelle).

L'université ne débouche sur rien... entend-on régulièrement un peu partout. «Mais, si l'université n'est pas suffisamment° pratique ou concrète, écrit Eric en sciences éco à Villetanneuse[2], elle a par contre l'énorme avantage d'offrir un *pôle* puissant de réflexions sur l'économie, le *comportement social* des populations... le monde *actuel.*»[x]

1. ville du nord-est

2. ville de la région parisienne

secteur *ici:* le domaine professionnel

L'université n'est pas une fin en soi. C'est un moyen, un instrument pour obtenir une formation scientifique, technique ou idéologique nécessaire au *secteur* où vous désirez évoluer.

appartenir à être la propriété de, être à

L'université reste malgré tout «une page blanche qui vous *appartient*». A vous de la remplir intelligemment en fixant vos priorités. Evitez de choisir votre discipline le jour de l'inscription, vous ne jouez pas à la roulette! Même si vous faites la fac dans le seul but de ne pas travailler tout de suite, ne perdez pas votre temps, elle peut vous apporter beaucoup et ce, dans des domaines très variés. La culture générale

tenir compte de prendre en considération

est un investissement° à long terme qui ne *tient* pas *compte de* l'existence matérielle de l'individu pas plus qu'elle ne provoque sa réussite sociale. C'est un luxe, un gage de qualité de vie.

«La Fac, pourquoi, comment?»
Extrait des *Dossiers de l'Etudiant*

Exercices de compréhension

A. Quelles études les jeunes Français peuvent-ils faire après avoir été reçus au baccalauréat?

B. Quelles différences fondamentales y a-t-il entre le monde du lycée et celui de l'université? Dans la vie quotidienne d'une part et dans la vie scolaire d'autre part?

C. Un grand nombre d'universités françaises sont situées loin du centre ville: quels problèmes cela pose-t-il?

D. L'université réussit-elle toujours à préparer les étudiants pour une carrière?

Exercices de langue

A. Comparez les deux listes de mots et trouvez les synonymes correspondants.

1. la préparation	a. la terminale
2. envers	b. se croiser
3. en l'absence d'une meilleure solution	c. tenir compte de
4. se rencontrer	d. la formation
5. la dernière année de lycée	e. morne
6. triste	f. outre
7. rattaché à	g. à l'égard de
8. en plus de	h. se destiner à
9. se préparer pour	i. faute de mieux
10. prendre en considération	j. relié à

B. En utilisant au moins six des mots et expressions ci-dessous, faites une brève composition décrivant vos études et vos projets d'avenir.

une filière	la «fac»	se fournir en
déboucher sur	un lieu de rencontres	une solution
se prolonger dans	opter pour	d'attente
le lycée	décrocher un examen	passer un concours

■ ■ ■ ■ ■ ■ ■ ■ ■
Votre point de vue

A. Comparez. «Le lycée et la fac sont deux mondes différents.» Expliquez cette phrase en un paragraphe. Pensez-vous qu'aux Etats-Unis l'école secondaire et l'université constituent deux mondes différents? Expliquez.

B. Faites un schéma pour illustrer une semaine typique de vos activités d'étudiant. Combien de temps consacrez-vous à assister à des cours? A étudier? A vos loisirs? Etudiez ce schéma et discutez les éléments les plus importants de votre vie estudiantine.

3. Comment vivent les étudiants?

Avant de lire...

loisirs *m pl leisure activitity*
mensuel *monthly*

Où et avec qui habitez-vous? Combien payez-vous par mois pour votre logement à l'université? Où mangez-vous? Comment est la nourriture? Travaillez-vous? Pendant l'année scolaire? Pendant l'été? Où travaillez-vous? D'habitude, où achetez-vous vos vêtements? Quels sont vos *loisirs* dans votre vie d'étudiant? Quel est votre budget *mensuel?* D'où vient cet argent? Les réponses à ces questions décrivent brièvement comment vous vivez. Maintenant, lisez le texte qui vous donnera des exemples de la vie des étudiants français.

Lecture

bistrot *m un café*
balade *f une promenade*
psycho *la psychologie*
pion, pionne *study-hall monitor*
à mi-temps *part-time*
amant *m lover*
entretenir *to support*

Marie—*bistrot* et *balades*

Marie est étudiante en *psycho* dans une ville de province. Elle travaille comme *pionne à mi-temps*. De quoi gagner 2 500 F par mois. Sa seule ressource. «Pas d'*amant* pour m'*entretenir*», précise-t-elle en riant. 2 500 F c'est pas beaucoup. Voilà comment elle se débrouille: «Je paye 700 F pour un logement que je partage

boulot *m un travail*
bouquin *m un livre*
quasi *presque*
bouffe *f la nourriture, les repas*
sauter *ici: to skip*
grignoter *to nibble*
fric *l'argent (slang)*

avec une autre personne. J'ai des frais de transport: 70 F par semaine, car mon *boulot* est à 100 km. Mon budget *bouquin* est *quasi* nul car je suis inscrite à trois bibliothèques. J'emprunte beaucoup de livres et j'en achète très peu.

Question *bouffe*, le minimum; beaucoup de sandwichs, même chez moi. Je *saute* des repas, je *grignote*. A cause du *fric* bien sûr. Pour l'habillement, minimum aussi.

Ils s'embrassent: amour ou amitié?

fréquenter *ici:* aller souvent dans
fringues *f pl* les vêtements
échelonner *to stagger*
quant à *as for*
se balader se promener
expo *f* une exposition
rêvasser *to daydream*
s'accorder *to afford*

Vive les jeans. Je *fréquente* pas mal les boutiques de vieilles *fringues,* ne pouvant me permettre d'acheter plusieurs trucs par mois, j'*échelonne* au maximum mes achats. *Quant aux* loisirs, c'est avant tout le café (lieu de rendez-vous). Toujours le même endroit. Quand tu n'as pas de fric tu organises tes loisirs tout autrement: quand je suis seule, je *me balade* dans la ville, je vais voir quelques *expos,* je *rêvasse* dans les rues. Ces temps derniers je m'arrêtais dans toutes les agences de voyages. J'aimerais partir à New York. Peut-être bientôt? . . . En plus il y a les petits concerts de rock. C'est dans le domaine des loisirs que le manque d'argent me gêne le plus. On ne peut jamais *s'accorder* de moments de folie. Partir les week-ends, c'est quelque chose qui plairait, mais c'est impossible. »

Patrick—du côté des riches

aisé riche
poursuivre continuer
sort *fate*

davantage plus

Patrick fait partie de cette catégorie d'étudiants qui ont des parents *aisés* et généreux. L'idéal pour *poursuivre* des études dans des conditions agréables. Patrick c'est un peu le sort[x] qu'on aimerait voir commun à tous les étudiants. Il en est d'ailleurs conscient. Plutôt dépensier, il a malgré tout toujours des problèmes d'argent. «J'aimerais avoir *davantage* d'argent bien sûr, mais j'aurais mauvaise conscience à être exigeant» précise-t-il aussitôt. Cet argent qu'on lui donne lui permet d'être agréablement logé, d'aller souvent au cinéma, de sortir en *boîte* de temps en temps, de jouer au squash, de *se payer* des vacances à la montagne, d'aller parfois au restaurant. Toutes choses peu courantes chez *la plupart des* étudiants. Par ailleurs Patrick est un fervent *adepte* du *RU.* Ce qui lui permet de réaliser des économies substantielles sur la bouffe. De plus il travaille un ou deux mois l'été pour se payer le superflu. Il ne se plaint pas. Il a raison.

boîte *ici: nightclub*
se payer s'offrir
la plupart de la majorité de
adepte *fan*
RU (resto U) *university restaurant*

Pierre—faire vivre la petite famille

Pierre n'est pas un étudiant tout à fait comme les autres puisqu'il est marié et père d'un enfant. Ça ne l'empêche pas de préparer un DESS (Diplôme d'études supérieures spécialisées). Au problème du paiement° de ses études s'ajoute donc celui de la subsistance d'une petite famille. Pas une mince affaire. Il est vrai que sa femme y contribue largement puisqu'elle travaille à mi-temps comme infirmière et apporte ainsi 2 700 F dans la *bourse* familiale. Pierre, de son côté, travaille lui aussi à mi-temps comme pion et touche une petite *bourse.* D'autre part, les *allocations familiales et de logement* s'élèvent dans leurs cas à 1 020 F. Ce qui n'est pas si mal. Malgré un revenu total plutôt faible, Pierre estime° ne pas manquer d'argent: «Ce sont des choses qui arrivent» ajoute-t-il ironiquement.

bourse *ici:* le budget
bourse *ici: scholarship*
allocations . . . logement *f pl government subsidies*

«Comment vivent-ils?»
Extrait des *Dossiers de l'Etudiant*

Exercices de compréhension

Vrai ou faux? Si une affirmation est fausse, corrigez-la.

A. Marie

1. Elle travaille loin de son domicile.
2. Son université ne se trouve pas à Paris.

3. Elle habite seule.
4. Elle fréquente beaucoup un certain café.
5. Elle vient de visiter New York.
6. Elle part souvent le week-end.

B. Patrick

1. Les parents de Patrick sont riches.
2. Il a des problèmes financiers.
3. Il n'aime pas prendre ses repas au RU.
4. Il ne travaille pas pendant l'année scolaire.
5. Ses loisirs sont typiques de la plupart des étudiants.

C. Pierre

1. Pierre et sa femme travaillent tous les deux à mi-temps.
2. Pierre se croit très pauvre.
3. Pierre et sa famille reçoivent de l'argent du gouvernement.

Exercices de langue

A. Les mots suivants, tirés du texte, correspondent à la langue familière des jeunes et des étudiants. Trouvez pour chacun un synonyme correct.

1. un pion
2. le boulot
3. un bouquin
4. la bouffe
5. le fric
6. les fringues
7. un truc

B. Complétez chaque phrase par le mot qui convient.

le sort	empêcher	un achat	mince
à mi-temps	réaliser	aisé	sauter
une amante	quant à	s'élever à	

1. Elle a divorcé parce que son mari avait _____.
2. Elle travaille _____ pour payer ses études.
3. Elle est pauvre mais elle ne se plaint jamais de son _____.
4. Le bruit de la télévision ne l'_____ pas d'étudier.
5. Aujourd'hui j'ai fait de nombreux _____ dans les magasins. Mes dépenses _____ 450 francs.

6. Cet étudiant n'a pas besoin de travailler pour payer ses études car il appartient à une famille ———.
7. Après le concert, nous sommes rentrés chez nous. ——— nos amis, ils sont allés au Café de la Paix.
8. Les gens qui ne fument pas et ne boivent pas ——— d'importantes économies.

■ ■ ■ ■ ■ ■ ■ ■ ■ ■
Votre point de vue

A. Décrivez en un paragraphe votre budget mensuel en vous servant du tableau ci-dessous:

RECETTES
Travail ———
Bourse ———
Argent reçu de vos parents ———
Emprunts ———

DEPENSES
Logement ———
Bouffe ———
Transports ———
Loisirs ———
Habillement ———
Livres ———
Frais d'études ———
Divers ———

B. Comparez.

1. En vous servant de vos réponses aux questions posées dans l'introduction à la lecture, décrivez votre vie d'étudiant. Ensuite, comparez votre situation à celle des trois étudiants décrits dans le texte. Auquel ressemblez-vous le plus?
2. Travaillez en petits groupes. Enumérez les ressemblances et les différences qu'on trouve dans la vie des étudiants français et celle des étudiants américains.

4. Bande dessinée: Les mâles

1. Que fait cette jeune fille?
2. Est-ce qu'elle est tranquille? Pourquoi?
3. Qu'est-ce que tous ces messieurs demandent à la jeune fille? Est-ce qu'ils utilisent la même phrase?
4. Le petit ami de la jeune fille arrive avec ses fleurs. Pourquoi est-ce qu'il n'est pas content?

5. Comment les étudiants mangent-ils?

Avant de lire...

Où prenez-vous la plupart de vos repas? Combien de repas prenez-vous chaque jour? Quels sont vos plats favoris? Combien de fois par semaine mangez-vous dans un restaurant «fast-food»? Lesquels préférez-vous? Savez-vous cuisiner? Quelle est votre spécialité?

Lecture

s'imposer *ici:* être nécessaire
becqueter *to peck at food*
fric *m* l'argent
incitation *f ici:* une tentation

Nous avons interrogé des étudiants, réalisé des enquêtes, une conclusion *s'impose:* les étudiants ne mangent pas, ils *becquètent...* mal! Pas de *fric* pas d'*incitations,* peu de culture culinaire...° alors sandwichs, «MacDo», resto U (sains certes mais tristes).

poireauter attendre
plateau *m tray*
louchée *f ladleful*

Le RU, c'est la formule classique. La plupart sont des selfs plutôt que des vrais restaurants. Il reste pourtant un RU à Paris où le service est fait à table, celui du Châtelet[3], et certains étudiants fidèles apprécient ce petit luxe qui leur évite de *poireauter* une heure avec un *plateau* sur les bras. Rares sont les RU qui se distinguent par l'originalité et la variété des menus: même morceaux de viande souvent immangeables, même *louchée* de légumes baignant dans un jus° douteux, même yaourts° vaguement sucrés. Le tout, entrée et dessert compris, pour un prix

défier *to beat*
titulaire *m holder*
tarif *price*
verser *ici:* donner, payer
subvention *f subsidy*

défiant toute concurrence.

Les *titulaires* d'une carte du CROUS (Centre régional des œuvres universitaires et scolaires) paient le tarif étudiant, soit 9,00 F par repas. Pour chaque repas payé au tarif étudiant, l'Etat *verse* au CROUS une *subvention* égale au prix payé par l'étudiant.

Les RU sont en principe ouverts de 11 h 30 à 13 h 45 et de 18 h 30 à 20 h. Certains ont des annexes qui assurent un service continu de 11 h à 20 h, d'autres ouvrent de 7 h 30 à 10 h, puis aux heures des repas, en débordant largement sur l'horaire du RU. Ayant considéré que la formule du repas complet n'attirait qu'une partie des étudiants, le CROUS a *mis au point* dans quelques cafétérias un service

mettre au point *ici:* installer

3. quartier de Paris près de la Seine

se soustraire à *to escape from*
sauter *ici: to skip*
engendrer *ici: to generate*
comportement *m behavior*
incontestablement *undoubtedly*
gestionnaire *ici: manager*
gâterie *f treat*

fac *la faculté, l'université*
malaise *m ici: un problème de digestion*

face à *vis-à-vis de*
fréquenter *to attend*
coup de pouce *push in the right direction*

onéreux *costly*
tâche *f ici: une responsabilité*

de snacks, plus souple que le RU et un peu plus appétissant.° L'un propose une assiette froide, l'autre un steack frites, un autre des œufs au jambon . . . Cette nouveauté pourrait se généraliser dans les prochaines années.

Pour *se soustraire* à la triste obligation du RU, les étudiants choisissent trop souvent la solution de facilité: ne pas manger ou *sauter* un repas sur deux. Cela *engendre* deux sortes de *comportements:* les premiers «tiennent» à coup de «Mars» ou de pains au chocolat, distribués par les cafétérias. Ce sont *incontestablement* de mauvais *gestionnaires* de leur fric et de leur santé car ces petites *gâteries* coûtent cher et ne nourrissent pas plus que les innombrables cafés qu'ils ont tendance à boire . . . Les autres, ceux qui résistent à ces substituts, font tôt ou tard connaissance avec l'infirmerie de la *fac* où leur cas est diagnostiqué à ce genre de *malaise.*

Pourtant, à condition de forcer un peu la dose au petit déjeuner (pourquoi ne pas se cuire un œuf, à l'anglaise?), on peut facilement remplacer un vrai déjeuner par un bon vieux sandwich, les meilleurs étant ceux que l'on se prépare soi-même.

Face à la bouffe, comme à tout problème crucial tel que le logement, les études, l'étudiant ne devrait pas se sentir seul. Parmi les milliers d'individus qui *fréquentent* la fac, nombreux sont ceux qui n'attendent qu'un *coup de pouce* pour s'organiser. Certains vivent dans de bonnes conditions, louant un appartement ou une maison à plusieurs. Multiplier les repas communautaires, en faire profiter les étudiants solitaires, c'est une solution peu *onéreuse* pour chacun et pratique à tout point de vue si les *tâches* sont correctement réparties.

taboulé plat nord-africain ou libanais

Si vous vous chargez de faire la cuisine, restez simples. Apprenez à cuisiner des recettes traditionnelles simples, rien de tel qu'un *taboulé*, un plat de spaghetti accompagné d'une bonne sauce ou une quiche maison. Vous pourrez ainsi multiplier les occasions sans vous ruiner.

provenir de être originaire de

Des milliers d'étudiants étrangers *provenant des* cinq continents font leurs études en France. Ne manquez pas l'occasion de découvrir d'autres visions du monde. La cuisine est un des moyens.

neutre *neutral*

sensibilité *f sensitivity*

laqué *ici: glazed*
cassoulet toulousain *type of stew from Toulouse*

La cuisine n'est pas *neutre*, «dis-moi ce que tu manges, je te dirai qui tu es.» Au même titre que la langue, le vêtement et l'habitat, elle est manifestation d'une culture, d'une histoire, d'un climat, d'une abondance ou d'une rareté, d'une sensibilité[x] et d'une vision du monde. Elle en est l'une des manifestations les plus sensuelles et les plus secrètes. Comparer un canard *laqué* chinois, un *cassoulet toulousain* et un «fast-food» peut être l'occasion d'une extraordinaire leçon d'histoire, d'économie, d'anthropologie et de philosophie.

palais *m ici: palate*

papille *f taste bud*

Oui, il est possible de commencer à découvrir° un peuple et sa culture par sa cuisine, il est possible de le connaître par la bouche et le *palais*. La présence de plusieurs dizaines de milliers d'étudiants étrangers peut être l'occasion de commencer un voyage, en laissant à l'office son chauvinisme culinaire et ses *papilles* bleu-blanc-rouges. Faites-vous inviter quand ils font un repas de chez eux, demandez-leur de vous apprendre les recettes ou consultez des livres de cuisine étrangère.

«Bouffe»
Extrait des *Dossiers de l'Etudiant*

Exercices de compréhension

A. Répondez aux questions suivantes.

1. Pourquoi les étudiants mangent-ils mal?
2. Comment s'appelle l'endroit où la plupart des étudiants français prennent leurs repas?
3. En quoi le RU du Châtelet est-il différent des autres restaurants universitaires?
4. Quels sont les différents prix des repas dans les RU? A quelles heures les RU sont-ils ouverts?
5. Quelle autre formule le CROUS propose-t-il aux étudiants en dehors du repas complet?
6. Que font les étudiants qui n'aiment pas manger au RU?
7. Que propose l'auteur pour remplacer un déjeuner complet?
8. Que doit-on faire pour bien organiser les repas communautaires?
9. Quelle occasion les étudiants français ont-ils de découvrir la cuisine des autres pays?

B. Expliquez la signification du proverbe suivant. «Dis-moi ce que tu manges et je te dirai qui tu es.»

| **Exercice de langue** | Remplacez les mots en italique par les synonymes qui conviennent. |

culinaire   verser   provenant de
réaliser   titulaire   s'imposer
la santé   le tarif

1. Ce vieux monsieur a été blessé à la guerre et le gouvernement lui *paye* une pension.
2. Connais-tu *les prix* des repas au restaurant universitaire? Oui, neuf et quinze francs.
3. L'université *a fait* une enquête pour connaître le pourcentage d'étudiants mariés.
4. Adoptez la solution qui *est nécessaire.*
5. Vas-tu au bal ce soir? Il y aura des étudiants *originaires* du Brésil.
6. Ses talents *de cuisinier* sont exceptionnels.
7. Notre bonne *condition physique* dépend beaucoup de ce que nous mangeons.

■ ■ ■ ■ ■ ■ ■ ■ ■ ■
Votre point de vue

A. Interviewez trois étudiants en vous servant des questions posées dans l'introduction à la lecture. En utilisant les réponses obtenues dans l'interview ci-dessus, faites un résumé oral qui décrive comment mangent ces étudiants.

B. Comparez. Les phrases suivantes, tirées du texte, vous indiquent comment les étudiants français se nourrissent. Expliquez le sens de chacune de ces phrases et dites ensuite si le même phénomène existe chez les étudiants américains.

1. «Les étudiants ne mangent pas, ils becquètent . . . mal!»
2. «Le RU, c'est la formule classique.»
3. «Rares sont les RU qui se distinguent par l'originalité et la variété des menus.»
4. «La cuisine est manifestation d'une culture.»

6. Le Logement

Avant de lire...

Aux Etats-Unis, la majorité des étudiants sont logés dans des résidences universitaires. Ce n'est pas le cas en France où moins de 20 pour cent utilisent ce type de logement. Le texte vous présente l'opinion d'un étudiant et d'une étudiante qui vivent en résidence. Essayez de trouver pourquoi Anne et Jean ont choisi de vivre en résidence et ce qu'ils en pensent.

Lecture

immanquablement
inévitablement
cité universitaire f une
résidence universitaire
foyer universitaire m
residence hall
entretenir to maintain
parfois sometimes
disponible available

Logement étudiant évoque° *immanquablement cités*, résidences et *foyers univer-sitaires:* ces ghettos plus ou moins bien équipés° ou *entretenus* prenant *parfois* la forme de campus. Aujourd'hui moins de 190 000 étudiants (18 pour cent) ont ce type de logement, la majorité vivant chez leurs parents (36 pour cent) ou logeant «en ville» seuls ou à plusieurs (39 pour cent). Oui, plus de 400 000 étudiants sont des locataires à part entière, avec loyers, propriétaires, charges, problèmes de chauffage, de congés, de sous-location ou de recherche de chambre ou d'appartement. Se loger est une course d'obstacles, les logements *disponibles* sont rares (même en cités U) et les revenus habituels des étudiants ne les favorisent pas sur le marché locatif.

Que dire de la vie en cité? *L'Etudiant* a interrogé deux étudiants: Jean, résident en cité universitaire et Anne, résidente à la cité internationale.

E.: Pourquoi avez-vous choisi de vivre en résidence?

JEAN: Je viens du Mans[4] où j'avais déjà expérimenté la vie de foyer et pour moi, à Paris, aucune autre solution ne pouvait me convenir. Mes parents sont peu argentés et ma *bourse* annuelle est de 8400 francs. Je paye 530 francs par mois, il me faudrait le double pour loger en ville et sans les charges annexes!

bourse f scholarship

ANNE: Je connaissais des amis à la cité internationale et je désirais les retrouver. Sur leurs conseils, j'ai déposé mon *dossier* très longtemps à l'avance et j'y ai ajouté une longue lettre de motivations; j'*avoue* que j'ai fait un peu de *lyrisme*. De plus, j'ai diminué les ressources de mes parents pour ne pas payer le *tarif*˟ maximum. Ça a marché! Ma *redevance* est de 700 F par mois.

dossier ici: application
avouer to confess
lyrisme m lyricism
tarif fees
redevance f fees
moche ici: désagréable
fêtard partygoer
être légion être nombreux
bosser travailler
constater observer, remarquer

E.: La vie en Cité c'est quoi, bien . . . *moche?*

JEAN: Tu sais je suis très individualiste alors . . . l'ambiance est calme, les petits *fêtards* ne *sont* pas *légion* et d'une manière générale, ça *bosse* dur. Je *constate* quand même ici à Paris que les gens, tout comme les étudiants,

---

4. ville de l'ouest de la France

Dans sa chambre au dortoir, Claudine a créé une atmosphère avec des posters et des objets familiers.

sont constamment sur leurs gardes et parfois agressifs. Je me suis longtemps senti un étranger dans ma cité.

ANNE: Le soir c'est agréable, on se sent moins seul et c'est important. Le week-end c'est plus bruyant, la vraie cacophonie!° Et il faut *s'accrocher* si l'on doit travailler. Le règlement intérieur est plus ou moins *lâche* selon les maisons, chez moi c'est très cool. Le truc c'est de se faire bien voir du *secrétaire général* (un par maison) car il *détient* le pouvoir de te faire rester dans ta chambre d'une année sur l'autre ou celui de t'attribuer celle que tu *convoites* depuis un bout de temps. En fait, tu ne choisis pas

s'accrocher *to stick to it*
lâche *lax*
secrétaire général *ici: head resident*
détenir posséder

convoiter désirer

piaule f chambre
malchance f bad luck
combine f clever solution

sommairement scantily
recoin m nook

disposer de avoir
palier m ici: floor
déguster boire
infecte rotten
génial sensationnel
panneau d'affichage bulletin board
dresser ici: présenter
manifestation f ici: event
CROUS Centre régional des œuvres universitaires et scolaires
désargenté sans argent
étagère f shelf
couloir m hallway
cirer le parquet to wax the floor
blanchissage m laundering
modique modeste, petit

ta *piaule*. La pire des *malchances* c'est de loger côté boulevard (très bruyant), le bonheur suprême c'est d'avoir la vue sur le parc et au dernier étage pour le soleil . . . A partir de là toutes les *combines* existent.

E.: Quelles sont les structures mises à votre disposition?

JEAN: Ma chambre (13 m²) est meublée *sommairement*, les draps sont changés toutes les trois semaines et on me fait le ménage! Dans un *recoin* se trouve un miniscule lavabo. Les WC et les douches sont à l'étage (2 douches pour 24 résidents). Pour communiquer à l'extérieur nous *disposons* d'un poste téléphonique à chaque *palier*. Bien sûr il y a une cafétéria où l'on va non pas *déguster* un café *(infecte!)* mais plutôt pour se retrouver, et un resto U où la nourriture est tout juste acceptable. Pour les loisirs, c'est pas *génial*. Dans le hall, un *panneau d'affichage dresse* régulièrement un panorama des *manifestations*, officielles ou non, les publications du *CROUS* sont parfois intéressantes (sports, voyages...). Moi qui reste à Paris tous les week-ends, je voulais m'inscrire à un cours de tennis, et bien le pauvre étudiant *désargenté* que je suis, n'a encore rien trouvé...!

ANNE: Ma chambre est tout juste assez grande car j'y ai apporté quelques modifications (lit plus grand, *étagères*...). J'ai un coin lavabo pas trop mal et un interphone. Le téléphone est dans le *couloir* ainsi que les WC et les douches. Le ménage est fait tous les jours et l'on *cire le parquet!* Le *blanchissage* est assuré (draps). Côté animation culturelle et sportive, je crois que nous sommes privilégiés. Ma maison dispose d'une cafétéria, d'une bibliothèque, d'une salle de fêtes ou de réunion. Cette année, je fais du tennis pour la *modique* somme de 280 F et je suis des cours de langue dispensés gratuitement par certains résidents étrangers.

Extrait des *Dossiers de l'Etudiant*

Exercices de compréhension

1. Trouvez dans le premier paragraphe du texte la phrase qui résume la question du logement des étudiants en France.
2. Pourquoi Jean et Anne ont-ils choisi de vivre en résidence?
3. Que pensent Jean et Anne de leur vie en cité universitaire?
4. Pourquoi le secrétaire général est-il une personne très importante dans les résidences universitaires?

5. Faites une description personnelle de la chambre de Jean et de sa résidence universitaire.

6. Enumérez les loisirs possibles pour les étudiants qui vivent en résidence
universitaire.

| **Exercice de langue** | Complétez chaque phrase par les mots qui conviennent. |

bourse   disponible   foyer   locataire
déguster   disposer   chauffage   modique
désargenté   étagère

1. Le propriétaire de cet appartement n'est pas content parce que son
_____ ne paye pas son loyer à la date fixée.

2. Le pauvre étudiant _____ ne peut pas s'incrire à un cours de tennis.

3. Il a reçu une _____ du gouvernement pour l'aider à payer ses études.

4. Mon ami habite dans un _____ d'étudiants.

5. Bonjour, monsieur le Directeur. Est-ce qu'il y a encore une chambre
_____ dans votre foyer d'étudiants?

6. Je _____ de 2 000 francs par mois pour payer mes études. C'est insuffisant.

7. Cette chambre d'étudiant me convient. Le loyer est vraiment _____ : 400
francs par mois! Et il y a une _____ pour mettre mes livres.

8. Il y a une pâtisserie près du foyer où on peut _____ une glace ou un
gâteau avec des amis.

■ ■ ■ ■ ■ ■ ■ ■ ■ ■
Parlons un peu

Comment exprimer une hypothèse. En vous servant du schéma ci-dessous,
complétez les phrases pour exprimer une hypothèse.

si + présent + futur Demain, si le temps *est* beau, je *sortirai*.
si + imparfait + conditionnel présent Maintenant, si le temps *était* beau, je *sortirais*.
si + plus-que-parfait + conditionnel passé Hier, si le temps *avait été* beau, je *serais sorti*.

1. Demain, si _____, Anne jouera au tennis.

2. Hier soir, si les voisins avaient fait moins de bruit, Jean _____.

3. L'an prochain, si Jean _____, il voyagera.

4. Si Jean _____, il changerait les meubles de sa chambre.

5. Si le café de la cafétéria était meilleur, Jean _____.

6. Si Jean _____, il ne serait pas sorti dans le couloir pour téléphoner.

Votre point de vue

A. Décrivez en un paragraphe votre chambre et votre résidence universitaire. Comparez votre description avec celle d'un(e) autre étudiant(e) et notez les différences les plus importantes.

B. Comparez. Trouvez dans le texte trois phrases qui puissent s'appliquer aussi à la description d'une chambre et d'une résidence universitaire américaines.

7. Publicité: OFACIL

Quand on se sent bien à l'étranger,
on apprend deux fois plus vite…

Séjours linguistiques et sportifs

pour jeunes de 8 à 18 ans
Angleterre, Écosse, Irlande
Allemagne, Espagne, États-Unis
Toutes vacances scolaires

OFACIL Corlic A 697

Office Français d'Action Culturelle
Internationale et de Langues
Membre de l'UNOSEL *Documentation gratuite*

12, rue de miromesnil 75008 PARIS
Tél. : 42 68 01 23

Exercices de comprehension	1. Que signifie l'abréviation OFACIL?
	2. Qu'apprennent les jeunes qui participent aux séjours annoncés dans cette publicité?
	3. A quelles périodes de l'année les jeunes peuvent-ils participer à ces séjours?
	4. Combien coûte la documentation OFACIL?

8. Fêtes entre copains

Avant de lire...

Avant de lire ce texte, faites trois listes: (1) des noms indispensables pour décrire ce qu'on mange et ce qu'on boit à une fête; (2) des adjectifs permettant de décrire l'ambiance d'une fête; (3) des verbes décrivant les principales activités d'une fête.

Lecture

bouffe *f* la nourriture, les repas
déblocage *ici:* libération

drogue *f drug*
drague *f woman chasing (slang)*
réveillon *m New Year's Eve celebration*
animer *to liven up*

se pointer *arriver (slang)*
atelier *m workshop*
mesquin *ici: insuffisant*
terrine *f un pâté*
confier *to confess*
maître d'œuvre *ici: organisateur*
couler à flots *to flow like water*

Une belle fête? *Bouffe,* alcool, amis, musique . . . Pour être réussie, la fête entre amis doit fonctionner comme un énorme *déblocage.* Déblocage des habitudes, des inhibitions, des hésitations et des désirs . . . Partant de là, les ingrédients diffèrent selon les goûts et les circonstances. Dix, vingt, trente personnes, danse, ou repas, *drogue* un peu ou pas du tout (jamais beaucoup semble-t-il), alcool toujours en quantité, *drague* essentielle pour les uns, inutile pour les autres . . . David raconte une fête qu'il a connue.

«31 décembre: Le *réveillon.* Je suis invité à une grande fête par des amis qui l'organisent. Presque tous étudiants, ils adorent faire la fête, mais aussi la préparer et l'*animer.* Avec eux, en général on ne s'ennuie pas. Cette fois ils m'ont prévenu «Tu verras, ça va être genre grandiose».

«Effectivement, je *me pointe* à l'adresse indiquée. Un immense *atelier.* La pièce est réellement gigantesque. On m'annonce cent invités. Le buffet ne paraîtrait pas *mesquin* à Gargantua.[5] Salades, *terrines,* viandes de toutes sortes. «Une bonne bouffe, rien de tel pour réussir une fête» me *confie* Marianne, l'un des *maîtres d'œuvre* de ce réveillon. «Une bonne bouffe et du champagne» ajoute-t-elle. Il est vrai que, côté champagne, ça ne manque pas, il *coule à flots.* Justement Michel m'en sert une pleine coupe: «tu peux y aller, on a prévu une bouteille par personne. On est allé le chercher à Reims.[6] Il est moins cher et très bon.» Décidément, tout ça

5. personnage d'un roman de Rabelais: synonyme de «gros mangeur»

6. ville du nord-est de la France, célèbre pour son champagne

Un repas entre copains, c'est meilleur et plus agréable que le RU.

embrassade f greeting hug

à gogo à profusion (galore)
bien rodé ici: well trained
amateur m ici: qui aime
accueillir to welcome
tisser to weave

s'entrechoquer to clash
smoking m tuxedo
côtoyer to be side by side
loggia f sorte de balcon
se relayer to take turns
platine f ici: un tourne-disque
à tour de bras prolifically

m'a l'air drôlement organisé. Chacun a payé 110 F mais on a le sentiment d'être gâté. Je regarde autour de moi. Il y a ceux qui dansent et ceux qui mangent. Les uns comme les autres avec bonheur. Je retrouve quelques amis. *Embrassades.* Rechampagne. Tout le monde a l'air de se sentir bien. Une foule de cent personnes qui ne se connaissent pas toutes, pas facile à faire bouger. Et pourtant ça remue, ça rit, ça part dans tous les sens. Un secret? Regardons de plus près. Grosse bouffe et champagne *à gogo*, on l'a vu. Mais ce qui est encore plus frappant, c'est cette équipe *bien rodée* qui semble prendre les choses en main: ce fameux groupe d'une dizaine d'amis *amateurs* de fête. Ce sont eux qui ont tout préparé. Et maintenant ils sont partout, *accueillant* les nouveaux arrivants, présentant les uns aux autres, servant le champagne, invitant à danser, lavant les verres . . . Ils *tissent* une sorte de toile entre les invités, pourtant très différents les uns des autres: new-wave, clean dandy, années 50, les modes *s'entrechoquent*, le *smoking côtoie* le jean.

«Là-haut, sur la *loggia*, deux disc-jockeys *se relaient* autour des *platines* et mélangent les musiques *à tour de bras*. Salsa, rock, funky, reggae et même tangos et valses (visiblement ça plaît beaucoup, certains les dansent même très bien). Quelques joints circulent. Un peu de drague. Sans plus. Résultat: il règne° ici une sorte d'euphorie collective, de chaleur communicative. A huit heures du matin, quelques-uns dansent encore...»

Extrait des *Dossiers de l'Etudiant*

Exercice de compréhension

Répondez aux questions suivantes.

1. Quels sont les ingrédients indispensables au succès d'une fête?
2. D'après l'auteur, quelle est l'importance de la drogue dans les fêtes d'étudiants en France?
3. Comment s'appelle la fête que David décrit?
4. Qu'est-ce qu'on sert aux invités pendant cette fête?
5. Combien de bouteilles de champagne les hôtes ont-ils achetées?
6. En dehors du buffet et du champagne, qu'est-ce qui contribue au succès de cette fête?
7. Comment les invités sont-ils habillés à cette fête?
8. Jusqu'à quelle heure la fête dure-t-elle?

Exercice de langue

Complétez chaque phrase par les mots qui conviennent.

accueillir	frappant	régner	tisser
à gogo	gâté	réveillon	goût
manquer	prévenir		

1. C'est un enfant _____; ses parents satisfont tous ses désirs.
2. A l'entrée d'un avion, il y a toujours une hôtesse pour _____ les passagers.
3. Acceptez-vous notre invitation pour le _____ du 31 décembre?
4. Cette machine permet de _____ le coton et la rayonne.
5. A une heure du matin, c'est la fin du bal. L'orchestre s'arrête et le silence _____.
6. Vous auriez dû venir à notre fête; il y avait du champagne _____.
7. Je vous téléphone pour vous _____ que je ne pourrai pas aller à notre rendez-vous.
8. La ressemblance entre ces deux cousins est _____.

Votre point de vue

Comparez.

1. En utilisant le texte, faites trois listes: (a) des principaux noms décrivant ce qu'on mange et ce qu'on boit à une fête, (b) des adjectifs décrivant l'ambiance de la fête, (c) des verbes qui décrivent les principales activités de la fête.
2. Comparez les trois listes ci-dessus à celles que vous aviez faites pour l'introduction à la lecture et commentez les différences.

Les Transformations de l'habitat et de l'urbanisme

Activités préliminaires

Vocabulaire sur l'habitat et l'urbanisme

Exercices d'application

Choisissez l'un des exercices d'application ci-dessous: dans chaque cas, décrivez un souvenir personnel d'habitat ou d'urbanisme en utilisant le vocabulaire approprié.

A. Ecrivez un paragraphe en employant un minimum de cinq mots de la liste ci-dessous.

B. Préparez un exposé oral. Vous devez parler pendant au moins une minute et utiliser un minimum de cinq mots sur le sujet.

C. Travail oral en petits groupes de deux, trois ou quatre personnes. Faites chacun à votre tour une phrase contenant un mot sur le thème. Continuez jusqu'à ce que tous les éléments du vocabulaire soient utilisés.

appartement *m*	grand magasin *m*	quartier *m*
balcon *m*	immeuble *m*	résidence secondaire *f*
banlieue *f*	logement *m*	rural
campagne *f*	maison individuelle *f*	urbain
centre commercial *m*	parc *m*	ville *f*

A vous la parole

Répondez aux questions suivantes.

1. Où habite votre famille? A la ville, en banlieue, à la campagne? Où choisiriez-vous de vivre? Expliquez.
2. Enumérez les avantages et les inconvénients des grandes villes (des petites villes, de la campagne, de la banlieue).
3. Habitez-vous dans un appartement ou dans une maison individuelle? Décrivez votre appartement ou votre maison.

Introduction: Habitat et urbanisme

Avant de lire...

1. La population de la France est-elle essentiellement rurale ou urbaine?
2. Quel pourcentage de la population française habite dans la région parisienne?
3. Trouvez dans l'avant-dernier paragraphe quel pourcentage de Français habitent une maison individuelle. D'après vous, quel est le pourcentage d'Américains qui habitent une maison individuelle?

Lecture

En un siècle, et tout particulièrement depuis 1945, la population de la France qui était essentiellement rurale est devenue urbaine à 80 pour cent. Ce profond changement est dû à l'influence de la civilisation industrielle, qui a incité° de

Le Forum des Halles?
Prenez la rue piétonne à gauche.

nombreux Français à abandonner la vie paysanne pour s'installer dans les grandes villes où ils espèrent trouver des conditions de travail moins pénibles et une existence plus confortable. Le chanteur Jean Ferrat décrit très bien ce phénomène de migration dans sa chanson «La Montagne»:

Ils quittent un à un le pays
Pour s'en aller gagner leur vie
Loin de la terre où ils sont nés
Depuis longtemps ils en rêvaient
De la ville . . .
Du formica et du ciné

croissance démographique augmentation de la population
agglomération *f ici:* la ville et ses banlieues

Ce mouvement de la population rurale vers les villes, ainsi que la *croissance démographique,* ont stimulé le développement de l'urbanisme, en particulier dans la région parisienne. Avec son *agglomération,* Paris compte maintenant 10 000 000 d'habitants, ce qui représente environ 1/5 de la population française et fait de cette ville la quatrième agglomération du monde après Tokyo, New York et Londres.

d'où *hence*
grand ensemble *m large apartment complex*
dortoir *m dormitory*
faire l'objet de être le sujet de
vif *ici:* fort
cerveau *m brain*

La nécessité de construire° de nouveaux logements s'est transformée en une véritable crise° du logement au cours des années 50; *d'où* la prolifération, quelquefois anarchique, de *grands ensembles,* de cités *dortoirs* dont certaines, comme Sarcelles, *ont fait l'objet de vives* critiques.

Cette concentration de population et d'industries dans la région parisienne, et aussi une centralisation administrative et intellectuelle qui font de la capitale le «*cerveau*» de la France, ont toujours créé une opposition entre Paris et le reste du pays, «la province». Les deux villes les plus importantes après Paris, Lyon et Marseille, ont environ 1 000 000 d'habitants. Afin de favoriser une décentralisation devenue indispensable, le gouvernement a divisé le territoire en 22 régions industrielles. De plus, des mesures ont été prises

accorder *to grant*

récemment pour *accorder* à chaque région une plus grande autonomie administrative et budgétaire.

L'évolution de l'urbanisme se manifeste aussi dans l'architecture des nouveaux édifices publics aux lignes modernes et futuristes. A Paris, il faut citer le Centre National d'Art et de la Culture Georges Pompidou (Beaubourg), *le Forum des Halles[1]* et l'aéroport de Roissy-en-France, construits il y a quelques années. Aujourd'hui, un vaste projet d'urbanisme est en train de métamorphoser la capitale: création de la Cité des Sciences et de l'Industrie dans le quartier de la Villette; transformation de la Gare d'Orsay en un musée où se trouvent les œuvres des peintres impressionnistes; construction d'un Opéra populaire à la Bastille; apparition d'une audacieuse pyramide dans la

aménagement *m ici:* la construction
se poursuivre *ici:* continuer

Cour Carrée du Louvre. *L'aménagement* du centre d'affaires de la Défense *se poursuit* avec la construction d'un arc de triomphe cubique, la Grande Arche, dans l'alignement des arcs de triomphe de l'Etoile et du Carrousel.

---

1. modern shopping center where formerly the central market, les Halles, was located

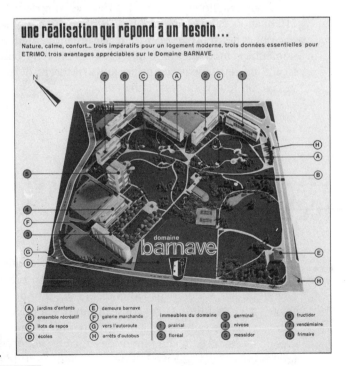

Les habitants de ces immeubles ont toutes les commodités à proximité de chez eux: magasins, école, piscine.

constater observer

Maintenant que plus des 2/3 des Français ont abandonné la campagne pour la ville, il est intéressant de *constater* une réaction inverse, un retour au passé et à la nature, sans doute pour échapper au bruit et à la pollution des villes, mais aussi, très souvent, pour retrouver ses *racines.* Ceux qui peuvent se le permettre (1 sur 5), achètent une résidence secondaire, de préférence dans leur province natale, et ils vont y passer le week-end ou les vacances. D'autres habitent une maison individuelle ou un *pavillon* en banlieue. Pour les Français, la maison est plus qu'un logement; le *chez-soi* est un symbole de permanence, de stabilité; il représente les racines et l'environnement auxquels ils s'identifient. Cette idée de permanence et le concept de durabilité se retrouvent dans la manière même de construire° les maisons: bâties en briques,° en pierre ou en *béton,* avec leurs toits le plus souvent recouverts de *tuiles* rouges ou d'*ardoises,* elles sont faites pour abriter plusieurs générations.

racines *f pl roots*

pavillon *ici:* une maison
chez-soi *home*

béton *m concrete*
tuile *f roof tile*
ardoise *f slate*
actuellement *now*

On construit actuellement[x] chaque année en France plus de maisons individuelles que de logements ou d'ensembles collectifs. Ces maisons sont généralement groupées en petits villages à proximité des villes. Par réaction contre le style trop uniforme des premiers grands ensembles construits au lendemain de la Deuxième Guerre mondiale, on leur donne des formes s'harmonisant avec le paysage et s'adaptant mieux à l'esprit et aux goûts individuels des Français. Un habitant sur deux est propriétaire de son logement; la moitié des Français habitent dans une maison individuelle.

H.L.M. *low-rent housing*
au cours de *ici:* pendant
à défaut de *ici: to make up for*

En ce qui concerne les appartements, la qualité de la construction s'est beaucoup améliorée° et n'a plus rien de comparable avec les premiers *H.L.M.* (Habitation à loyer modéré) construits *au cours des* années 50, dont plus personne ne veut. *A défaut de* jardin individuel, les habitants des grands immeubles modernes ont très souvent un long balcon qui occupe toute la façade de leur appartement et qu'ils décorent de plantes vertes et de fleurs, vestige de leur goût pour la nature.

▪▪

1. Le Nouveau Paris

Avant de lire...

couronné *ici: completed*

spectacle *m show*
abattoir *m slaughterhouse*

hectare *m* 100 mètres carrés

La ville de Paris est en pleine métamorphose. Le quartier de la Défense (1) (voir plan), un Manhattan à l'Ouest de Paris, va bientôt être *couronné* par la Grande Arche, située dans l'alignement de l'Arc de Triomphe et du Carrousel. A la Bastille (7) on construit un opéra populaire, moderne et confortable. La grande salle de 2 700 places permettra la rotation rapide de *spectacles* en alternance. Sur le terrain des anciens *abattoirs* de la Villette (8), fermés en 1974, se trouve la Cité des Sciences et de l'Industrie entourée de 30 *hectares* de parcs et de pavillons.

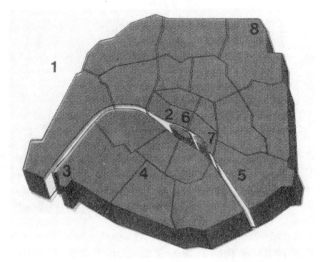

Plusieurs autres projets sont en cours de réalisation. Cinq d'entre eux sont décrits dans le texte qui suit. Etudiez d'abord la carte pour voir où ces projets sont situés dans Paris. Lisez ensuite le texte pour voir en quoi ils consistent.

Lecture

Citroën—XVe: Arbres et jeux d'eau sur les usines (3)

Citroën marque de voiture
jeu d'eau m fountain
rive f river bank

Pas loin de la tour Eiffel, *rive* gauche, les Parisiens pourront, dès 1990, se promener dans un vaste parc, jusqu'au bord du fleuve. Un espace vert s'étendra sur 400 mètres, *encadré* de *jets d'eau* et de bassins, jusqu'aux nouveaux quartiers d'habitation qui seront construits du côté de la rue Balard.

encadré *ici:* entouré de
jet d'eau m fountain
aménagé *ici:* construit
auparavant avant
répartir *to divide among*
îlot m une petite île
également *ici:* aussi
crèche f daycare center
collège m middle school
atelier m *ici: studio*
siège social m company headquarters
cadre m *ici: executive*
insalubre unhealthy

Au total, 15 hectares de verdure seront *aménagés* au cœur des 42 hectares du projet Citroën-Cévennes, construit là où se trouvaient *auparavant* les usines Citroën. 2 000 à 3 000 logements seront *répartis* en neuf *îlots* de petits immeubles de quatre à sept étages, tous différents. *Egalement* prévus: un hopital de 700 lits, écoles, *crèches, collèges,* équipements sportifs et 30 *ateliers* d'artistes. Plusieurs ensembles de bureaux sont au programme, dont 1 500 mètres carrés réservés pour le nouveau *siège social* de Citroën.

Montparnasse: «Versailles pour *cadres*» et gare *TGV* (4)

entreprenant *ici:* dynamique
clou m *ici:* attraction principale

Considéré comme quartier *insalubre* pendant plus de trente-cinq ans, Montparnasse renaît. Voici la dernière vitrine de l'architecture des années quatre-vingt pour cadres et employés *entreprenants. Clou* du décor: les immeubles style «Versailles pour le peuple». Un appartement de 90 mètres carrés, par exemple, se vend pour près de 2 millions de francs.

SNCF Société nationale des chemins de fer français
dalle f *ici:* une plate-forme
donner sur *ici: to overlook*

Ce n'est pas tout. En prévision de la mise en service du TGV-Atlantique, en 1990, la *SNCF* va, elle aussi, aménager à grande vitesse. Les rails vont être recouverts d'une *dalle* de béton qui formera une place-jardin, *sur* laquelle *donnera* une nouvelle gare Montparnasse parfaitement intégrée à un ensemble de bureaux.

L'Opéra-Bastille (maquette)

La Géode, à la Cité des Sciences et de
l'Industrie de La Villette

Le Grand Louvre: Donjon, pyramide et ... parkings

chou-chou *m ici:* favori
aménagement *m ici: setting up*
dégager *ici: to excavate*
sous-sol *m ici: underground*
Moyen Age *Middle Ages*

acier *m steel*
accueil *m ici:* la réception

déménagement *m moving*
aile *f wing*

Première réalisation du projet «Grand Louvre», le projet *chou-chou* du président
Mitterrand: la rénovation de la superbe cour Carrée est terminée. De même que
l'aménagement de la crypte de Philippe Auguste, nouvelle et étonnante curiosité de
la capitale: on a *dégagé* sur vingt mètres de haut, en *sous-sol*, au cœur de Paris, les
tours et le donjon d'un imposant château fort du *Moyen Age*.

Dans la cour Napoléon, l'architecte sino-américain I.M. Pei fait naître une
pyramide de verre et d'*acier*. Mais ce ne sera que la partie visible de l'iceberg,
destinée à signaler l'entrée principale du musée et à éclairer un vaste hall d'*accueil*
de 26 000 mètres carrés, à partir duquel les cinq millions de visiteurs annuels
s'orienteront vers les diverses salles.

Avec les *déménagements* du Ministère des Finances, qui occupait *une aile* du
Louvre, le palais retrouvera sa symétrie et quelques 60 000 mètres carrés supplé-

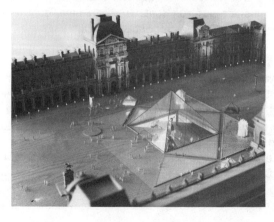

La Pyramide du Louvre
(maquette)

mentaires qu'il n'aura aucune difficulté à remplir. Aussi prévu: un énorme parking sous les Jardins des Tuileries.

Les Halles—Beaubourg: Le centre-ville le plus visité du monde (6)

Au pied de l'église Saint-Eustache, sous 5 hectares de jardins, on peut nager au bord d'une *serre* tropicale, venir écouter un concert dans un auditorium de 600 places, apprendre à danser ou à jouer de la flûte au conservatoire, emprunter des livres et des disques . . . Tout l'ensemble est souterrain°.

Tout près se trouve le Centre Pompidou de Beaubourg, inauguré en 1977, et qui aujourd'hui reçoit plus de 5,8 millions de visiteurs par an. De même, les bonnes affaires des 240 magasins du *Forum des Halles* ne sont plus contestées: *le rendement* commercial au mètre carré y est le double de la moyenne nationale.

serre *f ici: greenhouse*

rendement *m ici: yield*

Le Forum des Halles: un vaste centre commercial au cœur de Paris, avec ses magasins, ses boutiques, ses restaurants

RER *m métro du réseau exprès
  régional*
déverser *ici: to let off*
plaque tournante *f turntable*
enquêter *to conduct a survey*
piéton *m pedestrian*
quotidiennement *chaque jour*

fonctionnaire *m civil servant*
quai *m bank*

ordinateur *m computer*

emplacement *m ici: site*
entrepôt *m warehouse*
col-blanc *m employé de
  bureau*

relier: *ici: to link*
poursuivre *ici: continuer*
élargi *plus large*

Chaque jour, deux lignes de *RER,* quatre lignes de métro et treize lignes d'autobus *déversent* aux stations Halles-Châtelet—la plus grande *plaque tournante* de transports urbains°—qui soit au monde—des centaines de milliers de voyageurs (dont 60 000 par jour pour le seul RER). Le fast food McDonald's a *enquêté:* 80 000 *piétons* passent *quotidiennement* devant les portes de son restaurant des Halles.

Le Grand Bercy: Parcs, ponts et six mille *fonctionnaires* (5)

La construction du nouveau Ministère des Finances, *quai* de Bercy, est un projet monumental de 26 500 mètres carrés de bureaux qui abritera quelque 6 300 fonctionnaires et leurs *ordinateurs.*

Autres aménagements du quartier: (1) sur la rive droite du fleuve s'étendra, dès 1989, un parc de 12 hectares sur *l'emplacement* des anciens *entrepôts* de la Halle aux vins; des logements et des équipements destinés, aussi, aux *cols-blancs* du nouveau quartier de bureaux de la gare de Lyon. (2) Sur l'autre rive, c'est le secteur de la gare d'Austerlitz qui va changer. Là, la Ville de Paris entreprendra un programme de grands travaux. Un nouveau pont, déjà baptisé Pont-Gentil, large de 18 mètres, *reliera* la gare de Lyon à celle d'Austerlitz, et sera ensuite *poursuivi* par un boulevard *élargi.*

Catherine Bergeron
Extrait du *Point*

| **Exercice de
comprehension** |
| :--- |

Vrai ou faux? Si une affirmation est fausse corrigez-la.

Citroën—XVe: Arbres et jeux d'eau sur les usines

1. Dans le XVe arrondissement, on construit un vaste parc autour des usines Citroën.
2. Ce projet comprend des logements ainsi que des bureaux.

Montparnasse: «Versailles pour cadres» et gare TGV

1. Les appartements style «Versailles pour le peuple» sont bon marché.
2. La SNCF va construire une nouvelle gare Montparnasse.

Le Grand Louvre: Donjon, pyramide et . . . parkings

1. On a trouvé un ancien château fort dans une des cours du Louvre.
2. La Pyramide de la Cour Napoléon deviendra l'entrée principale du musée.
3. Le Ministère des Finances va occuper une aile du Louvre.

Les Halles—Beaubourg: Le centre-ville le plus visité du monde

1. Sous les jardins des Halles, il existe un quartier souterrain.
2. Le centre Pompidou et le Forum des Halles ont eu peu de succès touristique.

3. McDonald's vend 80 000 hamburgers par jour dans son restaurant des Halles.

Le Grand Bercy: Parcs, ponts et six mille fonctionnaires

1. Le Ministère des Finances aura de nouveaux bureaux.
2. Dans le même quartier, on propose de construire des logements pour attirer les gens qui travaillent au Ministère des Finances.
3. La Gare de Lyon et la Gare d'Austerlitz se trouvent sur la même rive de la Seine.

Exercice de langue

Complétez chacune des phrases suivantes en utilisant les mots qui conviennent.

poursuivre	la crèche	la serre
le chou-chou	donner sur	la rive
le jet d'eau	l'hectare	l'acier
une dalle	l'accueil	également
le clou		

1. Les autres élèves sont jaloux du petit Paul parce que c'est _____ du professeur.
2. _____ est un métal extrêment dur et solide.
3. Ce jardinier a une grande _____ qui lui permet de laisser ses plantes au soleil tout l'hiver.
4. Nos amis Dupont ont deux _____ de terrain autour de leur villa.
5. La Sorbonne se trouve sur la _____ gauche de la Seine.
6. Il est ingénieur et son frère est ingénieur _____.
7. La fenêtre de ma chambre _____ un jardin avec un _____ et des poissons rouges.
8. Son appartement a été construit sur une énorme _____ de béton.
9. Nous nous sommes bien amusés à ce bal masqué; le _____ de la soirée était un invité qui est arrivé déguisé en robot.
10. Nous aimons bien ce petit hôtel parce que le patron nous fait toujours bon _____.

Votre point de vue

A. Trouvez un partenaire; choisissez ensemble une grande ville des Etats-Unis que vous connaissez bien tous les deux. Faites une liste des bâtiments et constructions intéressants de cette ville. Est-ce que ce sont des édifices publics ou privés? Anciens ou modernes?

B. Décrivez le centre ville d'une grande ville que vous connaissez bien. Dites s'il est «mort» ou «vivant» et justifiez votre réponse.

2. Le Plus Grand Centre d'Affaires d'Europe

Avant de lire...

gratte-ciel *m skyscraper*

société *f company*

La photo ci-dessous représente la Défense, un immense complexe de *gratte-ciel* situé à l'ouest de Paris. C'est surtout un grand centre d'affaires et de commerce; on y a aussi construit de nombreux logements. Il est intéressant de noter que le quartier est entièrement réservé aux piétons. En lisant le texte, vous remarquerez que plusieurs *sociétés* américaines se sont installées dans ce grand centre d'affaires.

La Défense: un immense centre d'affaires et de commerce à l'ouest de Paris

Lecture

centre d'affaires *business district*
implantation *f* l'installation

informatique *f computer technology*
carte . . . affaires *business card*
s'étaler *to be displayed*

voir le jour naître
composant *m ici:* un élément
bureautique technique moderne d'organisation des bureaux
batterie d'ordinateurs *f array of computers*
centre d'animation *entertainment center*
parvis *m ici:* une grande place
recouvrir *ici:* être situé au-dessus de
ferroviaire *railroad*
brasserie *f* grand café-restaurant
grande surface *discount department store*
piétonnier à pied

La Défense sera bientôt le premier *centre d'affaires* européen. Elle est devenue le lieu d'*implantation* privilégié° des sièges sociaux des grandes entreprises françaises ou étrangères: quinze des trente-cinq plus grandes sociétés françaises y sont aujourd'hui installées.

Et tous les secteurs économiques y sont représentés: textile, chimie,° finances, assurances, automobile, *informatique*, pétrole, nucléaire, ingéniérie,° administration . . . Les plus belles *cartes de visite des affaires s'étalent* en lettres lumineuses sur les façades modernes des immeubles: Ato-chimie, Smith Kline and French, United Technologies, Saint-Gobain, Roussel-Nobel, BNP, BP, British Airways, Cadillac, Crédit Lyonnais, Creusot-Loire, Dunlop, IBM, Rhône-Poulenc. Et ce n'est pas fini: le visage de la Défense change encore—les immeubles IBM World Trade ainsi que les douze immeubles du quartier Michelet et ceux de la «Tête de la Défense», dessinés par Willerval.

Une nouvelle génération d'immeubles a *vu le jour* à la Défense. Aux tours succèdent des constructions plus rationnelles, plus économes en énergie, largement ouvertes à la lumière extérieure et surtout capables de recevoir immédiatement les *composants* les plus sophistiqués de la *bureautique,* de l'informatique et des moyens de communication modernes. Si vous désirez vous installer à la Défense, vous pourrez demain arriver avec votre *batterie d'ordinateurs* sous le bras et commencer tout de suite à travailler.

La Défense est non seulement un centre d'affaires international, mais aussi un *centre d'animation* comme on en trouve dans toutes les grandes cités, sauf que les vastes *parvis* et les esplanades ne sont pas ouverts au trafic automobile mais *«recouvrent»* les transports publics ou privés, *ferroviaires* ou routiers.

Malgré la rareté des boutiques en pied d'immeuble, l'animation est assurée avec les cent magasins du centre commercial des «Quatre Temps» (le plus grand d'Europe), les vingt restaurants ou *brasseries,* les neuf salles de cinéma et les multiples *grandes surfaces.* L'écologie est respectée puisqu'un millier d'arbres ont été plantés et que vingt hectares sont destinés à la circulation *piétonnière* et aux espaces° verts.

Laurent du Plessis
Extrait du *Figaro Magazine*

Exercice de compréhension

Répondez aux questions suivantes.

1. Que trouve-t-on à la Défense concernant le monde des affaires?
2. Enumérez quelques-unes des sociétés étrangères installées à la Défense.
3. Pourquoi les nouveaux immeubles construits à la Défense sont-ils plus pratiques que les immeubles plus anciens?
4. Quel est le seul moyen de transport à la Défense?
5. La Défense est-elle uniquement réservée au monde des affaires? Expliquez.

Exercices de langue

A. Trouvez dans le texte les mots correspondant aux définitions suivantes.

1. un grand bâtiment urbain à plusieurs étages
2. un grand café-restaurant
3. une machine électronique programmée qui permet de résoudre très rapidement une multitude de problèmes
4. la technologie de l'information par ordinateurs
5. une variété de magasins regroupés dans un même bâtiment entouré d'un parking

B. Comparez les deux listes de mots et trouvez les synonymes correspondants.

1. tout de suite	a. un endroit
2. un lieu	b. naître
3. s'installer	c. immédiatement
4. une entreprise	d. remplacer
5. le trafic	e. excepté
6. sauf	f. une société
7. voir le jour	g. s'établir
8. succéder à	h. la circulation

■ ■ ■ ■ ■ ■ ■ ■ ■ ■
Votre point de vue

Ecrivez un paragraphe dans lequel vous montrez la différence entre un centre d'affaires et un centre commercial.

Evry, ville nouvelle, est un exemple de l'expansion de la banlieue parisienne.

3. Publicité: Kit & Chic Center

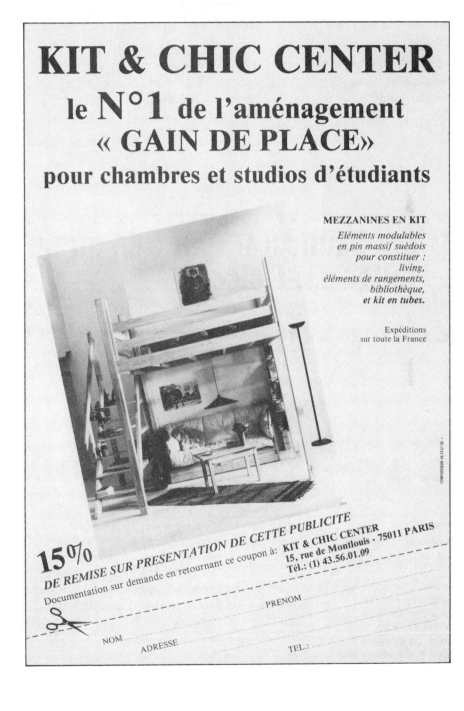

KIT & CHIC CENTER

le N°1 de l'aménagement
« GAIN DE PLACE»

pour chambres et studios d'étudiants

MEZZANINES EN KIT

*Eléments modulables
en pin massif suèdois
pour constituer :
living,
éléments de rangements,
bibliothèque,
et kit en tubes.*

Expéditions
sur toute la France

15%
DE REMISE SUR PRESENTATION DE CETTE PUBLICITE
Documentation sur demande en retournant ce coupon à: **KIT & CHIC CENTER**
15, rue de Montlouis - 75011 PARIS
Tél.: (1) 43.56.01.09

PRENOM

NOM

ADRESSE

TEL.:

| **Exercice de comprehension** | 1. A qui est destinée cette publicité?
2. Que signifie l'expression «gain de place»?
3. Faut-il payer le prix normal pour cet aménagement?
4. Où se trouve le Kit & Chic Center? Si on habite à Toulouse, peut-on acheter le matériel vendu par ce centre? |

■ ■ ■ ■ ■ ■ ■ ■ ■

Votre point de vue

1. Décrivez votre chambre telle qu'elle est.
2. Faites un dessin de votre chambre en imaginant que vous l'aménagez avec du matériel Kit & Chic.

■ ■

4. Les Banlieues: Plus loin qu'on ne le croit, fatiguées, isolées...

Avant de lire...

1. Faites deux listes de mots: l'une pour décrire la banlieue américaine, l'autre pour décrire la grande ville.
2. Lisez le texte et faites deux autres listes qui décrivent les banlieues et les villes françaises.

Lecture

basculer *ici: to change*
entasser *to pile up*

certes bien sûr
immobilier *m real estate*
paroisse *f parish*

sinistre *ici: triste*
pavillon *m petite maison entourée d'un jardin*
enfouir *ici: cacher*
«lapins de choux» *m pl rabbits in a cabbage patch*

En à peine quarante ans, la France a *basculé* d'une société rurale à 80 pour cent à une société urbanisée à 80 pour cent. Résultat: on a *entassé* les populations dans les banlieues, sans souvent prendre en charge la dimension «qualité de vie».

Les banlieues: aujourd'hui dix-huit millions de Français y habitent (dont six en région parisienne), c'est-à-dire 40 pour cent de la population française. *Certes*, il y a banlieue et banlieue. Comme le disent les agents *immobiliers*, il y a la «bonne» et la «mauvaise» banlieue. C'est vrai: comme les *paroisses*, la banlieue a ses riches et ses pauvres. Le zonage° social y est incontestable.

Le Vésinet, Marnes-la-Coquette... des banlieues «sympa». Tout comme Sainte-Geneviève-des-Bois: Pierre et Annick Klein ont quitté leur *sinistre* cour du 10e arrondissement pour venir y habiter. Leur *pavillon* est *enfoui* dans une belle végétation. Le rêve! Ils y vivent depuis trois ans plus satisfaits que des *«lapins de choux»*...

Ils ont réalisé leur rêve: une maison avec un petit jardin.

imprenable *ici: unobstructed*
ZUP *la zone à urbaniser en priorité*
gare de triage *train classification yard*
station d'épuration *purification plant*
hériter de *to inherit*
«voie rapide» *f superhighway*
«rocade» *f bypass*
«friches» *dumps*
alentours *m pl surroundings*
hétéroclite *hétérogène*
se repérer *to find oneself*
s'enraciner *to make roots*
malaise *m uneasiness*

Dans d'autres banlieues en revanche, l'œil et le cœur n'en finissent pas de se désespérer avec leur «vue *imprenable*» sur la *ZUP*, la *gare de triage* ou la *station d'épuration . . .*

Les grandes villes ont pris l'habitude d'évacuer° ce qui les gêne vers leur périphérie. Une situation qui, finalement, coïncide avec la définition étymologique du mot banlieue: «espace de rejet»...° On y entasse consciencieusement toutes les nuisances:° le bruit d'abord, car les banlieusards *héritent* trop souvent dans leurs communes, de *«voies rapides»*, de *«rocades»*, qui déchirent à la fois le tissu urbain . . . et les oreilles. Et puis, il y a les pollutions diverses: les *«friches»* industrielles, les usines polluantes, les «autoroutes électriques» de lignes haute tension, etc. Quinze mille hectares de forêts ont disparu aux *alentours* de Paris. Des milliers de banlieusards se voient ainsi privés de leurs derniers poumons de verdure.

«Un banlieusard c'est d'abord un individu qui vit dans un espace° urbain *hétéroclite*, où il a beaucoup de mal à *se repérer*, à *s'enraciner . . .* , disent les sociologues. Voilà le *malaise* majeur des habitants des périphéries: ils n'ont pas l'impression

point de repère *m point of reference*
nier *to deny*

d'habiter une vraie commune. Au fond de leur inconscient, il y a encore la nostalgie de la petite ville, l'image mythique du village, avec son église, ses vieux centres, ses maisons à caractère, ses jardins familiaux, ses bistrots... Tous ces *points de repère* hérités du passé ont été *niés* dans les banlieues nouvelles. Ce n'est ni la ville, ni encore la campagne.»

«La banlieue est aussi souvent le domaine du temps perdu», ajoute Jean-Claude Delarue. Le temps de vivre devient le temps gaspillé à courir du centre commercial à la Sécurité sociale, ou au *commissariat,* et à courir du domicile au travail (20 à 30

commissariat *ici: police station*

pour cent seulement des banlieusards travaillent sur leur commune). C'est dire l'importance du temps de transport. Ajouter à cela les difficultés dues° aux horaires, à la plus ou moins grande fréquence des bus, à la rareté des itinéraires° interbanlieues. Un exemple: Véronique, vingt ans. Elle habite chez ses parents à Villeneuve-le-Roi. Etudiante en pharmacie, elle doit se rendre chaque jour à la faculté de Paris 11 à Châtenay-Malabry. En voiture, cela représente environ trente minutes. Seulement, elle n'en a pas. Résultat: il lui faut prendre le bus, puis le train et à nouveau le bus, soit une heure cinquante de trajet dans le meilleur des cas.

bilan *m ici: le résultat*

Bilan: quatre heures de vie perdue chaque jour.

C'est en banlieue que la sécurité des piétons est la plus mal assurée: en région parisienne, un mort sur deux (par accident) est un piéton (contre 20 pour cent en banlieue londonienne ou berlinoise). Les raisons? Densité du trafic routier, insuffisance des signalisations dans les banlieues nouvelles, rues qui sont encore des routes, manque de trottoirs. Premières victimes: les enfants.

Enfin, pour faire circuler tous ces véhicules on a ravagé des bois et des parcs, on a coupé des villes en deux, on a créé des voies rapides... «400 hectares des forêts domaniales de la Malmaison, Fausse-Repose, Meudon et Versailles[2] risquent encore d'être détruits si l'on n'arrête pas à temps le projet de rocade A 86 dans l'Ouest parisien, déplore Yves Drans, défenseur de l'environnement à Rueil-Malmaison. Et quel plaisir trouvera-t-on à *flâner* sur les bords de Seine tout proches, à quelques dizaines de mètres d'une autoroute bruyante...»

flâner *se promener tranquillement*
engendrer *ici: produire*
plomb *m lead*
soufre *m sulphur*
goudron *m tar*
zone pavillonnaire *single-family housing development*
S.O.S. Banlieue *une association*
congrès *m conference*
tribune *f podium*
excédé *exaspéré*
à bout portant *at point-blank range*
faire ... nocturne *to disturb the peace at night*
gêne *f ici: trouble*
terni *tarnished*
doléance *f grievance*

«Et polluante! ajoute le docteur Delcure. Savez-vous ce qu'une autoroute enregistrant 100 000 véhicules par jour peut *engendrer* comme quantité d'agents polluants? Par kilomètre et par an: 1 tonne de *plomb,* 11 tonnes de *soufre* et 75 tonnes de *goudron!* C'est le cas d'une *zone pavillonnaire* de Bobigny.»

«Domaine du temps perdu, la banlieue est aussi le lieu du calme perdu», dit-on à *S.O.S. Banlieue.* A leur *congrès,* une femme de Bondy est montée à la *tribune* pour expliquer comment son mari, actuellement[x] en prison, avait tué à cause du bruit. *Excédé,* il avait tiré *à bout portant* sur un individu qui *faisait du tapage nocturne...* Le bruit: 56 pour cent des banlieusards le place au premier rang des *gênes* qu'ils subissent à leur domicile (contre 24 pour cent pour la pollution).

Bruit, santé compromise par la fatigue et la longueur des transports, qualité de vie quelque peu *ternie,* etc., le cahier de *doléances* d'une minorité importante de la banlieue française semble donc bien chargé.

2. villes de la région parisienne avec des forêts

Extrait de *Marie-France*

| **Exercice de compréhension** | Vrai ou faux? Si une affirmation est fausse, corrigez-la. |

1. La France d'aujourd'hui est essentiellement rurale.
2. Quarante pour cent de la population française habite dans la région parisienne.
3. La banlieue ne représente pas nécessairement une bonne solution aux problèmes urbains.
4. Pierre et Annick Klein adorent leur nouveau domicile.
5. Le bruit est un problème sérieux pour les gens qui habitent en banlieue.
6. Les gens qui quittent la ville ou la campagne pour habiter en banlieue s'y adaptent facilement.
7. Dans la vie de banlieue, on perd très peu de temps.
8. Une voiture serait vraiment très utile à Véronique.
9. Dans les banlieues de Berlin, de Londres et de Paris, la sécurité est bien organisée.
10. La construction des routes a nécessité la destruction des forêts.
11. La banlieue est le domaine du calme.

| **Exercice de langue** | Trouvez dans le texte les mots correspondant aux définitions suivantes. |

1. division administrative d'une grande ville
2. personne qui vend des maisons, des appartements et des immeubles
3. petite maison de banlieue avec un jardin
4. métal très lourd
5. se promener à pied tranquillement
6. liquide noir avec lequel on recouvre la surface des routes
7. prendre racine
8. lieu de travail d'un groupe d'ouvriers

| ■ ■ ■ ■ ■ ■ ■ ■ ■ ■ **Votre point de vue** | **A.** Comparez. Faites deux listes de mots: l'une décrivant la banlieue française et l'autre la grande ville. Comparez ces deux listes avec celles que vous avez préparées pour l'introduction à la lecture. Quelles ressemblances et quelles différences observez-vous entre la France et l'Amérique? |

B. Aimeriez-vous habiter en banlieue? Expliquez.

Une Institution:

Les Vacances et les loisirs:

Activités préliminaires

Vocabulaire sur les vacances

Exercices d'application

Choisissez un des exercices d'application ci-dessous: dans chaque cas, décrivez un souvenir personnel de vacances ou de loisirs en utilisant le vocabulaire approprié.

A. Décrivez vos dernières vacances.

B. Préparez un exposé oral. Vous devez parler pendant au moins une minute et utiliser un minimum de cinq mots de la liste ci-dessous.

C. Travail oral en petits groupes de deux, trois ou quatre personnes. Faites chacun à votre tour une phrase contenant un mot sur le thème des vacances. Continuez jusqu'à ce que tous les éléments du vocabulaire soient utilisés.

air pur *m*	distraction *f*	pique-nique *m*	séjour *m*
bicyclette *f*	itinéraire *m*	plage *f*	soleil *m*
bronzer	loisirs *m pl*	plaisir *m*	sport *m*
campagne *f*	mer *f*	résidence	vacances *f*
camping *m*	montagne *f*	secondaire *f*	week-end *m*
congé *m*	nature *f*		

A vous la parole

Répondez aux questions suivantes.

1. D'habitude, où passez-vous vos vacances? A la campagne? Au bord de la mer? A la ville? Votre famille a-t-elle une résidence secondaire? Où se trouve-t-elle?
2. Combien de semaines de congé avez-vous chaque année?
3. Croyez-vous que les vacances soient vraiment importantes? Expliquez.

Introduction: Vacances et loisirs

Avant de lire...

1. Recopiez la première phrase de chaque paragraphe et soulignez dans chacune l'idée la plus importante.
2. Enumérez trois sports favoris chez les Français.
3. Citez deux fêtes civiles et deux fêtes catholiques françaises.

Lecture

dépaysement *m ici: change of scenery*
bronzer idiot *to lay in the sun doing nothing*
stage artisanal *m arts and crafts workshop*
ordinateur *m computer*
être tenu de être obligé de
accorder donner
tout en + participe présent *while*

Les loisirs et en particulier les vacances occupent une place importante dans la vie des Français. La majorité d'entre eux rêve toute l'année à ce mois de liberté et de *dépaysement* qu'ils passeront loin de leur travail et de leurs soucis: les uns ne feront rien de leurs dix doigts. Les autres, qui refusent de «*bronzer idiot*», consacreront ce temps libre à des *stages artisanaux* ou à des activités culturelles. Il existe même une autre formule originale proposée par le Club Méditerranée: *l'ordinateur* sur la plage.

La loi contribue à faire des vacances une véritable institution nationale: tout employeur *est* en effet *tenu d'accorder* chaque année à son personnel cinq semaines de congés payés. Ces congés peuvent se prendre en une ou plusieurs fois, ce qui permet à ceux qui le désirent d'avoir des vacances en été, *tout en* se réservant une semaine à Noël, ou pour les vacances de neige de février. Même la SNCF (Société Nationale des Chemins de Fer) favorise à sa manière les départs en vacances en délivrant une fois par an aux voyageurs salariés un billet «congés payés» donnant droit à une réduction de 30 pour cent sur l'ensemble du *réseau ferroviaire*.

réseau ferroviaire *railroad network*

citadin *m city dweller*
se permettre *to afford*
de vieilles pierres *ici: des ruines*
amateur *m fan*
bricolage *m home repairs*
agrémenter rendre agréable
auberge *f* un restaurant de campagne
planche à voile *f wind-surfing*
tiercé *m horse betting*
course *f race*
boule *f outdoor bowling game*
pétanque *f sorte de jeu de boule*

De plus, toute personne salariée a droit à 48 heures de congé hebdomadaire, généralement pendant le week-end. Les *citadins* profitent très souvent de ces deux journées de liberté pour aller respirer l'air de la campagne. Les tensions de la vie moderne, surtout ressenties dans les villes, provoquent en effet un retour en masse à la nature. Ceux qui peuvent *se le permettre,* achètent une résidence secondaire à la campagne, très souvent *de vieilles pierres* qu'ils restaurent eux-mêmes. Dès qu'on sort des grandes villes, on trouve de nombreux *amateurs* de jardinage et de *bricolage.*

Le dimanche est souvent *agrémenté* par un repas en famille ou avec des amis, chez soi ou dans une petite *auberge* de campagne. Certains font une excursion en montagne ou un pique-nique. D'autres pratiquent leur sport favori: football, rugby, cyclisme, chasse, pêche, ski, alpinisme, natation, *planche à voile.* Tout récemment, le rafting vient de faire son apparition. Les Parisiens qui s'intéressent aux chevaux, et en particulier les joueurs de *tiercé,* vont assister aux *courses* à Longchamp et à Auteuil. Le loto est aussi très populaire. Les jeux de *boules,* en particulier *la pétanque,* comptent toujours de nombreux adeptes,

Grâce à la proximité des Alpes et des Pyrénées, le ski est un sport très répandu en France.

magnétoscope *m*
   videocassette recorder
enregistrer *to tape*

demeurer *ici: to remain*
apéritif *m cocktail*
spectacle de la rue les
   gens qui passent

Toussaint *All Saints Day*

surtout dans le Midi de la France. D'une manière générale, en dehors des sports collectifs d'équipe et de compétition, on s'intéresse de plus en plus aux sports individuels pour entretenir son corps.

La télévision est devenue le principal loisir des Français. Elle occupe la moitié de leur temps libre. Certains possèdent aussi *un magnétoscope*. Ils l'utilisent pour *enregistrer* leurs programmes préférés, ou pour regarder des films empruntés à une vidéothèque. Pour beaucoup de gens, les cafés *demeurent* un passe-temps très apprécié. On y prend l'*apéritif* avec des amis, ou on s'intalle à la terrasse à lire le journal ou à regarder le *spectacle de la rue*. Ce lieu de rencontre remplace les pubs et les clubs des pays anglo-saxons.

La durée des loisirs ne se limite pas aux vacances et aux week-ends. Il suffit de consulter le calendrier pour y découvrir de nombreuses fêtes qui sont aussi des jours fériés. Les unes sont des fêtes civiles comme le 14 juillet (fête nationale); le 1er mai (fête du travail); le 11 novembre (commémoration de l'armistice de 1918). Les autres sont des fêtes catholiques comme le lundi de Pâques; le jeudi de l'Ascension; le lundi de Pentecôte; le 15 août (fête de l'Assomption); le 1er novembre (fête de la *Toussaint*).

Pour les Français, les vacances constituent une évasion, un changement radical avec la routine de la vie quotidienne. Le mot «vacances» est aussi synonyme de soleil, de ciel bleu et d'air pur. Pour cette raison, la plupart des gens tiennent à prendre leurs congés pendant les mois les plus chauds et les plus *ensoleillés,* juillet et août. Pendant ces deux mois, toute la France est en vacances et son industrie pour ainsi dire paralysée. Ce fait permet de juger de l'importance accordée aux vacances: la France leur sacrifie chaque année deux mois de son économie.

ensoleillé exposé au soleil

Les Vacances

La, la, la, la, la, la, la, la, la! (4 fois)
Tout le long de l'année on doit se lever,
Et encore tout endormi se préparer,
A reprendre le chemin de son labeur
Chaque matin à la même heure.
C'est pour ça qu'on a besoin de vivre un mois
A ne rien faire de ses dix doigts.

Refrain
Les vacances, les vacances!
C'est d'aller vers le soleil et le ciel bleu.
Les vacances, les vacances!
C'est de faire tout ce qu'il faut pour être heureux.
Les vacances, les vacances!
C'est de passer tout son temps à s'amuser.
Les vacances, les vacances!
C'est un peu de liberté bien méritée.

La, la, la, la, la, la, la, la, la! (4 fois)

Entre les soucis quotidiens de la vie,
Et puis le travail qui n'est jamais fini,
On ne trouve même plus la volonté
De tout laisser pour s'évader.
C'est pour ça que dès qu'on a les pieds dans l'eau,
C'est la détente et tout est beau.

Refrain
Les vacances, les vacances!
C'est d'aller vers le soleil et le ciel bleu.
Les vacances, les vacances!
C'est de faire tout ce qu'il faut pour être heureux.
Les vacances, les vacances!
C'est de passer tout son temps à s'amuser.
Les vacances, les vacances!
C'est un peu de liberté bien méritée.

Les vacances, les vacances!
La, la, la, la, la, la, la, la, la! (4 fois)
Les vacances, les vacances!
La, la, la, la, la, la, la, la, la! (4 fois)
Les vacances, les vacances!
C'est de passer tout son temps à s'amuser...

Paroles de Jacques Demarny
Musique d'Enrico Macias

1. Une Obsession: Les Vacances

Avant de lire...

Le texte qui suit montre l'importance des vacances pour les Français. Remarquez en particulier quels endroits les Français choisissent pour passer leurs vacances; les sacrifices financiers qu'ils font pour se payer ces vacances; les difficultés de transport qu'ils acceptent pour y aller; le nombre d'heures qu'on passe à parler des vacances, avant et après.

Lecture

impérieux *pressing*

Les vacances sont aujourd'hui devenues un besoin *impérieux* et presque une obsession.

comptable *m accountant*
«trois-pièces» un appartement de trois pièces
gîte *ici:* une maison
coûte que coûte *at any cost*

«Les vacances? Je travaille toute l'année pour ça. Les supprimer? Jamais!», explique Philippe Le Reste, un aide-*comptable* de trente-quatre ans, marié, deux enfants. Dans son *«trois pièces»*, il y pense toute l'année, à cette évasion, à cet air pur, à cette liberté qu'il ira chercher, comme chaque année, dans un petit *gîte* rural de Pralognan-la-Vanoise.[1] Pour lui, «les vacances, c'est sacré». Il les prend *coûte que coûte*.

fringale *ici:* un grand désir

Cette fièvre, cette *fringale* de congés, frappe sans distinction l'employé comme le P.D.G., le plombier comme le médecin. Dès les premiers beaux jours, les voilà tous plongés dans les ondulations d'un même rêve: leurs prochaines vacances.

«On a beau aimer son métier, la perspective de vacances est, pour beaucoup, un vrai ballon d'oxygène», remarque Jean-Marc, un jeune vétérinaire.

soupape de sûreté *f safety valve*

«Les vacances, c'est l'électrochoc de la plupart de nos contemporains», disent gravement les sociologues. «C'est leur *soupape de sûreté*.» Et ce besoin de vacances est si profond que même dans les périodes de difficultés économiques ou de tension sociale il doit être satisfait.

Partir à tout prix

lorsque *quand*

Ce fait se confirme *lorsqu*'on se met à l'écoute de quelques futurs vacanciers. Pierre, par exemple. Cet ouvrier typographe de la région parisienne, s'en ira camper du côté de Villefranche-sur-Mer.[2] Trois semaines comme d'habitude. «Pas question de se serrer la ceinture, dit-il. Seule restriction: le budget voiture. Ma *Simca* est *rouillée et trouée*. Tant pis! Je la garderai encore deux ou trois ans. Autre économie: les trois cents et quelques francs de *péage*, aller et retour, de l'autoroute Paris-Nice. On descendra *paisiblement* par la *Nationale 7*.»

Simca *marque de voiture*
rouillé et troué *full of rusty holes*
péage *m toll*
paisiblement *tranquillement*
Nationale 7 *ancienne route principale Paris-Nice*

Monique, vingt-sept ans, caissière, économisera sur son budget vêtement: «C'est un peu dur, dit-elle, mais j'ai tellement envie d'aller en Italie. Et puis, au lieu d'utiliser l'avion, je partirai en bus, c'est moins cher.»

1. village de la Savoie
2. ville au bord de la Méditerranée, près de Nice

coffre *m trunk*
victuailles *f pl things to eat*

cloche *f bell*
**atteint de «panurgisme
   aigu»** *flocking like sheep*

s'entasser *to crowd*
station *f resort*
surpeuplé *overpopulated*
côtier *sur la côte*

se payer *to afford*

Marcel et Jeanne P . . . et leurs trois enfants, eux, s'en iront à Canet-Plage.³ Leur destination depuis dix ans. Un petit changement cette année: le *coffre* de leur voiture sera rempli de conserves et de *victuailles*. Economie envisagée:° 50 pour cent. Les Français aiment partir tous ensemble et aux mêmes endroits. Dès le coup de *cloche* qui annonce que l'école est finie, voilà le Français *atteint de «panurgisme aigu»*. Juillet et août vont, en effet, concentrer 79 pour cent des vacanciers. Durant° deux mois, les routes et les quais de gare sont condamnés à la panique. Après avoir fait la queue sur les routes ou dans les gares, fatigués et énervés, les Français *s'entassent* dans les mêmes *stations,* les mêmes plages, hier désertes et aujourd'hui *surpeuplées*. Concentration dans le temps, mais aussi concentration dans l'espace.° La moitié des séjours de vacances se passent dans seize départements «privilégiés»: la Haute-Savoie⁴ et quinze départements *côtiers*.

Vacances = mer et soleil
Pour la majorité des Français, vacances veut dire mer et soleil. Quand est-on le plus sûr de trouver les deux à la fois? En juillet et août, bien sûr! Car ceux qui peuvent *se payer* le soleil à Dakar ou aux Maldives,⁵ en hiver, sont encore une toute petite minorité.

3. ville des Pyrénées orientales, au bord de la Méditerranée
4. département dans les Alpes
5. îles de l'Océan Indien

paré *crowned*
croissant *de plus en plus grand*
avouer *admettre*

routard *toujours en voyage*
errer *to wander*
abruti *stupefied*
s'épanouir *to blossom*

parfois *quelquefois*
pont *m ici: a long weekend*
ancienneté *f seniority*
forcément *nécessairement*
expédier *envoyer*
témoigner *ici: to prove*

accueillir *recevoir*
s'offrir *to afford*

Le travail n'est plus à la mode

Les vacances se trouvent *parées* d'un prestige *croissant*. Aujourd'hui, sans que personne ne l'*avoue*, le travail a cessé d'être à la mode. La fortune n'est plus à ceux qui se lèvent tôt. La considération va plutôt vers ceux qui se lèvent tard.

« Le but du travail, c'est le loisir », disait Aristote, il y a bien des lunes. Nombreux sont ceux qui adoptent cette maxime comme principe de vie. Marc, par exemple. Ce *« routard »* de trente-quatre ans ne travaille pas plus de six mois par an. Le reste du temps, il *erre* d'un pays à l'autre. « C'est indispensable à ma respiration; dit-il. Ce n'est pas avec un seul mois de congés par an que les citadins *abrutis* par le travail et la déshumanisation des villes pourront vraiment *s'épanouir*.

Le « mois » de congé de nos compatriotes compte, en fait, cinq ou six semaines. *Parfois* plus, si l'on ajoute aux *« ponts »* les années d'*ancienneté*, le rang hiérarchique, les usages locaux. La fin des vacances ne marque pas *forcément* la fin du voyage: on exhibe son bronzage, on ennuie tout le monde avec ses photos de vacances. Et l'on aura *expédié* de nombreuses cartes postales chargées de *témoigner* que l'on a fait un « fabuleux » séjour dans un « fabuleux » pays.

Cela dit, le nombre des vacanciers augmentera considérablement au cours des années 1990, affirment les experts. Et les lieux aujourd'hui fréquentés par les touristes *accueilleront* en l'an 2000 dix fois plus de monde. On estime, en effet, qu'à cette date tous les Français auront assez d'argent pour *s'offrir* une place au soleil. Mais y aura-t-il alors assez de soleil pour les satisfaire tous?

Jacques Thomas
Extrait de *Marie-France*

Exercices de compréhension

A. Trouvez dans le texte cinq phrases qui montrent l'obsession des vacances chez les Français.

B. Les Français économisent pour s'offrir des vacances. Donnez-en des exemples.

C. Quand les Français prennent-ils leurs vacances? Où les passent-ils? Que font-ils?

D. Est-ce que la fin des vacances marque la fin du voyage? Expliquez.

Exercice de langue

Complétez chacune des phrases suivantes par les mots qui conviennent.

ancienneté	un péage	faire le pont	la cloche
impérieux	coûte que coûte	surpeuplé	s'entasser
comptable	le coffre	avouer	expédier

1. Au mois de juillet, la côte méditerranéenne est _____ , et les vacanciers _____ sur les plages.

2. Si vous prenez l'autoroute, il faudra payer _____ .
3. Après être resté dans son bureau pendant huit heures, il sent le besoin _____ de faire du sport.
4. Je vais à la poste _____ ce paquet.
5. Quand elle a tort elle ne veut jamais l'_____ .
6. Ecoutez _____ de la cathédrale.
7. Quand vous aurez cinq années d'_____ , votre salaire sera plus confortable.
8. J'ai laissé mes bagages dans _____ de ma voiture.
9. J'aurais voulu que mon fils fût médecin, mais il a préféré devenir _____ car il adore les chiffres.
10. Il faut que je réussisse _____ .
11. Je ne travaillerai pas vendredi parce que c'est Noël; je vais _____ de jeudi soir à lundi prochain.

■ ■ ■ ■ ■ ■ ■ ■ ■ ■ ■
Votre point de vue

A. Comparez la signification du mot *vacances* pour les Américains et pour les Français.

B. Les affirmations suivantes concernent les vacances. Indiquez si elles s'appliquent aux Etats-Unis, à la France ou aux deux.

1. Il y a au minimum un mois de vacances payées.
2. On passe ses vacances à la maison.
3. On prend ses vacances en toute saison.
4. La voiture est le moyen de transport le plus utilisé.
5. On joue souvent au golf.
6. On fait du camping.
7. On visite plusieurs endroits.
8. On recherche surtout la mer et le soleil.
9. Les vacances sont indispensables.
10. On fait des projets de vacances longtemps à l'avance.

2. Voulez-vous bronzer?

Avant de lire... Etudiez la publicité ci-dessous. Quand utilise-t-on la crème BBR pour le bronzage?

Exercices de compréhension	**A.** Trouvez les verbes qui distinguent les trois sortes de BBR.

A. Trouvez les verbes qui distinguent les trois sortes de BBR.

1. BBR 1?   2. BBR 2?   3. BBR +?

B. Où pouvez-vous acheter BBR?

C. Trouvez un synonyme de chacun des mots suivants.

1. vachement   3. hâlé
2. déclencher   4. en toute sécurité

D. Décidez quelle sorte de BBR vous allez utiliser dans les situations suivantes.

1. C'est le début septembre. Vous venez de rentrer de vos vacances à la mer. De quel BBR vous servez-vous?
2. C'est l'hiver et il y a longtemps que vous ne vous êtes pas exposé au soleil. Demain vous partez en vacances de neige. Quel BBR mettez-vous dans votre valise?
3. Vous êtes à la plage depuis 2 jours et vous avez commencé à bronzer. Vous voulez bronzer encore plus. Quel BBR utilisez-vous?
4. Vous partez en vacances dans 2 semaines, mais vous voulez commencer à bronzer avant votre départ. De quel BBR vous servez-vous?

3. Le Petit Bal du samedi soir

Avant de lire... C'est samedi soir dans une ville de province, et les jeunes cherchent à s'amuser. En théorie la ville et sa région offrent un choix assez varié de distractions, mais vous allez voir que dans la pratique les possibilités sont limitées par des raisons socio-économiques.

Lecture

C'est samedi soir pour Jean-Christophe Tournier, dix-huit ans. Toute la semaine, il a travaillé dans la ferme familiale que possèdent ses parents, à dix kilomètres au nord d'Angoulême[6]. Peu après 20 heures, il saute dans sa 2CV[7] pour *rejoindre* les copains. Direction: le «p'tit bal»° de l'une de ces salles des fêtes traditionnelles de la région charentaise,[8] ou bien l'une des *«frairies»* d'une place de village où il y aura

rejoindre *ici: to meet*
frairie *carnival* (expression régionale)

6. ville du sud-ouest de la France
7. petite voiture économique fabriquée par Citroën
8. région Poitou-Charente, dans le sud-ouest de la France

auto-tamponneuse *f bumper car*

stand de tir *m shooting gallery*

barbe à papa *cotton candy*

revêtir *mettre*

costume *m suit*

rayon *ici: radius*

priser *apprécier*

coup de tampon *stamp*

pote *m copain (slang)*

guincher *danser (langue populaire)*

bagarre *f fight*

mousseux *m vin qui ressemble au champagne*

ne . . . guère *ne . . . pas beaucoup*

flipper *m pinball machine*

baby-foot *m football game*

loubard *m member of a street gang*

songer *penser*

Paix *Café de la Paix*

se rendre à *aller à*

boîte de nuit *nightclub*

rue piétonne *street reserved for pedestrians*

montrer...blanche *ici: to show identification*

pancarte *f sign*

des *auto-tamponneuses*, des *stands de tir* et de la *barbe à papa*. Jean-Christophe a *revêtu* son costume,[x] s'est rasé de près, a dit à son père qu'il rentrerait tard. Pas question pour lui de se priver de distractions, même si l'on est agriculteur.

Ces bals—il y en a une quinzaine chaque semaine dans un *rayon* de vingt kilomètres autour d'Angoulême—il les *prise* beaucoup, avec leur rituel et le petit *coup de tampon* à l'encre violette qu'on applique sur le poignet gauche, signe qu'on a bien payé l'entrée. «Faut pas croire, dit-il, il y a aussi du rock et ce n'est pas parce que nous sommes en Poitou-Charente qu'il n'y a pas de bons orchestres! Mais il y a aussi de l'accordéon, avec Aimable et Verchuren, les rois du genre. Les vieux, ceux de quarante ans, ils aiment bien ça.»

On s'amuse dans les bals. On y rencontre les *potes*, mais aussi on y *guinche* avec les filles, comme partout. Seul ennui, reconnaît Jean-Christophe, ils se terminent souvent en *bagarres*, le *mousseux* aidant . . . Le jeune homme *ne se rend guère* dans Angoulême même. Il se méfie des *flippers* et des *baby-foot* du centre commercial, où débarquent les *loubards* des quartiers de banlieue. Il ne *songe* pas à se rendre à la *Paix*, haut lieu de la vie estudiantine. Il ne *se rendra* pas davantage au King's, la *boîte de nuit* disco d'Angoulême, qu'il juge intimidante.

A deux pas de la *rue piétonne*, au fond d'une impasse, il faut *montrer patte blanche* pour entrer au King's. Un circuit fermé de télévision contrôle les entrées et les sorties des clients. Une *pancarte* à l'entrée: «Consommation: 50F. Carte d'identité exigée.»

Extrait de ''Comment vit l'Europe''
Supplément hors-série du *Matin de Paris*

Exercice de compréhension	Répondez aux questions suivantes.

1. Que fait Jean-Christophe pendant la semaine?
2. Où va-t-il le samedi soir?
3. Quelles distractions trouve-t-on dans les «frairies»?
4. Quel type de musique joue-t-on dans les bals du samedi soir?
5. Comment contrôle-t-on les entrées au bal? Au disco?

Exercice de langue	Remplacez les mots en italique par les synonymes qui conviennent.

bagarre   rejoindre   se rendre à
revêtir   ennui   boîte de nuit
ne . . . rien   ne . . . guère   se terminer

1. Je te *retrouverai* devant le cinéma avant le début du film.
2. Je *n'aime pas beaucoup* son attitude.
3. Elle a pris le train pour *aller à* Marseille.

4. Dans le quartier de Pigalle à Paris il y a beaucoup de *nightclubs*.
5. Evitez d'aller dans ce quartier car il y a souvent des *batailles* de loubards.
6. *Il a mis* son costume des dimanches.
7. Il a des *problèmes* d'argent.

■ ■ ■ ■ ■ ■ ■ ■ ■ ■
Parlons un peu

A. *Demander la permission.* Pour demander la permission, on peut utiliser les expressions contenues dans le tableau ci-dessous.

> Vous permettez que + *subjonctif*
> Me permettez-vous de + *infinitif*
> Est-ce que je peux + *infinitif*
> Pourrais-je + *infinitif*

Préparez cinq phrases en utilisant les verbes suivants:

fumer	partir
ouvrir la fenêtre	écouter la radio
s'asseoir	regarder la télévision
utiliser le téléphone	

EXEMPLE: parler à Monsieur le Directeur

Pourrais-je parler à Monsieur le Directeur?

B. *Donner la permission.* Chacun à votre tour, répondez aux cinq questions préparées par votre partenaire. Donnez votre permission en utilisant les expressions suivantes.

> D'accord.   Bien sûr!
> Oui.   Si vous voulez.
> Je veux bien.

C. *Refuser la permission.* Chacun à votre tour, répondez aux cinq questions préparées par votre partenaire. Cette fois, refusez la permission en utilisant les expressions suivantes.

> Non.   Il n'en est pas question.
> Non, je regrette.   Certainement pas.
> Non, c'est impossible.   Je suis désolé, mais ce n'est pas possible.

A. Ecrivez à un ami français pour lui raconter ce que vous faites le samedi soir.

B. Comparez.

1. Enumérez les distractions du samedi soir communes aux jeunes Français et aux jeunes Américains.
2. Citez les distractions du samedi soir typiquement américaines qu'on ne trouve pas en France.

■ ■

4. L'Avenir du livre: Nous lirons encore demain

Avant de lire...

constater découvrir

Dans un sondage réalisé par *Phosphore,* une revue pour les adolescents, on *constate* que la lecture est le loisir préféré de 30 pour cent des jeunes, (à égalité avec la télévision!) avant même le cinéma et le sport. Et d'après une autre enquête, c'est entre 15 et 25 ans qu'on lit le plus: 58 pour cent des jeunes lisent au moins un livre par mois. Et vous, lisez-vous un livre par mois? Quel est le titre du dernier livre que vous avez lu? Quel est votre auteur préféré? Croyez-vous que le livre est menacé par l'audio-visuel, la vidéo, l'informatique? Quel est l'avenir de la lecture? Voici une interview avec Michel Violet, *chercheur* et membre de l'Association Française pour la Lecture. En lisant ce texte notez surtout les avantages de la lecture.

chercheur *m researcher*

Lecture

PHOSPHORE: Les moyens audio-visuels comme la télévision et la radio vont-ils tuer la lecture?

MICHEL VIOLET: Certains futurologues ont annoncé la mort de l'écrit. Ils ont oublié que la lecture a un avantage essentiel par rapport aux autres médias: c'est un moyen de communication ultrarapide. Ainsi, un lecteur très moyen lit *environ* 30 000 mots à l'heure, une vitesse trois fois supérieure à celle de la parole. Saviez-vous que le contenu d'un journal télé représente les cinq premières colonnes de la première page du Monde? Un lecteur moyen *met* trois minutes pour les lire. *Alors que* le journal télé dure une demi-heure.

Et puis la lecture permet de choisir son information. Si je veux le résultat d'un match de foot, je vais directement à la page de sport de mon journal. Si j'écoute la radio, je dois attendre la fin du journal pour avoir le résultat. La lecture conserve donc ses avantages sur la télévision et la radio.

environ approximativement

mettre *ici: to take*
alors que *while*
et puis *and besides*

PHOSPHORE: Il y a aussi *la télématique:* au lieu d'ouvrir un livre, on pourra bientôt obtenir des informations en *questionnant* une banque de *données* centrale. Le livre est-il menacé par la vidéotexte?

MICHEL VIOLET: Je ne crois pas. Le livre va certainement perdre un rôle *d'archive:* par exemple, *les annuaires* et les horaires du chemin de fer vont disparaître. Avec le développement du *Minitel,* on pourra consulter sur *écran* les prix pratiqués par les hypermarchés et la masse des *dépliants* et des *prospectus* va aussi diminuer. Mais très souvent, le livre est irremplaçable: dans un livre, on a l'ensemble de l'information.

Et puis, l'informatique ne supprime pas l'écrit. Sur les écrans, il y a une masse d'informations à lire et à lire vite! L'ordinateur nous donne à lire et, en plus, il permet d'améliorer sa lecture.

la télématique informatique + télécommunications
questionner demander à
données *f pl data*
archive *ici:* référence
annuaire *m directory*
Minitel ordinateur + téléphone
écran *m screen*
dépliant *m brochure*
prospectus *m pull out advertising*

PHOSPHORE: Vous pensez que l'ordinateur va permettre d'améliorer et de développer la lecture?

MICHEL VIOLET: Tout à fait. Il existe des programmes d'*entraînement* à la lecture rapide. L'ordinateur peut *tenir compte* à la fois *du* temps de projection d'un texte, de la quantité de mots, du temps entre deux projections, de la *lisibilité.* Un professeur seul ne peut pas faire cela.

entraînement *m training*
tenir compte de prendre en considération
lisibilité *f level of reading difficulty*

traitement de texte *m word processor*
composition *f typesetting*
mise en page *f page formatting*
modique *ici: petit*
maison de jeunes *f youth club*
imprimante *f computer printer*
logiciel *m software*

L'informatique offre aussi d'autres possibilités avec le *traitement de texte* sur écran, *la composition* et *la mise en page* électronique. Pour une somme *modique* aujourd'hui, *une maison de jeunes* peut s'acheter une *imprimante,* un petit ordinateur et un *logiciel* de traitement de texte. Avec cela, ils peuvent fabriquer et diffuser un livre ou une revue. Cela va simplifier et démocratiser la production des textes écrits!

Les nouvelles technologies nous offrent donc les moyens de développer la lecture, il faut en profiter!

Interview de Michèle Dannus
Extrait de *Phosphore*

| **Exercices de compréhension** |

A. Citez au moins deux avantages de la lecture sur la télévision et la radio.

B. Comparez le contenu d'un journal écrit à celui d'un journal télévisé.

C. Depuis plusieurs années, le livre joue un rôle d'archive très important. Donnez-en au moins trois exemples.

D. Qu'est-ce qui va remplacer le livre dans son rôle d'archive?

E. Est-ce que l'informatique remplace la lecture?

F. Comment est-ce que l'ordinateur contribue à développer la lecture?

G. Comment l'informatique peut-elle simplifier la production des textes écrits?

| **Exercice de langue** |

Lisez l'opinion de plusieurs jeunes Français sur la lecture. Ensuite complétez l'expression «Lire, c'est + *verbe* ou *nom*» en choisissant dans la liste ci-dessous.

la culture	voyager
l'évasion	travailler
la détente	découvrir
l'orthographe	s'identifier
le futur	grandir

1. «C'est une façon riche et dense de s'ouvrir à la vie, de découvrir d'autres sociétés.» Lire, c'est...
2. «La lecture est nécessaire pour posséder une certaine maturité.» Lire, c'est...

3. «La lecture est souvent prise comme une corvée, alors que c'est un véritable divertissement.» Lire, c'est . . .
4. «Cela permet de s'évader loin des tracas de la vie quotidienne.» Lire, c'est . . .
5. «C'est le moyen le plus économique de voyager, dans l'espace et le temps.» Lire, c'est . . .
6. «On apprend tout avec la lecture.» Lire, c'est . . .
7. Cela m'arrive fréquemment de me retrouver dans la peau des héros.» Lire, c'est . . .
8. «La lecture améliore l'orthographe et enrichit notre vocabulaire.» Lire, c'est . . .

■ ■ ■ ■ ■ ■ ■ ■ ■ ■
Votre point de vue

Interviewez au moins cinq étudiants. Posez-leur les questions suivantes pour connaître leurs habitudes sur la lecture:

1. Combien de temps lisez-vous chaque jour pour votre plaisir?
2. Que lisez-vous? Journaux? Revues? Romans? Bandes dessinées?
3. Quel est le dernier livre que vous avez lu? Quand?
4. Est-ce que vous lisez moins aujourd'hui qu'il y a cinq ans?
5. Croyez-vous que le livre va disparaître?
6. Si vous étiez écrivain, quelle sorte de livre écririez-vous?

5. Canal +

Avant de lire...

Combien de chaînes de télévision pouvez-vous recevoir chez-vous? Combien sont payantes? Au début des années 80, il n'y avait que 3 chaînes de télévision en France. Aujourd'hui il y en a 6 dont la plus récente est Canal +. Lisez attentivement la publicité ci-dessous pour connaître les programmes de cette chaîne.

**le 14 juin
Canal + à Aubenas**

Pour 5 francs par jour, votre télé n'est plus comme les autres.

Pour 5 francs par jour, Canal + est chez vous avec en moyenne plus de 5 films par jour : des films récents, des films jamais vus à la télé et des films tous les soirs, même le mercredi; même le vendredi. Cet été : Le justicier de minuit, Karate Kid, Aldo et junior, Un été d'enfer, L'important c'est d'aimer, Édith et Marcel, 1984, Sœurs de sang, Starfighter, Parole de flic, Le cowboy, Le grand frisson, L'amour propre ne le reste jamais longtemps, The Rose, La baston, Diesel, New York 2 heures du matin.

Pour 5 francs par jour, Canal + est chez vous avec du sport comme on en voit rarement à la télé. C'est chaque année plus de **20 matches du Championnat de France de football** et les plus grands événements sportifs internationaux de **boxe**, de **football américain**, de **basket américain**, de **golf**, de **corrida**, et bien d'autres.

Alors pour 5 francs par jour, offrez-vous des programmes pas comme les autres, abonnez-vous à Canal +, abonnez-vous dès maintenant chez votre spécialiste télévision agréé Canal +. Pour 5 francs par jour, Canal +, ca paye.

La télé pas comme les autres.

Exercice de compréhension	1. Quels types de programmes sont présentés par Canal+?

1. Quels types de programmes sont présentés par Canal+?
2. Quel est le prix de ce service? Est-ce que vous pensez que c'est cher?
3. Pourquoi cette publicité vous promet-elle que votre télé ne sera plus comme les autres?

6. D'Autres Tours de France

Avant de lire...

Consultez la carte à la page 139 et trouvez les régions suivantes: les Ardennes, la Marne, la Champagne, le Vaucluse, la Loire, la Normandie, la Bretagne.

Lecture

Dix-huit millions de Français à bicyclette, 2,5 millions de nouveaux vélos vendus chez nous chaque année. Pas plus que le jogging, le *ski de fond* ou la planche à voile, rien n'arrêtera, semble-t-il, l'irrésistible ascension du vélo. D'abord, parce que la crise° de l'énergie l'a effectivement *promu*, dans la hiérarchie des loisirs, au premier rang° des *valeurs refuges anti-gaspi*. Ensuite et surtout, parce qu'il a pour lui quelque chose en plus: le vélo, c'est une histoire d'amour! Louis Nucera l'a remarqué: «vélo», c'est l'anagramme de «love»... Rien d'étonnant donc à ce qu'un sentiment très fort *unisse* le cycliste à sa machine, évidemment la plus belle conquête° de l'homme après le cheval, et les pousse l'un et l'autre, parfois par des chemins bien différents, à une communion intime. Le seul problème, c'est que le vélo a toujours été difficile chez nous à pratiquer dans sa plénitude, sur des voies propres qui offrent à la *balade* toute sa mesure de plaisir° et de *détente*. En France, hors des routes secondaires, point°—ou très peu—de salut: l'*hexagone* compte à peine un millier de kilomètres de voies réservées, *parmi lesquels* il est bien *ardu* de *dénicher* des itinéraires cyclotouristiques corrects...

A *Annecy,* le lac des cycles

Il y a des villes qui ont de la chance: non contente de posséder déjà le lac le plus pur d'Europe, Annecy-la-Jolie offre à ses résidents l'une des plus charmantes *pistes cyclables* de France. Limitée dans sa longueur (25 kilomètres... aller retour!) mais proposant sur la plus grande partie de son *parcours,* une vue tout à fait *imprenable,* et pour cause: elle utilise l'ancien passage de la *voie ferrée* Annecy-Sevrier-Duingt libérée de longue date par la SNCF (Société Nationale des Chemins de fer Français).

La promenade est délicieuse. La piste est un superbe *ruban* de macadam directement coulé sur l'ancien *ballast* qui *se faufile* entre les *rives* élégantes du lac, les plages, les hôtels, les chalets et les résidences secondaires.

Pour les Vélomanes, vélo s'écrit aussi love

Jean-Paul, 32 ans. Gérant d'un magasin de vins et spiritueux. «J'ai toujours aimé le vélo. Quand j'étais petit, j'essayais celui de mon père, de ma mère et je rêvais d'en avoir un à moi. A 12 ans, j'ai acheté ma première bicyclette. J'avais économisé centime après centime l'argent gagné des petits travaux, comme *enfant de chœur* notamment (je servais la *messe* très souvent car le *curé* nous payait *au prorata* de

---

ski de fond *cross-country skiing*

promouvoir *to promote*
valeur refuge *ici: une solution*
anti-gaspi *pour économiser l'essence*

unir *réunir*

balade *f une promenade*
détente *f la relaxation*
point de *no*
hexagone *m la France*
parmi lesquels *among which*
ardu *difficile*
dénicher *trouver*
Annecy *ville française près de Genève*
piste cyclable *bike path*
parcours *un itinéraire*
imprenable *unimpeded, wide open*
voie ferrée *railroad*
ruban *m ribbon*
ballast *m un chemin*
se faufiler *passer*
rive *ici: lakeshore*
gérant *m un directeur*
enfant de chœur *m altar boy*
messe *f mass*
curé *m pastor*
au prorata: *proportionnellement*

parcourir faire
course f race

aveugle m blind person

la Madeleine une église de
Paris

vallonné plein de petites vallées
accueillant hospitable

faire des courses to run
errands
affolant ici: intense
aménager ici: construire
antivol m antitheft device

selle f saddle
ressentir sentir

nos présences!). A ce moment-là, je faisais des balades à vélo avec des copains dans la campagne où j'habitais, dans les Ardennes.[9]

«Quand je suis venu à Paris pour travailler, je suis d'abord resté un an sans faire de sport. Cela me manquait et j'ai recommencé à faire de la bicyclette. De la promenade, mais aussi de la compétition dans un club pendant cinq ans. C'était surtout pour le plaisir de courir, je n'ai jamais gagné! J'ai arrêté surtout à cause des déplacements: j'en avais assez de *parcourir* des centaines de kilomètres en voiture le jour de la *course*.[x]

«Maintenant, depuis cinq ans, je fais uniquement du vélo pour mon plaisir. Pendant un an, j'ai roulé en tandem pour servir de guide à des *aveugles*, à la suite d'une petite annonce parue dans une revue de cyclisme. Malheureusement, en changeant de travail je n'ai pas pu continuer.

«Je vais tous les jours travailler en vélo, quel que soit le temps, même s'il pleut à torrents. Je suis équipé! Du quatorzième arrondissement où j'habite jusqu'à *la Madeleine*, je parcours 15 km par jour. Il faut faire beaucoup plus attention qu'en voiture, car en cas d'accident on n'est pas du tout protégé. Je suis sûr que si les pouvoirs publics réservaient des voies aux vélos, il y aurait beaucoup plus de cyclistes dans Paris.»

Denise, 39 ans. Secrétaire technique. «J'habite à la campagne, tout à côté de Château-Thierry.[10] Je me suis remise sérieusement au vélo il y a trois ans, car mon mari a beaucoup insisté pour que je l'accompagne dans ses promenades. Maintenant nous faisons partie du club de cyclotourisme local (je suis malheureusement la seule femme du groupe!) et nous partons tous les week-ends; en gros, nous parcourons 70 à 80 km. Cela m'a permis de mieux connaître cette région de la vallée de la Marne et de la Champagne,[11] qui est *vallonnée* et *accueillante.*

Claire, 35 ans. Secrétaire générale d'une agence d'architectes. «Jusqu'à maintenant, je faisais occasionnellement des balades sur des bicyclettes prêtées par des amis. Mais depuis que je me suis offert un superbe vélo, il y a trois ans, je m'y suis mise sérieusement. Je roule un peu en ville, pour aller travailler ou faire des *courses,*[x] mais, surtout pendant le week-end, quand la circulation est moins *affolante.* Il faudrait *aménager* des voies réservées aux cyclistes et inventer des *antivols* suffisamment efficaces° pour qu'on n'ait pas à garder un œil sur son vélo à chaque fois qu'on entre dans un magasin . . . Avec les beaux jours, je vais me promener en vélo à la campagne pendant le week-end. C'est, selon moi, le moyen le plus agréable de se déplacer: on va plus vite et plus loin qu'à pied, tout en ayant le temps de regarder autour de soi et de plus, on s'arrête facilement quand on en a envie.»

Pierre, 55 ans. Journaliste. «Après avoir parcouru le monde en avion pendant vingt ans, je le parcours maintenant en vélo depuis sept ans.

«C'est merveilleux de découvrir la France du haut d'une *selle:* on roule selon son caprice, on s'arrête quand on en a envie, on s'oxygène l'esprit, et on *ressent* la liberté.

9. département du nord-est de la France
10. ville du nord de la France
11. régions au nord-est de Paris

France
circonscriptions administratives
régionales et départements

Départements de la Région Parisienne

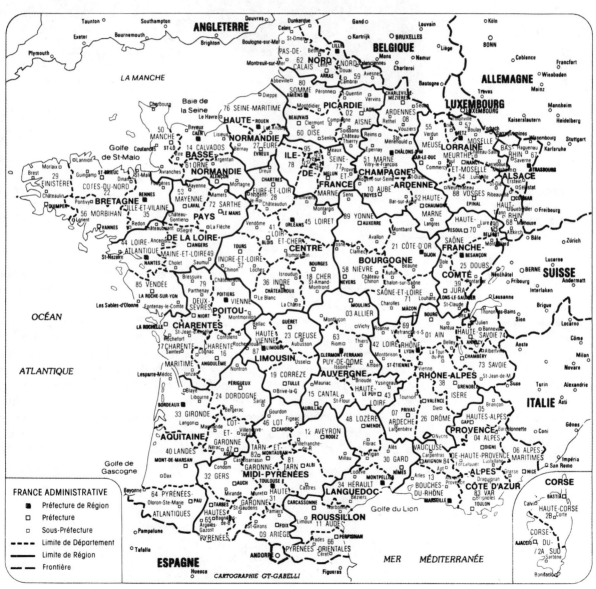

La promenade à bicyclette est un passe-temps favori pour de nombreux Français.

moulin *m windmill*

«A vélo, on aperçoit de loin un vieux *moulin* au bord de la route, on le voit grossir lentement et progressivement et il suffit° de mettre pied à terre pour l'observer de plus près.

concevoir imaginer

«Je ne *conçois* plus de vivre sans vélo. Le mien pèse 9 kg, je le porte sur l'épaule comme n'importe quel bagage. Je lui fais prendre le train, je l'emmène dans ma chambre d'hôtel, je l'emporte sur le toit de ma voiture... Dans ce cas, je laisse la voiture quelque part, et je pars sur deux roues à la découverte d'une région: les châteaux de la Loire, l'Estérel[12], la Normandie, la Bretagne... Depuis quelques mois je mets au point des itinéraires pour des balades en famille, à raison d'une quarantaine de kilomètres par jour. Je vais reconnaître les circuits, je les *repère* sur la carte, je les commente en signalant les choses intéressantes à voir dans la région. Mon ambition, c'est de voir la France entière à vélo.»

repérer identifier

12. région montagneuse près de Cannes

Michel Bonduelle
Extrait de *Vital*

Exercice de compréhension

Remplacez les tirets par des mots ou des phrases qui expriment les idées du texte.

Le nombre de vélos en France _____ chaque année à cause de _____ et grâce au sentiment qui unit le cycliste à sa machine. Mais le grand problème, c'est qu'il y a peu de _____ . Heureusement, ce n'est pas le cas à Annecy-la-Jolie où on trouve _____ .

Jean-Paul a acheté son premier vélo à l'âge de _____ . Il adorait le vélo, mais il n'a pas pu faire de la compétition quand il était jeune parce que _____ . Plus tard, à Paris, il a fait de la compétition, mais il a arrêté parce qu'il n'aimait pas _____ . Maintenant, il fait du vélo surtout pour _____ et tous les jours, il s'en sert pour _____ .

Denise est la seule femme qui fait partie du _____ . Tous les week-ends, ils se promènent dans _____ . Pendant _____ , Denise et son mari veulent aller dans le Vaucluse pour _____ .

Claire se sert de son vélo surtout _____ . C'est dommage, pense-t-elle, qu'il y ait peu de _____ et que les antivols ne soient pas toujours _____ .

Pierre est _____ et il n'y a que _____ qu'il fait du vélo. Il a visité plusieurs régions en vélo. En tant que journaliste, Pierre prépare _____ d'environ _____ par jour pour les familles qui veulent faire du cyclotourisme.

Exercice de langue

Comparez les deux listes et trouvez les synonymes correspondants.

1. étonnant
2. pousser à
3. parfois
4. une balade
5. se remettre à
6. la rive
7. notamment
8. partir
9. découvrir
10. un vélo
11. entier

a. quelquefois
b. particulièrement
c. trouver
d. surprenant
e. une promenade
f. une bicyclette
g. inciter à
h. tout
i. s'en aller
j. le bord
k. recommencer à

Exprimer la fréquence

1. Faites des phrases qui expriment vos habitudes en vous servant du modèle ci-dessous.

Je vais Je fais Je prends	souvent régulièrement parfois rarement (ne) jamais	chez à de —	le la l' un une	cinéma sport coiffeur marché bain opéra natation café bière médecin douche dentiste bicyclette ski

EXEMPLES: *Je fais souvent du ski.*

Je prends rarement un bain.

2. Racontez à deux ou trois étudiants ce que vous faisiez quand vous étiez plus jeune, en choisissant dans chaque colonne l'élément approprié.

Quand j'avais . . . ans	j'allais je faisais je prenais	chez à de —	le la l' un une	cinéma sport coiffeur marché bain opéra natation café bière médecin douche dentiste bicyclette ski	tous les . . . . . .fois par . . . de temps en temps le + jour ou date

EXEMPLE: *Quand j'avais 12 ans, je faisais de la bicyclette tous les jours.*

3. Vérifiez vos connaissances de la vie française.

Le Monde			
Pâques			
Paris-Match			
Le Carnaval de Nice			
Elle			
Femme Pratique		un journal	quotidien(ne)
Noël		une revue	hebdomadaire
Le Tour de France	est	une fête	mensuel(le)
Le Point		un événement	annuel(le)
Le Figaro			
Marie-Claire			
Ouest-France			
Le Festival de Cannes			
La Toussaint			
L'Express			

■ ■ ■ ■ ■ ■ ■ ■ ■ ■
Votre point de vue

Comparez: en vous inspirant des réponses aux questions suivantes, écrivez une brève composition sur le rôle du vélo dans la civilisation américaine.

1. Combien de vélos (approximativement) voyez-vous près de votre école ou de votre université? De quel type sont-ils (dix vitesses, trois vitesses, sans changement de vitesse)? A quoi servent-ils?
2. Voyez-vous beaucoup de vélos sur la route? En ville? Environ combien? De quel type sont-ils? A quoi servent-ils?
3. Auriez-vous vu autant de bicyclettes il y a dix ans?
4. Y a-t-il des clubs de cyclisme dans votre région?
5. Y a-t-il des courses de vélo dans votre région?
6. Y a-t-il des pistes cyclables dans votre région?

7

Transports et communications:

Toujours plus vite

Activités préliminaires

Vocabulaire sur les transports

<table>
<tr><td>Exercices
d'application</td><td>Choisissez l'un des exercices d'application ci-dessous: dans chaque cas, décrivez un souvenir personnel de transports en utilisant le vocabulaire de la liste ci-dessous.</td></tr>
</table>

A. Ecrivez un paragraphe en employant un minimum de cinq mots sur le thème des transports.

B. Préparez un exposé oral. Vous devez parler pendant au moins une minute et utiliser un minimum de cinq mots sur le sujet.

C. Travail oral en petits groupes de deux, trois ou quatre personnes. Faites chacun à votre tour une phrase contenant un mot sur le thème des transports. Continuez jusqu'à ce que tous les éléments du vocabulaire soient utilisés.

autobus *m*	métro *m*	route *f*	train *m*
autocar *m*	ordinateur *m*	satellite *m*	transports *m pl*
automobile *f*	passager *m*	station *f*	tunnel *m*
autoroute *f*	permis de	téléphone *m*	voiture *f*
avion *m*	conduire *m*	trafic *m*	
camion *m*			

<table>
<tr><td>A vous la parole</td><td>Répondez aux questions suivantes.</td></tr>
</table>

1. Est-ce que vous avez le permis de conduire? Est-ce que vous avez votre propre voiture? Qui a payé la voiture?
2. Croyez-vous que les transports publics aux Etats-Unis soient efficaces? Y a-t-il assez de trains? D'autobus? Est-ce qu'il est nécessaire d'avoir une voiture en ville? A la campagne?
3. D'habitude, comment voyagez-vous? En train? En avion? En voiture? Pourquoi? Pourquoi le train est-il plus utilisé en Europe qu'aux Etats-Unis?

Introduction: Transports et communications

Avant de lire...

1. Avant de lire le texte recopiez la première phrase de chaque paragraphe. Choisissez les trois phrases qui expriment les idées les plus importantes.
2. Quels sont les mots correspondant aux abréviations suivantes: SNCF, TGV, RER?

Lecture

ferroviaire *of the railroad*
réseau *m network*
Place...Notre-Dame
square in front of Notre-Dame

De tous les moyens de transport, ce sont le train et la voiture qui sont les plus utilisés en France. Environ 40 pour cent de la population se déplace en chemin de fer et 40 pour cent en automobile. Ceci s'explique par le fait que la traversée du pays n'excède pas 1000 kilomètres en ligne droite. La plupart des lignes *ferroviaires* et des routes nationales convergent vers Paris, formant *un réseau* en forme d'étoile. C'est au centre de la *Place du Parvis de Notre-Dame* qu'est situé le kilomètre zéro.

Les transports ferroviaires sont assurés par la SNCF (Société Nationale des Chemins de fer Français), une entreprise nationalisée. La plus grande partie du réseau est électrifiée. Les trains sont rapides, confortables, silencieux et à l'heure.

essai *m ici: test*

Sur les lignes principales comme Paris-Marseille-Nice, la vitesse horaire moyenne des trains rapides est d'environ 130 kilomètres-heure. Un train encore plus rapide, le TGV (Train à grande vitesse), transporte les voyageurs entre Paris et Lyon à 260 kilomètres à l'heure. Au cours des *essais* techniques qui ont précédé sa mise en circulation, le TGV a battu le record du monde de vitesse sur rails: 380 kilomètres-heure. De nouvelles lignes de TGV sont prévues pour relier Paris à l'Allemagne, la Belgique, la Hollande et même à l'Angleterre: en effet, un gigantesque projet de tunnel sous la Manche est en train de se réaliser. Il permettra le transport ferroviaire des voyageurs et des voitures entre la France et l'Angleterre.

animateur *m group entertainer*
conteur d'histoires *m storyteller*

En période de vacances, pendant l'été, la SNCF met à la disposition des voyageurs des trains touristiques d'un type original, comme le Cévenol et l'Alpazur. Le Cévenol va de Paris à Marseille en traversant le centre de la France pour permettre aux voyageurs d'admirer les paysages pittoresques des Cévennes et de l'Auvergne. A bord du train, on trouve de nombreuses distractions: un groupe interprétant des chansons et des danses folkloriques, un théâtre avec des *animateurs* et des *conteurs d'histoires* et légendes des Cévennes, et même un restaurant présentant au menu les spécialités de la région traversée. Ainsi, le train n'est plus un simple moyen de transport. La SNCF a réussi à le transformer en cinéma, en discothèque et même en salle de conférence où on peut organiser des séminaires.

autocar *m intercity bus*

deux tiers *two thirds*

route départementale *f*
county road

grâce à *thanks to*

De nombreuses villes sont aussi reliées par des services d'*autocars*. Dans les régions montagneuses comme les Alpes, ces transports en car jouent aussi un rôle touristique.

Si le train est très utilisé, surtout pour les grandes distances, l'automobile a, elle aussi, beaucoup de succès. Les *deux tiers* des ménages possèdent une voiture. Des autoroutes payantes, sur lesquelles on peut rouler à 130 kilomètres à l'heure, permettent de faire rapidement de longs trajets. La vitesse est limitée à 110 kilomètres sur les routes nationales et à 90 kmh sur les *départementales*.

On peut voyager aussi en avion avec la compagnie aérienne Air-Inter. Cependant, l'avion est un moyen de transport moins utilisé à l'intérieur de la France: le train est moins cher. De plus, la densité du réseau et la qualité des transports ferroviaires permettent des voyages rapides et agréables.

Parmi tous les transports urbains, le métro de Paris mérite d'être mentionné. C'est de loin le moyen de transport le plus pratique dans Paris. Sans lui, cette ville serait paralysée. Il est confortable et silencieux, *grâce à* des roues montées

pneumatique *m tire*
être desservi *to be served*
balayeur *m sweeper*

sur *pneumatiques*. La zone urbaine *est desservie* par 277 stations: où qu'on soit dans Paris, il y a toujours une station de métro à proximité. Nouveau progrès technique: 500 robots nettoyeurs doivent remplacer les 1500 *balayeurs* du métro parisien. Pour relier Paris à sa banlieue, un métro très rapide, le RER (Réseau express régional), traverse la capitale et la région parisienne du nord au sud et d'est en ouest. Un nouveau type de métro, entièrement automatique et sans conducteur, a été mis en service dans la ville de Lille[1].

télématique *informatique +*
télécommunications

Dans le domaine des télécommunications, il est important de signaler une application récente de *la télématique,* qui est en train de révolutionner la vie de nombreux Français: le Minitel, système d'ordinateur relié au réseau téléphonique, constitue une véritable agence de renseignements à domicile; sans sortir de chez vous, vous pouvez en *composant* un numéro de téléphone, voir apparaître sur l'*écran* de votre ordinateur, les informations qui vous intéressent sur les films et spectacles, *les horaires* de transports, votre *compte en banque* etc . . . Ceux qui le désirent peuvent même organiser, selon leurs affinités, des rencontres et des *rendez-vous* grâce au Minitel.

composer *ici: to dial*
écran *m screen*
horaire *m schedule*
compte en banque *m bank account*
rendez-vous *m ici: blind date*

1. ville du nord

1. Mariage de l'ordinateur et du téléphone: le Télétel

Avant de lire...

Regardez la photo du Minitel. C'est un terminal relié, par ligne téléphonique, à Télétel qui vous propose plus de 3000 services. Examinez rapidement le texte qui suit pour noter les cinq catégories de services télématiques. Ensuite, lisez attentivement la description de chaque catégorie pour en apprendre les détails.

Lecture

«La France est devenue le leader mondial du vidéotex», constate l'hebdomadaire américain *Newsweek.* C'est grâce à Télétel et au Minitel!

Télétel est un nouveau moyen de communication mis en œuvre par les Télécommunications (PTT). Il permet, à partir d'un terminal (qui s'appelle le Minitel) connecté à une ligne téléphonique, d'accéder en direct à de nombreux services, destinés à des utilisateurs, tant professionnels que résidentiels.

En 1987 le nombre de Minitel installés en France a dépassé les 3 millions. Dans les zones où le Service *Annuaire* Electronique est ouvert, le Minitel est proposé aux *abonnés* sans supplément d'abonnement en échange de l'annuaire papier. Dans les

annuaire *m directory*
abonné *subscriber*

Plus de trois millions de Français utilisent le Minitel.

autres zones, les abonnés peuvent louer un (ou des) Minitel pour une durée minimale de six mois.

croissance *f* le développement

Le monde des services Télétel est en pleine *croissance*: au début 1985 on comptait quelques centaines de services; aujourd'hui il y en a plus de 3000. Les services télématiques se répartissent en cinq catégories: les services d'information, les services d'information interactive, les transactions, les communications, les jeux.

1. Les services d'information

banque de données *f data bank*
actualité *f news*
rédaction *f editor*
marché des voitures d'occasion *m used car sales*
cotation de la Bourse *f stock market quotation*

Il existe sur Télétel des centaines de *banques de données* qui permettent aux utilisateurs d'un Minitel de s'informer. On y trouve d'abord des informations générales telles que des «éditions *télématiques*» de presse, c'est à dire un service qui offre *l'actualité* politique et économique du jour, aussi bien pour la France que pour l'étranger. *Le Nouvel Observateur,* par exemple, présente les nouvelles principales, introduites dès qu'elles sont reçues par *la rédaction.*

Le possesseur d'un Minitel a aussi accès à l'information pratique (la météorologie, les horaires d'avion, etc...), à l'information spécialisée *(le marché des voitures d'occasion,* les *cotations de la Bourse,* etc...) et à l'information locale (cinéma, concerts, activités de la mairie, etc...).

2. Les services d'information interactive

serveur *m main frame*

Il ne s'agit plus ici d'information consultée, mais de données obtenues à partir d'éléments que vous transmettez, par le Minitel, au *serveur.* En voici quelques exemples:

thème astral m zodiac sign

mensualité f monthly payment
apport m down payment

- Votre *thème astral* ou votre horoscope. Vous communiquez la date, l'heure et le lieu de naissance, et le service vous donne votre horoscope détaillé.
- Le calcul de *mensualités:* vous désirez acheter une voiture. Vous communiquez le prix de votre *apport* initial; le service vous apprend le nombre et le montant de vos mensualités.
- L'enseignement: vous pouvez, par exemple, suivre des cours de français, de mathématiques, d'anglais et d'informatique. A partir des réponses de l'élève, le serveur envoie commentaires et nouveaux problèmes, qui correspondent au niveau souhaité.

3. Les transactions

La télématique permet aussi de réaliser des opérations diverses qui permettent d'économiser du temps et de l'énergie.

service d'achat m ici:
   catalogue sales

- Certains grands magasins offrent des *services d'achat* par Minitel (La Redoute, Les Trois Suisses): vous consultez le catalogue des articles et vous commandez en vous servant du terminal. La livraison se fait en principe sous 48 heures.
- Il existe également le «supermarché à domicile», qui permet la commande de produits d'épicerie courants.

virement m transfer
prélèvement m withdrawal

- Plusieurs banques proposent un service télématique qui permet de surveiller les débits et *les virements* de son compte. Il est aussi possible de faire des virements ou des *prélèvements* d'un compte sur un autre.
- Dans certains secteurs, on peut réserver des places de chemin de fer, des chambres d'hôtel et des places pour certains spectacles dans les grandes villes de France.

domaine expérimental m
   experiment
frappé ici: typed
chiffré secret

- *Domaine expérimental:* il existe un service qui traduit un texte de français en anglais et inversement. Après que vous avez *frappé* le texte à traduire sur votre clavier, on vous donne un code *chiffré* avec lequel vous pouvez obtenir la traduction dix minutes plus tard.

4. Les communications

Comme avec le téléphone, on peut grâce au Minitel joindre un correspondant en *temps réel* ou en *temps différé*. Il existe plus de 150 services permettant de dialoguer avec d'autres *usagers* du Minitel.

temps réel m live
temps différé recorded
usager m user
boîte aux lettres f mailbox

- *La boîte aux lettres:* le serveur joue le rôle du facteur; l'utilisateur «poste» un message électronique dans la boîte du destinataire, qui le trouve dès qu'il se connecte.

messagerie directe f live
   communication

- *La messagerie directe:* elle permet de dialoguer sans un pseudonyme. Il existe deux variantes: le forum, dialogue avec l'ensemble des personnes présentes dans le service; le salon où l'on communique avec un nombre limité de personnes.

petites annonces want ads
rencontres f pl dates
emploi m job seeking
immobilier m real estate
auto-moto f auto sales

- *Les petites annonces:* les grands thèmes sont les suivants: *rencontres, emploi, immobilier, auto-moto.* Il existe plus d'une centaine de services de petites annonces. L'insertion est généralement faite par l'usager, avec son Minitel. L'annonce paraît dans un délai de 24 heures. La lecture de ces petites annonces est possible par tous les usagers d'un service.

5. Les jeux

Se distraire avec son Minitel: cela est possible grâce à l'existence de plus de 300 jeux télématiques. Dans ce domaine, une grande variété est offerte; elle va du simple jeu de *morpion* à la partie d'*échecs* jouée simultanément par deux adversaires. On peut classer les jeux électroniques en six catégories:

morpion *m ici: tic tac toe*
échecs *m pl chess*

Pendu *m ici: hangman*

- Les jeux de réflexion tels que le MasterMind, le Jeu *du Pendu* et les mots croisés.
- Les jeux de stratégie tels qu'Othello et les échecs.
- Les jeux de hasard ou de casino tels que Jack Pot, Casino Royal et Black-Jack.
- Les jeux éducatifs qui permettent aux adolescents comme aux adultes de développer leurs connaissances dans certains domaines comme l'histoire, le calcul, les langues étrangères, etc . . .
- Les tests psychologiques et de connaissance généralement présentés sous forme de questions à choix multiples.
- Les jeux-concours qui récompensent l'usager qui réalise le meilleur score, tels que Superbingo et des concours de pronostics sportifs.

Pour bien suivre l'évolution de Télétel, il existe des supports électroniques tels que le service télématique de *Minitel Magazine,* qui contient une banque de données sur les services grand public, avec leur critique, leur coût et leur accès. On trouve aussi des supports papier, tels que l'annuaire *Listel* et les revues *Minitel Magazine,* la *Revue du Minitel* et *Vidéotex Magazine.*

Extrait de *A la Découverte des Services*
Supplément au *Minitel Magazine*

Exercices de compréhension

A. Notez dans votre cahier les cinq catégories de services télématiques qui vous sont proposés par le Minitel. Rangez par catégorie les services qui suivent: services d'achat, suivre des cours d'anglais, horoscope, supermarché à domicile, horaires d'avion, le cinéma, réserver des places de chemin de fer, faire un virement de compte bancaire, dialoguer avec une autre personne, jouer au black-jack, le calcul de mensualités, météorologie, l'actualité, jouer aux échecs, les petites annonces, la traduction.

B. Pourquoi *Le Nouvel Observateur,* La Redoute et Les Trois Suisses s'intéressent-ils au Minitel?

C. Comment pouvez-vous vous renseigner sur tout ce qui concerne le Télétel et le Minitel?

D. Relisez le troisième paragraphe du texte. Dites pourquoi le Minitel a eu un grand succès.

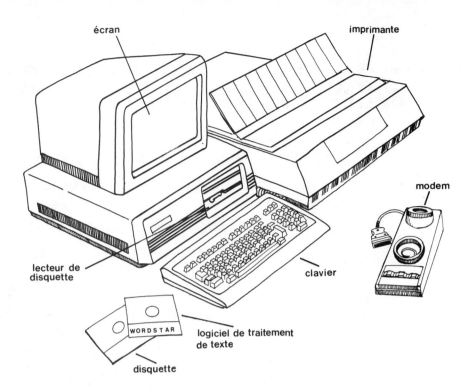

écran   imprimante

modem

lecteur de disquette

clavier

logiciel de traitement de texte

WORDSTAR

disquette

Complétez les phrases suivantes en utilisant la terminologie de l'ordinateur présentée dans le dessin ci-dessus.

1. Quand on se sert d'un ordinateur, il faut d'abord mettre une disquette dans le _____.
2. Si on utilise l'ordinateur pour composer un texte, on a besoin d'un _____ tel que Word Star.
3. Pour composer un texte, on le tape sur le _____ de l'ordinateur.
4. Quand on a fini de taper le texte, on se sert d'une _____ pour en faire une copie sur papier.
5. Il est possible d'envoyer instantanément une copie du texte n'importe où dans le monde en utilisant le _____ qui est relié à une ligne téléphonique.

■ ■ ■ ■ ■ ■ ■ ■ ■ ■

Votre point de vue

A. Faites une liste des différents types d'industrie et de commerce français susceptibles d'utiliser le Télétel.

B. Existe-t-il aux Etats-Unis un système semblable dans le domaine public ou privé? Si oui, comment s'appelle-t-il?

C. Jeu de rôie: Vous faites partie d'un groupe de trois étudiants extrêmement riches. Vous avez tout ce qu'il vous faut pour établir un excellent système télématique. Quelles sont les possibilités et les services que vous allez exploiter?

2. Publicité: Le Minitel

UNE MESSAGERIE PAS ORDINAIRE
SUR VOTRE MINITEL...

... AVEC VOTRE PHOTO
ET CELLES DE VOS CORRESPONDANTS !

- MESSAGERIE DIRECTE
- BOITES AUX LETTRES
  AUTO-OUVRANTES
- RENCONTRES :
  - Recherche sur Personnalité
  - Recherche sur Photo
- JEUX
- PETITES ANNONCES
  (Auto, Moto, Bateaux,...)

A PARTIR DU 2 JUIN

COMPOSEZ LE 36.15.91.77 ET TAPEZ L C E

LE COURRIER ELECTRONIQUE

Exercice de comprehension

1. A qui est destinée cette publicité?
2. Que signifie l'abréviation LCE?
3. Quels moyens LCE utilise-t-il pour organiser des rencontres?
4. Donnez un exemple de chacun des services proposés par LCE.

3. Une Réalisation gigantesque: Le Tunnel sous la Manche

Avant de lire...

Cinquante kilomètres de mer séparent la France de l'Angleterre, et des milliers de voyageurs traversent la *Manche* chaque jour en ferry-boat. En 1993, la traversée se fera par le train. Le premier texte qui suit vous renseigne sur l'adoption de ce projet par les autorités anglaises et françaises. Le deuxième texte vous explique comment la traversée se passera en 1993.

Lecture

A. Le Royaume-uni cesse d'être une île

Manche *f English Channel*

C'est décidé, nous traverserons la Manche en train; M. Mitterand et Mme Thatcher ont opté pour le tunnel *ferroviaire.* Un mariage de raison entre la France et l'Angleterre: nos voisins britanniques au moment de renoncer° à leur sacro-sainte° insularité, auraient souhaité une solution *routière.* Leur Premier ministre a finalement préféré la formule qui offrait le moins de risques politiques et se présentait comme une victoire européenne. Le projet étant accepté, la société France-Manche Channel Tunnel, avait pour elle deux *atouts* essentiels: son coût—avec 53 milliards de francs, c'est le moins cher—et sa *fiabilité*— peu de surprises à attendre *lors de* la réalisation, et une protection plus facile que celle d'un pont. C'est *d'ailleurs* aussi le projet le plus ancien. Dès 1802, une étude proposait à Napoléon Bonaparte une galerie souterraine° éclairée par des lampes à huile, où pourraient circuler *diligences* et chariots. Depuis, les projets de tunnel se sont succédé et on avait même commencé à creuser le 20 janvier 1975. La Grande-Bretagne, *rompant* un traité° signé entre les deux pays, interrompait° les travaux qui avaient déjà permis la construction de 300 mètres de galeries du côté français, 400 mètres du côté anglais. Avec France-Manche, Paris, en train, sera a 4h30 de Londres, a 3h lorsque sera mis en place un TGV. Une *navette* transportera les voitures en trente minutes. La traction électrique de tous les convois° simplifiera les problèmes de ventilation.

routier *ici: highway*

atout *m ici:* un avantage
fiabilité *f dependability*
lors de au moment de
d'ailleurs *besides*
diligence *f stage coach*

rompre *to break*

navette *f shuttle train*

Extrait de *Paris Match*

Exercice de compréhension

Vrai ou faux? Si une affirmation est fausse, corrigez-la.

1. Le tunnel permettra à des milliers de gens de traverser la Manche en voiture.
2. Les Britanniques auraient préféré une solution routière.

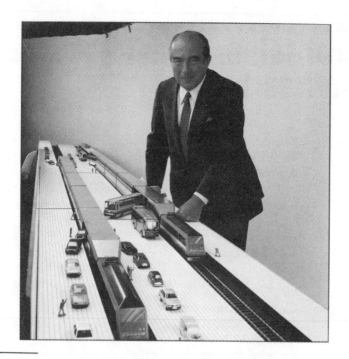

Francis Bouygues et son projet audacieux de tunnel sous la Manche

3. Au début du 19ème siècle, on proposait à Napoléon un tunnel sous la Manche.
4. Il y a eu dans le passé beaucoup de projets, mais on n'a jamais commencé à creuser.
5. Avec le TGV, Paris sera à 5 heures de train de Londres.

■ ■ ■ ■ ■ ■ ■ ■ ■ ■
Parlons un peu

Donner un conseil. Pour exprimer un conseil, on peut utiliser une des expressions suivantes:

je vous conseille de	il n'y a qu'à
vous devriez	vous n'avez qu'à
il vaut mieux	si j'étais à votre place, je

Complétez les phrases ci-dessous en utilisant une expression du tableau et un des verbes proposés:

se reposer
prendre l'avion
utiliser l'énergie solaire
voyager en voiture

traverser la Manche en Hovercraft
prendre le bateau
réserver une place
voyager par le train

EXEMPLE: _____ car vous êtes trop fatigué.

Je vous conseille de vous reposer car vous êtes trop fatiqué.

1. _____ car c'est plus rapide que la voiture.
2. _____ pour aller en Angleterre.
3. _____ pour supprimer les problèmes de pollution.
4. _____ si vous voulez être sûr d'avoir une place dans l'avion.
5. _____ car c'est moins cher.
6. _____ pour rendre visite à vos cousins en Angleterre.

Lecture

B. France-Angleterre: Le bout du tunnel

calisson *m* almond candy
aire de service *f ici:* duty-free area
frisquet frais
mordant *biting*

péage *m* toll gate
recraché *ici:* spat back

être en reste *ici:* to be outdone
se déplacer *ici:* aller
grenouille *f* frog
filer *ici:* partir
borne électronique *f* electronic gate
engloutir *ici:* avaler
voie *f ici:* lane
rame *f ici:* un train
un poil *ici:* juste quelques secondes
bretelle *f ici:* exit

s'étirer to stretch
atteindre arriver à
s'élancer to take off

voie ferrée *f* the track

Jean-François B . . . vient d'acheter des *calissons* d'Aix[2] sur *l'aire de service,* où les boutiques l'incitent à ne pas oublier son ami anglais John, à qui il va rendre visite. Il fait *frisquet* en ce matin de novembre 1993, et un petit vent *mordant* souffle sur le terminal français de Frethun, au sud-est de Calais.[3] Jean-François remonte dans sa voiture, sort sa carte de paiement magnétique et se dirige vers l'un des dix-huit postes de *péage.*

Carte avalée et *recrachée,* la barrière se lève comme au parking; au passage, il retire un ticket à mémoire. Pas la peine de remonter la vitre, pense-t-il, la police et les douaniers français sont là . . .

Ils sont même très cool aujourd'hui; et, pour ne pas *être en reste,* leurs collègues britanniques, qui ont accepté de *se déplacer* chez les «mangeurs de *grenouilles*», le laissent *filer* d'un geste nonchalant. Quelques mètres encore: *une borne électronique engloutit* son ticket. «*Voie 7*», lui indique un signal lumineux. Voie 5, 6 . . . 7: il n'attendra pas longtemps. *La rame* est presque pleine. L'autre fois, il était arrivé *un poil* trop tard, juste le temps de voir les feux rouges d'un train. Et il avait dû patienter un quart d'heure avant que ne parte le suivant.

A Frethun, les quais d'embarquement du tunnel sous la Manche ressemblent à des *bretelles* d'autoroute: on passe de la route sur le train comme on entre dans un parking. Sans quitter son *siège.* Une «route roulante», susurrent les dépliants de l'exploitant. Oui, mais une route couverte: les wagons (treize par rame, encadrés par deux motrices électriques) forment plutot un tunnel roulant. Cent trente voitures y sont pour le moment prisonnières; Jean-François quitte la sienne, *s'étire,* et regarde sa montre: dans trente minutes, il aura *atteint* Cheriton, au nord-ouest de Folkestone; là, il quittera la rame et pourra *s'élancer*—mais à gauche, bien sûr— sur l'autoroute de Londres . . .

Conçue pour les très grandes vitesses, la *voie ferrée,* qui accueillera aussi dans quelques mois les TGV venus de Paris, Bruxelles, Cologne ou Amsterdam fait oublier à Jean-François qu'il roule en ce moment à 160 kilomètres à l'heure. Et si le

2. ville du sud-est de la France
3. ville au bord de la Manche

cracher *to spit*
flanc *m le côté*
ride *f ici: ripple*
faire sursauter *ici: to startle*
réintégrer *ici: rentrer dans*
consignes *f pl les instructions*
défiler *ici: apparaître*
entrecoupé de *interrompu par*

café que vient de lui *cracher* un distributeur sur *le flanc* du wagon n'a pas bon goût, pas *une ride* n'apparaît dans le gobelet: stables, ces transporteurs de véhicules automobiles! Stables et bien insonorisés: le signal sonore *fait sursauter* Jean-François. Allez, il faut *réintégrer* la voiture, plus que dix minutes avant l'arrivée. Sur les écrans vidéo du wagon, les *consignes* et les conseils *défilent* dans les deux langues, *entrecoupés de* clips. «Tiens, remarque Jean-François, Burberry's se met à faire de la pub dans ces navettes . . .»

Voici comment fonctionnera, pour un automobiliste, le projet France-Manche.

Coût: 53 milliards de francs; le plus gros investissement privé jamais réalisé au monde. Une jolie addition pour 50 kilomètres de tunnel double (triple, si l'on compte la galerie de service), où circuleront, si tout se passe bien dans sept ans, jusqu'à 2000 véhicules transportés à l'heure (4000 ultérieurement) et 120 trains ou TGV par jour. Au total, 30 millions de passagers par an.

Extrait du *Point*

| **Exercice de compréhension** | Vrai ou faux? Si une affirmation est fausse, corrigez-la. |

1. Le terminal français se trouve à Frethun, au bord de la Méditerranée.
2. Jean-François quitte sa voiture pour monter dans les trains pour l'Angleterre.
3. Jean-François paye le prix du voyage avec une carte magnétique.
4. Il est difficile de boire un café à cause de l'instabilité du train.
5. Il y a aussi de la publicité avec les consignes sur l'écran vidéo.

| **Exercice de langue** | Complétez chaque phrase par le mot ou l'expression qui convient. |

un calisson	fonctionner	être en reste
sursauter	pas la peine de . . .	la voie ferrée
engloutir	atteindre	patienter
le péage	une consigne	frisquet

1. Pour quitter l'autoroute, il faut s'arrêter *à la sortie payante*.
2. L'avion passe au-dessus de l'Irlande. Il *arrivera à* Londres dans une heure.
3. Donnez-moi *les instructions* nécessaires pour faire ce travail correctement.
4. Il fait *frais* ce matin; je vais mettre mon pull-over.
5. Monsieur le directeur est occupé; veuillez *attendre* un moment.
6. Dans l'accident, un wagon du train a quitté *les rails* et s'est écrasé contre un mur.
7. *Inutile* d'insister! Je ne vous répondrai pas.
8. Mes amis m'ont fait un cadeau. Je leur ai acheté des chocolats pour ne pas *être redevable*.

9. En entendant l'explosion, *j'ai sauté de surprise.*
10. Il avait tellement faim qu'il *a avalé* son repas en cinq minutes.

A. Vous voyagez dans le train Londres-Paris. En ce moment, le train est dans le tunnel en plein milieu de la Manche. Tout à coup le train s'arrête et les lumières s'éteignent. Décrivez la situation en un ou deux paragraphes.

B. Comparez:

1. Vous êtes anglais(e). Enumérez les avantages et les inconvénients de construire un tunnel sous la Manche.
2. Vous êtes français(e). Répondez à la même question que ci-dessus.

4. Avec le TGV, la France *rétrécit*

Avant de lire...

rétrécir *to shrink*

En France, les trains sont célèbres pour leur efficacité, leur ponctualité et leur confort. En 1981, on a inauguré le TGV (train à grande vitesse) qui fait le trajet Paris-Lyon en 2 heures alors qu'il fallait auparavant 3h 45. Le TGV a eu un tel succès qu'aujourd'hui on est en train d'étendre le réseau à d'autres régions de France et d'Europe. Avant de lire le texte qui suit, étudiez la carte à la page 160 pour voir les projets immédiats de la SNCF. Ensuite, cherchez l'abréviation du nom des trois grands projets TGV dont on parle dans le texte.

Lecture

rapetisser *ici:* rendre plus petit
bouleverser *ici:* changer radicalement
susciter faire naître

devinette *f* riddle
Lillois habitant de Lille, ville du Nord
rame *f ici:* un train
correspondance *f changing trains*

La SNCF travaille sur de nouveaux projets de TGV. La revue *Le Point* présente les cartes et documents d'un réseau qui va «rapetisser» la France et *bouleverser* les habitudes des Français.

Le succès du TGV-PSE («PSE» pour Paris-Sud-Est) est en train de bouleverser la géographie de la France. Tout simplement parce qu'il *suscite* des réalisations et des projets dont le premier effet sera de «rétrécir» considérablement le pays et de faciliter les communications en province.

Devinettes: quel temps fallait-il en 1980 à un *Lillois* pour aller à Lyon en train? Réponse: 7 heures. Quel temps lui faut-il actuellement[x]? Très exactement 4 h 37, grâce a des *rames* TGV directes Lille-Lyon, qui évitent la *correspondance* à Paris. Quel temps faudra-t-il en 1993? Seulement 3 h 11, grâce à la mise en service du TGV-Nord; et cet exemple, on pourra bientôt le multiplier.

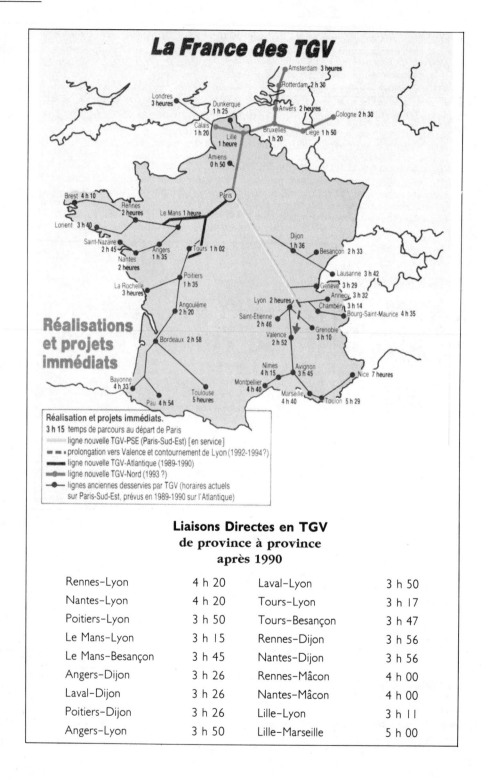

La France des TGV

Amsterdam **3 heures**
Rotterdam **2 h 30**
Londres **3 heures**
Dunkerque **1 h 25**
Anvers **2 heures**
Cologne **2 h 30**
Calais **1 h 20**
Bruxelles **1 h 20**
Liège **1 h 50**
Lille **1 heure**
Amiens **0 h 50**
Paris
Brest **4 h 10**
Rennes **2 heures**
Le Mans 1 heure
Dijon **1 h 36**
Lorient **3 h 40**
Besançon **2 h 33**
Saint-Nazaire **2 h 45**
Angers **1 h 35**
Tours **1 h 02**
Lausanne **3 h 42**
Nantes **2 heures**
Poitiers **1 h 35**
Genève **3 h 29**
La Rochelle **3 heures**
Annecy **3 h 32**
Angoulême **2 h 20**
Lyon **2 heures**
Chambéry **3 h 14**
Bourg-Saint-Maurice **4 h 35**
Saint-Étienne **2 h 46**
Grenoble **3 h 10**
Bordeaux **2 h 58**
Valence **2 h 52**
Nîmes **4 h 15**
Avignon **3 h 45**
Nice **7 heures**
Bayonne **4 h 33**
Montpellier **4 h 40**
Toulouse **5 heures**
Marseille **4 h 40**
Toulon **5 h 29**
Pau **4 h 54**

Réalisations et projets immédiats

Réalisation et projets immédiats.
3 h 15 temps de parcours au départ de Paris
ligne nouvelle TGV-PSE (Paris-Sud-Est) [en service]
prolongation vers Valence et contournement de Lyon (1992-1994 ?)
ligne nouvelle TGV-Atlantique (1989-1990)
ligne nouvelle TGV-Nord (1993 ?)
lignes anciennes desservies par TGV (horaires actuels
sur Paris-Sud-Est, prévus en 1989-1990 sur l'Atlantique)

Liaisons Directes en TGV
de province à province
après 1990

Rennes–Lyon	4 h 20	Laval–Lyon	3 h 50
Nantes–Lyon	4 h 20	Tours–Lyon	3 h 17
Poitiers–Lyon	3 h 50	Tours–Besançon	3 h 47
Le Mans–Lyon	3 h 15	Rennes–Dijon	3 h 56
Le Mans–Besançon	3 h 45	Nantes–Dijon	3 h 56
Angers–Dijon	3 h 26	Rennes–Mâcon	4 h 00
Laval–Dijon	3 h 26	Nantes–Mâcon	4 h 00
Poitiers–Dijon	3 h 26	Lille–Lyon	3 h 11
Angers–Lyon	3 h 50	Lille–Marseille	5 h 00

saisissant surprenant

Le tableau de la page précédente est *saisissant:* d'ici quelques années, des rames à grande vitesse, passant par la capitale mais sans s'y arrêter, permettront des liaisons rapides de province à province. Ainsi, cent cinquante ans après les débuts du rail, un nouveau réseau ferré est en train de naître, aussi centralisé que celui de nos

aïeux *m pl* les ancêtres
à cor et à cri avec insistance

aïeux, mais pourtant bénéfique° aux régions. Celles-ci réclament *à cor et à cri* «leur» TGV!

mettre en évidence *ici:* prouver

L'origine de cette silencieuse révolution: les résultats du TGV Paris-Sud-Est. Quelques chiffres les *mettent en évidence:* 63 millions de voyageurs ont déjà emprunté la ligne nouvelle; près de 50 000 personnes l'utilisent chaque jour; entre «l'avant» et «l'après»-TGV, le trafic a augmenté de 50 pour cent. L'investissement° sera remboursé° en moins de dix ans.

Pas étonnant, donc, si le concept TGV fait son chemin en Europe, et bien sûr en France. La prochaine ligne? Celle du TGV-A («A» pour Atlantique).

desservir *to serve*

Une voie nouvelle en Y, relativement courte, les rames y circuleront à 300 kilomètres à l'heure; celles *desservant* l'Ouest emprunteront les voies classiques vers Nantes et Rennes à partir du Mans; celles du Sud-Ouest rejoindront°, à proximité de Tours, la ligne de Bordeaux. Paris-Bordeaux prendra à peine 3 heures; Rennes et Nantes ne seront plus qu'à 2 heures de Paris; Le Mans et Tours, à 1 heure. Inauguration de la branche Ouest (vers Nantes et Rennes) en 1989; de la

laps de temps *m* espace de temps

branche Sud (vers Bordeaux), l'année d'après. Dans *ce laps de temps* limité, il faudra construire 290 ponts, 7 viaducs, 5 tunnels.

une autre paire de manches tout à fait différent et beaucoup plus difficile
relier à joindre

Troisième grand projet; le TGV-N («N» pour Nord.) *Une autre paire de manches!* Cette fois, plusieurs pays participent au projet. Il s'agit en effet de *relier* Paris à Londres, d'un côté; Bruxelles, Amsterdam et Cologne, de l'autre. Les rames en provenance d'Allemagne, des Pays-Bas ou de Belgique devront desservir—via le tunnel sous la Manche—Londres et la Grande-Bretagne.

Tout le monde est donc d'accord; il faut «marier» le TGV-N et le tunnel. On ira ainsi de Paris à Lille en 1 heure, à Bruxelles en 1 h 20 et à Londres en 3 heures à peine. Londres sera à 2 h 30 de Bruxelles et 3 h 45 seulement de Cologne.

contournement *m by-pass*

Quittons le nord pour le Sud. Le ministère des Transports et la SNCF vont ouvrir, l'année prochaine, un nouveau dossier: celui de *contournement* de Lyon et du prolongement° du TGV-PSE vers Valence qui serait à 2 h 12 de Paris; Avignon à 3 h 04, et Marseille à un peu moins de 4 heures. Ultérieurement, la SNCF espère relier en voie nouvelle Valence à Marseille: le littoral méditerranéen à 3 heures de Paris!

Pendant que des voies nouvelles se dessinent sur la carte de France, la SNCF améliore le matériel. Avec les rames Atlantiques, une nouvelle génération de TGV est née. Ils iront plus vite; ils freineront mieux; leurs moteurs seront plus puissants.

Mais surtout, les nouveaux TGV se veulent conviviaux: on y verra des coins pour famille, des compartiments, des zones «club», un bar agrandi, une nursery, le téléphone public. Avec des fauteuils d'un nouveau type et un décor à la fois plus intime et plus chic. La couleur extérieure des wagons va changer elle aussi: à l'orange succèderont du bleu, du gris perle° et du rouge, *histoire de* montrer que la

histoire de *just to*
relève *f ici:* le changement

relève est déjà là . . .

Extrait du *Point*

Le TGV transporte les voyageurs à 260 kilomètres à l'heure.

Exercice de compréhension

1. Comment le TGV va-t-il transformer la géographie de la France?
2. Expliquez comment le réseau ferroviaire français est centralisé.
3. Expliquez le succès du TGV-PSE.
4. Quelles grandes villes de l'Ouest le TGV-A desservira-t-il?
5. Enumérez les grandes villes des pays étrangers qui seront reliées à Paris par le TGV-N. Quel grand projet permettra d'aller de Paris à Londres en 3 heures?
6. Quels sont les projets pour moderniser l'intérieur du TGV?
7. En vous servant du tableau de liaisons et des autres renseignements contenus dans le texte, trouvez la solution aux problèmes suivants: combien de temps faut-il pour aller

    a. de Bordeaux à Lyon?   e. de Tours à Paris?
    b. de Marseille à Londres?   f. de Lille au Mans?
    c. de Rennes à Dijon?   g. de Nantes à Mâcon?
    d. de Bruxelles à Paris?   h. de Paris à Marseille?

Exercice de langue

Comparez les deux listes de mots et trouvez les synonymes correspondants.

1. les aïeux   a. devenir plus petit
2. une voie   b. faire la liaison
3. à peine   c. même pas
4. bouleverser   d. avec insistance
5. relier   e. les ancêtres
6. réclamer   f. à peu près
7. étonnant   g. demander
8. rétrécir   h. changer radicalement
9. être d'accord   i. saisissant
10. à cor et à cri   j. une ligne
11. près de   k. avoir la même opinion

Votre point de vue

A. Donnez trois raisons pour lesquelles le train a très peu de succès aux Etats-Unis.

B. Dans quelles régions des Etats-Unis serait-il efficace d'établir un réseau du type TGV? Pourquoi?

C. Ecrivez un paragraphe exprimant votre opinion: comment le TGV va-t-il transformer la vie des Français?

D. Comparez. Vous disposez de cinq moyens de transport: l'autobus, l'autocar, l'avion, le train, la voiture. Indiquez lequel est le plus utilisé dans chacun des cas mentionnés ci-dessous.

	FRANCE	ETATS-UNIS
Pour aller au travail	_____	_____
Pour la promenade du dimanche	_____	_____
Pour un voyage de 100 km	_____	_____
Pour un voyage de 500 km	_____	_____
Pour un voyage de 1000 km	_____	_____

5. SNCF: La nouveauté mène le train

Avant de lire...

Dans le chapitre précédent, il est surtout question de la rapidité des trains français. Cependant la SNCF a d'autres projets. Etudiez les titres de paragraphe du texte suivant pour en trouver l'idée générale. En quoi le train va-t-il se transformer?

Lecture

LE TRAIN BOUGE: NON CONTENT D'ALLER PLUS VITE, IL DEVIENT CINEMA, DISCOTHEQUE, SALLE DE JEUX. ON PEUT Y SUIVRE DES SEMINAIRES EN TRADUCTION SIMULTANEE OU Y DONNER SA PROCHAINE SURPRISE-PARTY. ET, EVENTUELLEMENT, TOUJOURS REGARDER LE PAYSAGE . . .

Le train bouge. Il bouge plus vite depuis l'arrivée du TGV. Mais en bougeant, le train ne se contente pas d'aller plus vite, il s'améliore. *Au-delà des* améliorations de confort pour les voyageurs, la SNCF propose aujourd'hui toute une gamme de «voitures spécialisées» (eh oui, «voiture», c'est la bonne terminologie de ce que

au-delà de *in addition to*

à tort *incorrectly*
raccourci *plus court*

nous appelons tous, *à tort,* wagon). Des études de marché ont démontré que la notion du «temps de voyage» ne se limite pas à des horaires sensiblement *raccourcis,* mais aussi à un concept nouveau d'«enrichissement du temps de voyage». C'est dans cet esprit que la SNCF propose aujourd'hui toute une gamme d'activités culturelles, distractives ou simplement conviviales. Il n'y a pas que les hommes qui prennent le train, la vie aussi voyage en train.

Après la nouvelle cuisine, les nouveaux philosophes ou les nouveaux romantiques, voici donc les «nouvelles voitures». Vous ne les trouverez pas sur tous les trains, toute l'année. Certaines sont destinées au grand public, d'autres aux enfants, d'autres encore aux hommes d'affaires. If faut vous renseigner auprès de votre

affréter *to charter*

gare. Certaines sont périodiques, d'autres sont *affrétées* sur demande, mais ce qui est toujours vrai, c'est qu'elles existent. Nous vous les présentons, à vous de les essayer.

La Voiture Discothèque

accueillir *recevoir*

Une véritable discothèque ou vous pourrez *accueillir* vos invités pendant un trajet en train: petites tables basses, fauteuils confortables, bar où l'on peut boire et

piste de danse *f dance floor*
enceinte acoustique *f speaker system*
donner le ton *to set the tone*

manger, *piste de danse,* éclairage modulable avec spots colorés, et des *enceintes acoustiques . . .* On ne peut demander mieux. Boîte de nuit, thé dansant, cocktail, c'est à vous de *donner le ton* en programmant votre musique.

La Voiture Cinéma

Une vraie salle de cinéma roulante qui peut accueillir 50 spectateurs avec une cabine de projection qui est équipée pour le 35 ou le 16 mm, ainsi que pour *les*

diapositive *f slide*
vestiaire *m cloak room*
achever de *finir de*
parcours *m le voyage*

diapositives. Un coin détente avec bar et fauteuils salon ainsi qu'un *vestiaire achèvent de* rendre cette voiture fonctionnelle et confortable. Une bonne idée pour raccourcir un long *parcours.*

La Voiture Club 34

Equipée d'une cuisine et d'une installation vidéo, cette voiture multi-services permet, au cours d'un même voyage, de transformer l'espace en salle d'accueil, salle de travail ou de projection, restaurant, salon . . . pour une trentaine de personnes.

La Voiture Conférence

Pour mener vos réunions à 200 km/h, cette voiture existe en deux versions: «conférence» où elle peut accueillir 32 participants autour d'une table équipée° de 5

micro *m un microphone*
muni de *équipé de*
rabattable *collapsible*
moquette *f carpet*

micros, ou «séminaire» avec fauteuils *munis* d'une tablette *rabattable.* Dans tous les cas, possibilité de projeter des diapos, des films sonores ou des cassettes vidéo, de diffuser de la musique ou de faire servir un repas. Air conditionné, *moquette,* insonorisation, autant d'éléments qui assureront un voyage confortable aux participants.

La Voiture Audiovisuelle

Cette voiture comprend une salle de projection de 42 places, particulièrement destinée aux voyages dont l'animation a été préparée avec des moyens vidéo.

escamotable *collapsible*
prise *f outlet*
écouteurs *m pl headphones*

sillonner *traverser dans toutes les directions*
langer *to diaper*
chauffe-biberons *m bottle heater*
restauration *f un service de restaurant*
bambin *m un enfant*
couchette *f sleeping berth*

aire *f area*

alléchant *tempting*
abonnement *m subscription*
calquer sur *ici: matched*

s'élargir *to expand*

Chaque fauteuil est muni d'une tablette *escamotable et d'une prise* pour *écouteurs* individuels. Une installation de traduction simultanée est prévue.

Les Trains Familles

Au cours de l'été, 45 de ces trains *sillonneront* la France quotidiennement, de jour et de nuit. De jour, ils offriront une voiture avec un espace-jeux pour les enfants, une table à *langer,* une prise pour *chauffe-biberons* et une *restauration* adaptée. Dans les trains familles, il est possible d'acheter un «billet-*bambin*» à 75 pour cent de réduction donnant droit à une place ou à *une couchette* distincte pour les enfants de moins de 4 ans. A partir de quatre personnes dont un enfant, il est possible de réserver un compartiment entier de jour ou de nuit.

Les Espaces Enfants

Ils équipent une vingtaine de trains sur les réseaux ouest et sud-ouest. Ce sont des voitures aménagées en *aire* de jeux pour enfants, avec des jouets à leur disposition.

Train + Opéra

Si vous aimez l'opéra, une proposition bien *alléchante* vous est faite: *un abonnement* de cinq voyages aller-retour à Bruxelles et cinq spectacles au Théâtre Royal de la Monnaie, le dimanche après-midi. Les horaires du train ont été *calqués* sur ceux de l'«opéra», des repas élaborés pourront être servis à bord, et une voiture Club 34 (voir plus haut) permettra d'assister à des conférences sur le spectacle proposé au voyage aller et à une discussion sur la représentation au retour. Cette expérience, menée avec succès depuis deux ans, devrait *s'élargir* avec l'Opéra de Paris, à partir de villes de province. Renseignements: agence La Fugue, 35, rue de Washington, 75008 Paris.

Véronique Buttin
Extrait de *Marie France*

Exercices de compréhension

A. Relisez le premier paragraphe et expliquez la différence entre «le temps de voyage» et «l'enrichissement du temps de voyage».

B. Le texte décrit différents types de voitures. Pour chaque type, énumérez les mots clé qui décrivent la clientèle et l'intérieur de chaque type de voiture.

	CLIENTELE	INTERIEUR
a. La voiture discothèque	_____	_____
	_____	_____
	_____	_____
b. La voiture cinéma	_____	_____
	_____	_____
	_____	_____

c. La voiture club 34 _____ _____
   _____ _____
d. La voiture conférence _____ _____
   _____ _____
e. La voiture audiovisuelle _____ _____
   _____ _____
g. Les espaces enfants _____ _____
   _____ _____
h. Train + Opéra _____ _____
   _____ _____
   _____ _____

Exercice de langue

Comparez les deux listes et trouvez les synonymes correspondants.

1. remuer
2. mener
3. se contenter de
4. le trajet
5. accueillir
6. muni de
7. répartir
8. rabattable
9. quotidiennement
10. alléchant

a. le voyage
b. être satisfait de
c. bouger
d. conduire
e. distribuer
f. escamotable
g. tentant
h. chaque jour
i. équipé de
j. recevoir

■ ■ ■ ■ ■ ■ ■ ■ ■ ■
Votre point de vue

A. Trouvez un partenaire et dessinez ensemble une voiture de chemin de fer spécialisée de votre choix.

B. En regardant votre dessin, décrivez votre voiture en un paragraphe.

C. Le professeur affiche les dessins au mur. Ensuite, il/elle distribue les descriptions au hasard. Chaque étudiant doit lire une description et identifier le dessin correspondant.

Cuisine et gastronomie:
De Bocuse à McDonald's

Activités préliminaires

Vocabulaire sur la cuisine et la gastronomie

Choisissez l'un des exercices d'application ci-dessous: dans chaque cas, décrivez un souvenir personnel de cuisine ou de gastronomie en utilisant le vocabulaire de la liste ci-dessous.

A. Ecrivez un paragraphe en employant un minimum de dix mots sur le thème de la cuisine et de la gastronomie.

B. Préparez un exposé oral. Vous devez parler pendant au moins une minute et utiliser un minimum de cinq mots sur le sujet.

C. Travail oral en petits groupes de deux, trois ou quatre personnes. Faites chacun à votre tour une phrase contenant un mot sur le thème de la cuisine. Continuez jusqu'à ce que tous les éléments du vocabulaire soient utilisés.

boire	entrée *f*	légume *m*	salade *f*
café (au lait) *m*	fast food *m*	manger	sandwich *m*
croissant *m*	frites *f pl*	pain *m*	soupe *f*
cuire	fromage *m*	petit déjeuner *m*	tartine *f*
cuisine *f*	fruit *m*	plat principal *m*	thé *m*
déjeuner *m*	hors-d'œuvre *m*	poisson *m*	viande *f*
dessert *m*	jus *m*	repas *m*	vin *m*
dîner *m*	lait *m*	restaurant *m*	

1. Décrivez un petit déjeuner, un déjeuner et un dîner typiquement américains.
2. Que boivent les Américains pendant les repas?
3. Comment est la nourriture en famille comparée à celle de l'université ou de l'école?
4. Préférez-vous manger dans un «fast food», dans un restaurant ou en famille? Expliquez pourquoi.

Si vous étiez à la place de cette dame, que choisiriez-vous?

Introduction: Cuisine et gastronomie

Avant de lire...

1. Trouvez les paragraphes qui décrivent les repas typiquement français. Quelles sont les différences que vous notez par rapport aux repas américains?
2. Trouvez les paragraphes où on décrit la cuisine rapide.
3. Combien de restaurants «fast food» y a-t-il en France? Y en a-t-il beaucoup plus dans votre pays?

Lecture

«**Dis-moi ce que tu manges et je te dirai qui tu es.**»

Les Français mangent pour se nourrir, mais pour eux, la bonne cuisine est aussi un plaisir et un art. Qu'est-ce qu'il y a de plus agréable qu'un bon dîner et un vin bien choisi, partagés avec des amis?

accorder *to grant*

noce *f* un mariage

miel *m honey*

Même à Paris, où la vie est beaucoup plus rapide que partout ailleurs, on passe plus d'une heure et demie par jour à table, à cause de l'importance *accordée* à la gastronomie, mais aussi parce que les repas jouent un rôle social de communication très important. C'est au cours d'un bon repas que se traitent les meilleures affaires. Le jour de Noël ou pour une *noce,* il n'est pas rare que le repas dure au moins quatre heures.

La journée commence par le petit déjeuner, généralement composé d'un bol de café au lait, avec des tartines de beurre, de confiture ou de *miel.* Quelquefois, surtout lorsqu'on prend son petit déjeuner dans un café, on mange des croissants. Une nouveauté, surtout parmi les jeunes: certains consomment des céréales.

Les deux principaux repas sont le déjeuner qui a lieu à midi et le dîner, vers 19 heures ou 20 heures. Beaucoup de gens, même parmi ceux qui travaillent, rentrent déjeuner à la maison. C'est pour cette raison que les magasins et les commerces sont fermés entre midi et deux heures, à l'exception des *grandes surfaces.*

grande surface *f large discount store*

Le déjeuner se compose généralement d'un hors-d'œuvre ou d'une entrée, suivi du plat principal, d'une salade, puis d'un fromage et d'un dessert ou d'un fruit. Le repas se termine par un café.

Pour le dîner, surtout en hiver, le hors-d'œuvre est souvent remplacé par un *potage.*

potage *m* une soupe

Pendant les repas, on boit du vin, de l'eau naturelle ou de l'eau minérale. On trouve en France une grande variété de vins: parmi les plus connus, il faut citer le Bordeaux, le Bourgogne, le Beaujolais et le Champagne.

Entre les repas, surtout en été, on boit des boissons fraîches: jus de fruit, sirops sucrés avec de l'eau, du Schweppes, du Perrier, de la bière et même du Coca-Cola. En général, on ne boit pas de lait pur, mais seulement avec le café du petit déjeuner.

Le pain, consommé à chaque repas, reste une institution importante, et chaque matin on va à la boulangerie acheter le pain frais que le boulanger a préparé pendant la nuit. La France est aussi célèbre pour ses fromages. On en compte plus de 350 sortes. Parmi les plus connus, on trouve le camembert, le brie, le roquefort, le port-salut et le gruyère.

soucieux de qui se préoccupe de
garder la ligne ne pas grossir

Malgré ce désir de bien manger, les gens sont de plus en plus *soucieux de garder la ligne.* En général, ils aiment se nourrir avec des produits frais, en particulier le poisson et les légumes. Pour approvisionner Paris et les grandes villes, tous ces produits sont transportés pendant la nuit par camion, pour être consommés dès le lendemain. Certains magasins sont spécialisés dans la vente d'aliments diététiques et biologiques, consommés par tous ceux qui veulent éviter les effets toxiques des insecticides.

les produits surgelés *m frozen foods*
congélateur *m freezer*

Pour les adeptes d'une cuisine rapide, on trouve aussi *les produits surgelés* dont la consommation augmente avec la création d'un réseau de *grandes surfaces* spécialisées comme Gel 2000. Le four à micro-ondes et le *congélateur* ont fait leur apparition dans les cuisines.

Les desserts de Noël accompagnés d'un bon champagne

journée continue *f workday with short lunch break*

cantine *f employees' cafeteria*

plats du terroir *m* spécialité régionale

Les changements imposés par la société industrielle, en particulier *la journée continue,* réduisent souvent l'importance et la durée du déjeuner. Un Français sur quatre déjeune à l'extérieur de son domicile, le plus souvent au «petit restaurant du coin», ou à *la cantine* de son usine.

Pour les gens pressés, on trouve à Paris et dans les grandes villes, plus de 800 restaurants «fast food». Il existe aussi en province un nouveau type de restauration rapide, à la française, appelée «*plats du terroir*»: au lieu d'un long repas traditionnel, on propose au client une spécialité locale rapidement préparée, comme l'omelette au roquefort.

Pour se renseigner sur les restaurants, on peut consulter toute une série de guides gastronomiques. Le plus connu est le *Guide Michelin,* qui évalue la qualité d'un restaurant en lui attribuant des étoiles.

Tout ceci illustre l'importance que les Français accordent à la gastronomie. Ils continuent à penser que manger n'est pas seulement une nécessité, mais également un plaisir, un art avec ses exigences bien établies. Toutefois, cela reste surtout vrai pour les repas du dimanche et des jours de fête. Les repas de tous les jours se trouvent souvent, quant à eux, simplifiés et plus rapides que par le passé.

1. Conversation avec Paul Bocuse

Avant de lire...

appartenir à *to belong to*

Paul Bocuse est un des cuisiniers les plus célèbres du monde. Ses livres de cuisine se vendent dans de nombreux pays, y compris les Etats-Unis. Son restaurant à Lyon, qui *appartient* à la famille Bocuse depuis 1765, est une des meilleures tables de France. En lisant cette interview de Philippe Bouvard, remarquez ce que Bocuse pense de la cuisine française, des autres cuisines dans le monde et du rôle de la gastronomie dans la civilisation contemporaine.

Lecture

Les cuisiniers

PHILIPPE BOUVARD: Quelle est la place des cuisiniers dans la société française contemporaine?:

grade *m rank*

PAUL BOCUSE: Nous avons un peu monté en grade,[x] mais nous sommes toujours des domestiques. Il ne faut jamais oublier que nous sommes des manuels[x] au service des clients qui viennent dans nos maisons.

manuel *m une personne qui travaille avec les mains*

PH. B.: Qu'est-ce que vous exigez de vos employés?

P. B.: Beaucoup de choses. Il faut d'abord qu'ils soient propres, qu'ils aient les cheveux coupés, qu'ils travaillent avec des *souliers*. On les met dans la brigade, et ils s'adaptent ou ils ne s'adaptent pas.

soulier *m une chaussure*

PH. B.: Est-ce qu'on fume chez vous?

P. B.: Ah non, jamais! Dès qu'on passe le *portail,* personne ne fume ni ne boit. Je crois d'ailleurs que dans le temps, les cuisiniers avaient un peu trop tendance à forcer sur le *Porto* et le *Xérès.*

portail *front gate*

Porto *port wine*
Xérès *sherry*
fourneau *m stove*

PH. B.: Il fait chaud derrière les *fourneaux!*

P. B.: Moins, car la vie des cuisines a changé. Elles sont bien *aménagées.* Je me souviens, quand je travaillais dans des restaurants de Paris, les patrons avaient des propriétés fantastiques aux *alentours,* mais les cuisines n'avaient pas été refaites depuis trente ans! *Point* avait compris ça. La première chose à laquelle il avait pensé était de nous faire travailler dans des cuisines agréables. Aujourd'hui on dispose de locaux modernes, spacieux, *aérés,* que les clients peuvent visiter. Avant, jamais un client ne pouvait descendre dans la cuisine!

aménager *ici: to equip*

alentours *m pl les environs*
Point *cuisinier célèbre*

aéré *avec beaucoup d'air*

La cuisine

PH. B.: Si vous deviez faire votre menu idéal, quel serait-il?

P. B.: Un *pot-au-feu.* Parce qu'on peut commencer par le consommé, après il y a la viande, et puis s'il en reste un peu ça fait encore un bon plat le lendemain ou un *miroton,* ou une salade de bœuf. Je suis pour le plat unique. C'est tellement plus agréable d'avoir un plat unique qui fume devant la table!

pot-au-feu *m plat de viande bouillie avec des légumes*

miroton *m autre plat de viande bouillie avec des légumes*

PH. B.: Comment vous faites votre marché chaque matin?

P. B.: Je me lève en général vers six heures. Le marché est quelque chose d'important. Peut-être que les *fournisseurs* pourraient me livrer si je n'y allais pas, mais je crois que

fournisseur *m ici: food retailer*

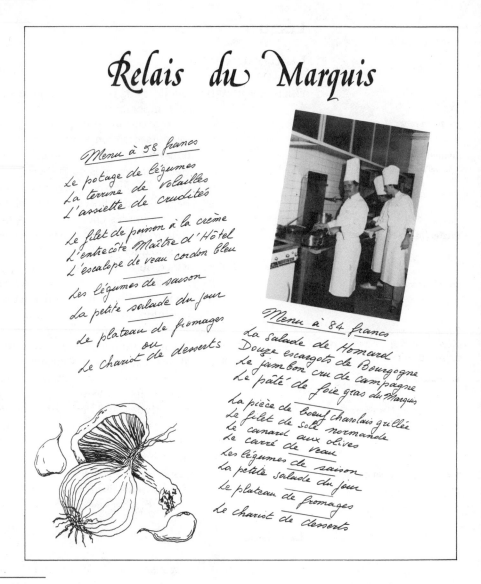

Relais du Marquis

Menu à 58 francs

Le potage de légumes
La terrine de volailles
L'assiette de crudités

Le filet de poisson à la crème
L'entrecôte Maître d'Hôtel
L'escalope de veau cordon bleu

Les légumes de saison
La petite salade du jour

Le plateau de fromages
ou
Le chariot de desserts

Menu à 84 francs

La salade de Homard
Douze escargots de Bourgogne
Le jambon cru de campagne
Le pâté de foie gras du Marquis

La pièce de boeuf charolais grillée
Le filet de sole normande
Le canard aux olives
Le carré de veau
Les légumes de saison
La petite salade du jour
Le plateau de fromages
Le chariot de desserts

Regardez le menu et
commandez votre repas.

---

hirondelle *f swallow*

c'est un contact indispensable. Quand on discute avec une paysanne qui vous dit «Vous savez? Les *hirondelles* sont arrivées», on est payé de son déplacement. Je l'ai remarqué, peu de gens savent que les hirondelles sont arrivées. C'est important.

PH. B.: Est-ce que vous essayez encore aujourd'hui d'inventer des plats?

P. B.: Il y a des siècles que le monde mange et tout ce qui pouvait être inventé l'a été. Je crois qu'on ne pourra inventer de nouveau un jour que si on a de nouveaux

mode de cuisson *m* une
manière de faire cuire

rater *to fail*
louper rater, manquer

tentateur *tempting*

produits. Bien sûr on a de nouveaux *modes de cuisson,*
avec les fours à micro-ondes, mais je ne crois pas que ce
soit encore l'idéal. On arrive tout juste à cuire certains
poissons.

PH. B.: Est-ce qu'il vous est arrivé de *rater* une sauce?

P. B.: Oui, bien sûr! On peut toujours *louper* un virage en
voiture. Je pense qu'on peut rater une sauce, mais on n'a
pas le droit de mettre un produit pas frais dans une
assiette. Je tolère° qu'un cuisinier fasse brûler, je tolère
qu'il casse quelque chose, mais qu'il envoie quelque
chose de pas frais me paraît impardonnable!

Le monde et la vie

PH. B.: Est-ce que vous pensez que les gens qui se tiennent bien à
table se tiennent bien dans la vie?

P. B.: Je le pense. En général, c'est souvent à table que les gens
arrivent à mieux se comprendre.

PH. B.: Certains disent qu'on creuse sa tombe avec sa fourchette.

P. B.: Il faut être modéré. Manger peu mais bon.

PH. B.: Manger peu . . . On est bien servi chez vous, les portions
sont copieuses,° la carte est *tentatrice.* Il y a beaucoup de
plats en sauce. Vous ne dirigez pas un établissement
diététique!

P. B.: Il vaut mieux ne manger qu'un plat et boire une demi-
bouteille de vin que de faire un grand déjeuner ou un
grand dîner.

PH. B.: Pensez-vous que les femmes ne font pas assez la cuisine
dans les restaurants?

P. B.: Je pense qu'elles ne le font pas assez dans les ménages.
C'est merveilleux une femme qui fait la cuisine, les gosses
sont autour, ils voient la mère qui est en train de faire de la
confiture ou de la purée. Pour l'harmonie c'est très
important. Bien sûr si la mère travaille c'est très difficile,
mais une mère à la maison constitue pour moi un signe
d'amour. Bien des ménages iraient mieux si la femme
faisait une bonne cuisine.

PH. B.: Est-ce que les Français sont toujours les premiers dans le
domaine de la gastronomie?

P. B.: Il est très important de voyager. On s'aperçoit alors qu'en
Allemagne ils commencent à bien faire la cuisine, aux
Etats-Unis aussi.

PH. B.: Les Japonais aiment votre cuisine. Et vous, que pensez-
vous de la gastronomie japonaise?

P. B.: Ce sont des gens très sérieux qui utilisent de très bons

Un repas français n'est pas complet sans fromage.

palais *palate*

craquer *to crunch*

aigre-doux *sweet-sour*

fécule *f starch*
gras *m fat*

arroser *ici:* boire avec

enfumer *to fill with smoke*

produits, mais sans goût. Sans goût je parle du *palais,* pas ce qu'il y a dans l'assiette, car chaque plat japonais constitue un véritable tableau. Les Japonais mangent tout cru, donc il y a longtemps qu'ils font là-bas de la nouvelle cuisine. Je me demande d'ailleurs souvent si la nouvelle cuisine ne s'est pas inspirée des Japonais. Ils disent que c'est bon quand ça *craque* sous la dent.

PH. B.: Et la cuisine chinoise?

P. B.: Elle est toujours *aigre-douce,* c'est-à-dire sucre et vinaigre, et il est difficile de boire du vin avec. Et puis elle utilise beaucoup de *fécule,* beaucoup de *gras.* Je préfère une bonne cuisine italienne du Nord à une bonne cuisine chinoise.

PH. B.: Qu'est-ce que vous faites quand un Américain vous commande un très bon plat et qu'il l'*arrose* de Coca-Cola?

P. B.: Ça ne m'est jamais arrivé.

PH. B.: Et si ça vous arrivait?

P. B.: Je préfère un client américain qui boit un Coca-Cola à un client français qui, avec sa pipe *enfume* toute la salle. Avec le Coca-Cola, il s'empoisonne tout seul.

Interview de Philippe Bouvard
Extrait de *Réussites*

Exercices de compréhension

A. Répondez aux questions suivantes.

1. Imaginez que vous êtes aide-cuisinier dans la cuisine de Paul Bocuse. Quelles sont vos conditions de travail?
2. Combien de plats le menu idéal de Paul Bocuse comprend-il?
3. Quelle est la caractéristique la plus importante de la cuisine Bocuse?
4. Quelle est la recommandation de Bocuse quand il parle de manger?
5. Que pense Bocuse du rôle de la femme dans la cuisine?
6. Que pense Bocuse de la cuisine japonaise? De la cuisine chinoise?

B. Expliquez le dicton suivant et dites ce que vous en pensez. «On creuse sa tombe avec sa fourchette.»

Exercice de langue

Comparez les deux listes de mots et trouvez les synonymes correspondants:

1. les environs
2. rater
3. l'enfant
4. le jour suivant
5. le siècle
6. pas cuit
7. la chaussure
8. copieux
9. constater
10. exiger

a. le lendemain
b. le soulier
c. les alentours
d. louper
e. vouloir absolument
f. abondant
g. cru
h. remarquer
i. cent ans
j. le gosse

■ ■ ■ ■ ■ ■ ■ ■ ■
Parlons un peu

Comment commander au restaurant ou au café. Le garçon vous demande ce que vous désirez. Répondez en utilisant le schéma ci-dessous et un ou plusieurs mots de la liste proposée.

> Je voudrais
> Je vais prendre
> Moi, je prends

un potage de légumes	du jambon	un jus de fruit
une salade	un steak frites	un sandwich
du fromage	du vin rouge	une quiche
un fruit	une bière	de l'eau minérale
un filet de sole	un coca	du pâté

EXEMPLE: *Moi, je prends un steak frites et du vin rouge.*

A. Que pensez-vous de l'opinion de Bocuse sur le rôle de la femme?

B. Activité de groupe. Formez des groupes de trois ou quatre étudiants. Dans chaque groupe un(e) étudiant(e) posera aux autres les questions suivantes et notera les réponses correspondantes.

1. Combien de temps passez-vous à table pour le petit déjeuner? Le déjeuner? Le dîner?
2. Quel est votre plat préféré? Pourquoi?
3. Quel est votre restaurant préféré? Pourquoi?
4. Chez vous, combien de fois par semaine mangez-vous des aliments congelés? Lesquels?
5. Savez-vous cuisiner? Quels plats? Quelle est votre spécialité?
6. Quelles sont les caractéristiques d'un bon repas? D'un bon restaurant?

C. Comparez.

1. En utilisant les réponses obtenues dans l'exercice B, indiquez le rôle des repas et de la gastronomie aux Etats-Unis. Pensez-vous que c'est la même chose en France?
2. Interview. Demandez à cinq personnes qui ne sont pas dans votre classe de donnez le nom (a) d'un joueur de baseball, (b) d'un chanteur américain, (c) d'un cuisinier américain. Après avoir noté les réponses dans votre cahier, commentez les résultats. Si vous posiez les mêmes questions en France, qu'est-ce qu'on vous répondrait?

2. Le Prêt-à-manger

Avant de lire...   *En général,* qui fait la cuisine dans votre famille? Combien de temps est-ce que cette personne passe à préparer les repas? Avez-vous à la maison un four à micro-ondes? Achetez-vous souvent des repas surgelés? Enumérez au moins trois plats que vous pouvez acheter au supermarché et qui se préparent rapidement. Combien de fois par semaine mangez-vous en vitesse? Après avoir répondu à ces questions, lisez les textes suivants et trouvez deux exemples de prêt-à-manger qui existent en France.

Lecture

Salade minute

sachet *m* un petit sac

La salade de demain est aujourd'hui chez vous! Conditionnée dans *un sachet* plastique de 250g, idéale pour un repas de quatre personnes, elle est prête à la consommation. En plus, on vous propose, dans le même sachet, un assortiment varié de laitue! *Salade minute:* 12f. environ les 250g.

Petit déjeuner

Fini le petit déjeuner classique à la française avec tartines beurrées, confitures, café au lait, etc . . . Le breakfast, à l'anglaise ou à l'américaine arrive en force. Céréales et yaourts sont maintenant de rigueur!

Un pot de yaourt sucré, surmonté de corn flakes dans un emballage transparent en forme de cône tronqué...comme une fusée. Mettez les corn flakes dans le yaourt, pour faire, dès le matin, le plein de carburant et vous mettre en orbite grâce aux 188 calories du mélange proposé. *Petit déjeuner de Chambourcy:* environ 4f. le pot de 175g.

Extrait de *Femme Actuelle*

Exercice de compréhension

Répondez aux questions suivantes:

1. Comment la salade minute est-elle emballée? Et le pot de yaourt?
2. Que faut-il faire pour préparer la salade minute?
3. Est-ce que la salade minute est chère? Et le pot de yaourt?
4. De quoi est composé le petit déjeuner classique à la française?
5. Trouve-t-on ce type de salade en sachet aux Etats-Unis? au Canada?
6. Avez-vous déjà mangé des corn flakes dans votre yaourt?
7. Est-ce que le yaourt vous met en orbite? Quels autres aliments vous mettent en orbite?

▪ ▪ ▪ ▪ ▪ ▪ ▪ ▪ ▪ ▪
Parlons un peu

A. *Exprimer une opinion avec certitude.* Utilisez les expressions ci-dessous pour exprimer votre opinion sur le prêt-à-manger.

je pense que . . .	je crois que . . .
je trouve que . . .	à mon avis, . . .
d'après moi, . . .	pour moi, . . .

frites	pizza	yaourt
hamburger	poulet	glace

EXEMPLE: *Je crois qu'on mange les meilleures frites chez McDonald's.*

Le ''prêt-à-manger'' va-t-il devenir aussi répandu en France qu'aux Etats-Unis?

B. *Exprimer une opinion avec moins de certitude.* Utilisez les expressions ci-dessous pour exprimer votre opinion sur le prêt-à-manger.

> j'ai l'impression que . . .
> il me semble que . . .

pizza	yaourt
poulet	glace
frites	hamburger

EXEMPLE: *J'ai l'impression que mon poulet est trop cuit.*

C. *Demander à quelqu'un son avis.* Trouvez un partenaire. Exprimez d'abord une opinion (avec plus ou moins de certitude) et ensuite demandez l'avis de votre partenaire en vous servant des expressions ci-dessous.

> Quel est votre avis?
> Qu'en pensez-vous?
> Comment vous le (la, les) trouvez?

hamburger	poulet
frites	yaourt
pizza	glace

EXEMPLE: *D'après moi, on trouve le meilleur hamburger chez Burger King. Quel est votre avis?*

Votre point de vue

A. Débat. Quels sont les avantages et les inconvénients de la cuisine rapide?

B. Décrivez aux moins trois produits de prêt-à-manger qu'on trouve dans un supermarché américain.

C. Expliquez pourquoi les «fast-food» ont tant de succès aux Etats-Unis.

3. Le Maïs

Avant de lire... Le maïs légume est un produit très populaire en Amérique, mais beaucoup moins en Europe. Ce texte explique d'abord l'origine du maïs, ensuite la distinction entre le maïs céréale et le maïs légume, et enfin comment préparer ce dernier. Lisez le texte en entier sans vous arrêter. Ensuite, lisez les questions de l'exercice de compréhension. Enfin, relisez le texte plus lentement et faites l'exercice de compréhension.

Lecture

Il est originaire d'Amérique et servait de base à l'alimentation des Aztèques et des Incas. C'est Christophe Colomb qui le rapporta bien plus tard en Europe.

Aujourd'hui, à cause de l'influence américaine, le maïs tient dans la cuisine une place prépondérante, et on découvre, en France, son intérêt gastronomique.

Céréale ou légume?

Vous hésitez, vous avez raison, car il existe deux maïs: le maïs céréale et le maïs légume. Le premier sert à nourrir *les volailles* et les porcs et aussi à faire de la farine, de *la semoule* et des biscuits. Le maïs légume ou maïs doux lui ressemble comme un frère jumeau, mais il est comestible. Il est doux, tendre et *croquant à la fois.*

volaille *f poultry*
semoule *f cornmeal*
croquant *crunchy*
à la fois en même temps

Le roi des barbecues

Consommez-le *sitôt* acheté: c'est un légume du jour et non du lendemain. Comme les Incas, faites-le bouillir ou grillez-le. Dans le premier cas, après avoir enlevé les feuilles extérieures, faites-le cuire à l'eau bouillante 5 à 10 minutes. *Egouttez*-le, essuyez-le, faites-le légèrement *dorer* et servez-le avec du beurre fondu. Sinon faites-le griller doucement sur *la braise* et présentez-le avec deux *piques* à chaque extrémité, pour qu'on puisse le *grignoter* sans se brûler. On trouve le maïs doux à l'état naturel en automne seulement. On l'emploie le plus fréquemment en grains et en boîte. Il existe aussi en farine pour *épaissir* sauces, potages ou crèmes.

sitôt aussitôt

égoutter éliminer l'eau
dorer *to brown*
braise *f charcoal*
pique *f corn cob holder*
grignoter *to nibble*
épaissir *to thicken*

Michèle Barbier
Extrait de *Femme Actuelle*

Exercices de compréhension

A. Choisissez la réponse qui convient.

1. Dans le texte on apprend tout sur le maïs sauf
   a. comment préparer le maïs.
   b. l'histoire du maïs.
   c. comment planter le maïs.
   d. quels sont les deux types de maïs.

2. Le maïs est originaire
   a. du Mexique.
   b. du Canada.
   c. d'Europe.
   d. de France.

3. Le maïs ne se mange pas
   a. bouilli.
   b. grillé.
   c. une semaine plus tard.
   d. avec du beurre fondu.

B. Indiquez pour chaque cas, quel maïs on doit utiliser: *a* maïs céréale; *b* maïs légume.

_____ nourrir les porcs   _____ nourrir les volailles
_____ faire de la farine   _____ faire une purée
_____ mettre dans une salade   _____ manger

Raconter une série d'événements qui se passent dans le passé ou dans le futur.
Dans le premier paragraphe du texte, on trouve trois mots qui indiquent trois moments de l'histoire du maïs: *originaire, bien plus tard* et *aujourd'hui.* Quand on raconte une série d'événements, il est important de marquer la progression dans le temps. Voici quelques expressions utiles:

D'abord	ensuite	enfin
En premier lieu	et puis	finalement
Au début	après	en dernier lieu
	alors	

A. Choisissez un ou deux des sujets suivants et racontez ce qui *s'est passé* en vous servant des expressions ci-dessus.

1. pendant le week-end passé
2. hier soir
3. pendant vos dernières vacances de Noël
4. pendant une visite chez un(e) ami(e)

B. Choisissez un ou deux des sujets suivants et racontez vos projets d'avenir en vous servant des expressions ci-dessus.

1. pour les vacances d'été
2. le week-end prochain
3. ce soir
4. pour votre anniversaire

■ ■ ■ ■ ■ ■ ■ ■ ■ ■
Votre point de vue

Le texte qui précède nous raconte l'origine américaine du maïs légume. On commence à le manger aujourd'hui en Europe, mais cela est récent.

Le beurre de cacahuète *(peanut butter)* est un autre produit d'origine américaine qui se mange très peu en Europe. Expliquez à un(e) ami(e) français(e) comment faire un sandwich avec ce produit et quels sont ses avantages.

4. Bande dessinée: Au restaurant

Avant de lire...

Comme beaucoup de Français, le client dans ce restaurant aime bien les bons repas. Remarquez ce qui se passe dans la bande dessinée ci-dessous.

**Exercices de
compréhension**

A. Que pense ce monsieur de ce qu'il mange?

B. Enumérez les expressions qui expriment sa satisfaction.

C. Le client dit que la cuisine française n'a pas de prix. Quelle est son opinion quand il reçoit l'addition?

D. Expliquez pourquoi cette histoire est amusante.

Parlons un peu

Exprimer sa satisfaction. Utilisez les expressions suivantes pour exprimer votre satisfaction à propos de quelque chose que vous (1) mangez (chocolat, glace, vin, repas, etc.), (2) voyez (film, voiture, panorama, personne, etc.), (3) entendez (musique, histoire, etc.)

Je trouve ça	excellent. bon. délicieux. succulent. magnifique. génial. superbe. remarquable. sensationnel.
Comme c'est Que c'est	beau! joli! bon! agréable! amusant!

EXEMPLE: *La mousse au chocolat, je trouve ça succulent.*

5. Que mangerons-nous en l'an 2000?

Avant de lire...

1. Analysez le tableau ci-dessous.

Ce que mangent les Français par personne		
	1938	**1983**
pain (g par jour)	481	183
céréales (kg par an)	123	77
pommes de terre (kg par an)	143	86
légumes secs (kg par an)	43	21
protéines animales (kg par an)	39	110

eau minérale: plus de 99 pour cent d'augmentation depuis 1975

En 1939, le budget alimentaire des Français représentait 37 pour cent de leur budget total. Il n'est plus que de 23 pour cent depuis les années 80.

2. Qu'est-ce que ce tableau nous montre? Expliquez en une ou deux phrases.
3. Les Français ne mangent pas autant de pain, de céréales et de pommes de terre qu'auparavant. Que mangent-ils à la place? Pourquoi?
4. Imaginez au moins trois produits alimentaires que vous ne mangez pas aujourd'hui, mais que vous mangerez en l'an 2000.

Lecture

pilule *f* pill
cauchemar *m* un mauvais rêve
asperge *f* asparagus
cœur de palmier *m* heart of palm

bouffe *f ici:* un repas

tiré (de) extrait de
roseau *m* reed
quant à *as for*

emballer sous vide *to vacuum pack*
saucisson à trancher *sliced sausage*

L'an 2000, c'est demain. Et pourtant! Le mot évoque toujours un univers de science-fiction, programmé, stérilisé. Avec ses petites *pilules* multicolores sans odeur ni goût, à la place des repas, Vision de *cauchemar* ou réalité?

Seize septembre 2008 . . . La famille Dupart est prête à dîner: *asperges* et *cœurs de palmier*, lapin, gâteau de riz: à première vue, le menu, appétissant, ne diffère pas des «bonnes petites *bouffes*» préparées autrefois par la grand-mère de Madame Dupart. Mais seulement à première vue, car les asperges, énormes, n'ont jamais connu l'air libre: elles proviennent de fibres végétales, extraites, reconstituées et aromatisées. Même procédé pour les cœurs de palmier, *tirés de roseaux. Quant au* lapin . . . il est totalement végétal. Le gâteau est entièrement synthétique: il y a longtemps que les œufs et le lait, beaucoup trop chers, ne sont plus utilisés. On les a remplacés par du lactosérum.

Depuis longtemps, il n'y a plus de marché dans les rues: les fruits et les légumes sont vendus *emballés sous-vide* et se conservent un mois. On achète les œufs en *saucisson à trancher*, l'omelette en tube.

Demain, notre alimentation quotidienne va subir de profondes modifications. Aux Etats-Unis et au Japon, le phénomène est très avancé. En France, plus qu'on ne le croit. Beaucoup ignorent par exemple que le paté est déjà composé en grande partie de protéines extraites du soja. Pourquoi cette métamorphose? Pour gagner du temps. Nous serons près de trente millions de Français à déjeuner dans les «fast food» à midi. Et le soir, *la ménagère* passera en moyenne moins de cinq minutes à cuisiner. D'où l'adoption d'un véritable «prêt à manger» avec l'omni-présence des produits surgelés et déshydratés.

La *«Biscuiterie nantaise»* est même en train de *mettre au point* un type de biscuit pouvant remplacer un repas complet. Mieux! Une firme américaine étudie une alimentation en aérosol. Une petite dose et l'on est *rassasié* pour la journée ... Mais surtout, nous serons six milliards et demi d'habitants sur la planète. Alors, l'important est de fabriquer des veaux en quelques mois, des bœufs en un an maximum. Même chose pour la volaille: en 1967 un poulet de 56 semaines pesait 1,7 kg; en 2000, il en pèsera 3 ou 4; *les dindes* de 40 kg seront fréquentes. Mais même devenus très performants, les animaux de demain ne seront pas en assez grand nombre pour nous nourrir. Les savants ont déjà trouvé la solution pour les remplacer: la décomposition des produits agricoles en éléments de base que l'on «recombinera» pour fabriquer des aliments parfaitement naturels. En l'an 2000, notre steak quotidien sera à 80 pour cent végétal: *fèves, algues,* soja et même feuilles de tabac.

Le poisson n'échappera pas aux manipulations de nos chercheurs: en l'an 2000, vous n'achèterez plus de truite ou de saumon. Le poisson sera vendu anonymement, sous plastique ou en *pâte.* Quant aux légumes, on nous annonce déjà un menu de choix. On mangera de plus en plus d'*endives,* d'asperges et de *truffes.*

Mais c'est surtout la conservation et la présentation qui va changer. Fini, en effet, *le découpage* devant vous des rotis et cotelettes. La viande sera alors vendue en cubes et en *boulettes,* sous emballage plastique.

Face à ces changements révolutionnaires, les nutritionnistes sont plutôt optimistes. L'Europe devra diminuer sa consommation de viande et ce n'est pas un mal: la viande est responsable d'une partie des maladies cardio-vasculaires. Adieu obésité et problèmes de cholestérol! Par ailleurs, les techniques de surgélation permettront aux aliments de conserver leurs vitamines et autres éléments. Beaucoup de *carences* seront évitées.

Mais les vrais repas d'autrefois ne disparaîtront pas de notre univers. Les jours de fête, on exhumera de notre mémoire collective *le bœuf bourgignon* et la tarte aux fraises.

Agnes Félice
Extrait de *Femme Actuelle*

---

ménagère *f housewife*

biscuiterie nantaise fabrique de biscuit à Nantes
mettre au point *to perfect*
rassasié *full*

dinde *f turkey*

fève *f dried bean*
algue *f sea weed*

pâte *f paste*
endive *f Belgian endive*
truffe *f truffle*
découpage *m carving*
boulette *f meatball*

carence *f nutrition deficiency*

bœuf bourguignon *beef stew*

| **Exercice de compréhension** |

1. Choisissez trois mots qui décrivent le repas de la famille Dupart en l'an 2000.
2. Pourquoi n'existe-t-il plus de marché?
3. Décrivez le déjeuner et le dîner des Français en l'an 2000.
4. Quelles sont les solutions proposées par une firme française et une firme américaine?

5. Trouvez au moins trois des solutions de nourriture proposées dans le texte pour nourrir les six milliards et demi d'habitants au 21e siècle.
6. Pourquoi vendra-t-on le poisson anonymement?
7. Pourquoi les nutritionnistes sont-ils optimistes?
8. Au 21e siècle, mangerons-nous encore de vrais repas traditionnels?

■ ■ ■ ■ ■ ■ ■ ■ ■ ■
Parlons un peu

Exprimer son intention, son espoir de faire quelque chose. Dites à un partenaire ce que vous aimeriez faire en l'an 2000. Servez-vous du schéma ci-dessous pour vous aider.

	j'aimerais	avoir
	je voudrais	être
	je tiens à	aller
En l'an 2000	j'espère	faire
Au 21e siècle	je compte	passer
	j'ai l'intention de	prendre
	je pense	

EXEMPLE: *En l'an 2000, j'espère avoir au moins huit semaines de vacances par an.*

■ ■ ■ ■ ■ ■ ■ ■ ■ ■
Votre point de vue

A. Utilisez les questions suivantes pour interviewer trois personnes dans votre classe.

1. Quand vous êtes à la maison, mangez-vous souvent des produits surgelés?
2. Avez-vous déjà mangé de la viande «végétale», par exemple, un hamburger de soja?
3. Que pensez-vous de l'omelette en tube?
4. A votre avis, est-ce que l'auteur de ce texte a raison ou croyez-vous qu'il exagère un peu?

B. En utilisant vos réponses aux questions ci-dessus, écrivez un ou deux paragraphes qui expriment votre opinion sur l'alimentation en l'an 2000.

CHAPITRE

9

La France de l'an 2050

Introduction : Que sera la France de l'an 2050 ?

Avant de lire... Lisez le deuxième paragraphe et faites la liste des domaines où la France est spécialisée. Quels sont les domaines de spécialisation des Etats-Unis? Dites comment vous imaginez la vie en l'an 2050.

Lecture

Nous sommes à l'ère atomique, celle des micro-ordinateurs, des satellites et des stations orbitales. Les progrès actuels de la science nous font déjà rêver de voyages interplanétaires, d'industrie entièrement automatisée, de robots domestiques et de vacances sur la lune.

aérien *air*

La France, pour sa part, s'est montrée très active dans de nombreux domaines tels que l'énergie atomique, les transports *aériens* et ferroviaires ultra-rapides, l'océanographie. Son aérospatiale est à la pointe du progrès avec la réalisation de la *fusée* Ariane assurant *le lancement* des satellites. Un projet de navette spatiale française, Hermès, est actuellement à l'étude. Les récentes innovations en *télématique* marquent le début d'une véritable révolution dans le système des télécommunications.

fusée *f rocket*
lancement *m launching*
télématique *f ordinateur + télécommunications*

Le rôle essentiel de la science et de la machine est de servir l'homme. En même temps, tout excès d'automatisation constitue un danger pour nos initiatives personnelles et notre liberté. Il faut donc espérer que les Français de l'an 2000 sauront exploiter ces applications scientifiques, tout en les intégrant harmonieusement dans leur *mode de vie* et en respectant leurs traditions et leur culture.

mode de vie *m life-style*

Les poètes ne sont pas les derniers à imaginer l'avenir. Dans sa chanson futuriste « Lune ma banlieue », le chanteur-poète Guy Béart nous explique que Paris et la France sont *surpeuplés*. Alors, toutes les semaines, il part en *soucoupe volante* passer le week-end sur la lune, dans sa résidence secondaire. Un jour, il *épouse* une habitante de la planète Vénus; et pour leur *lune de miel* ils vont au fond du ciel; et, bien sûr, quand sa femme lui *réclame* un cadeau, il lui offre la lune.

surpeuplé *overpopulated*
soucoupe volante *f flying saucer*
épouser *to marry*
lune de miel *honeymoon*
réclamer *demander*

A titre d'introduction, et pour vous aider à imaginer la vie des Français au XXIème siècle, vous trouverez reproduits ci-dessous les passages les plus intéressants de cette chanson.

L'Express imagine la vie en l'an 2 000.

Lune ma banlieue

J'habite tout près de la terre
La banlieue lunaire°
. . . .
La lune c'est ma résidence
Quartier de plaisance
J'y cultive l'uranium
Dans les géraniums

Sitôt que j'ai l'atome en poupe
Je prends ma soucoupe
Qui dans l'heure m'atterrit
Dans ce vieux Paris

quartier de plaisance *m* un quartier résidentiel

sitôt que *as soon as*

avoir . . . poupe imitation de l'expression des marins «avoir le vent en poupe» *(to have the wind aft)*

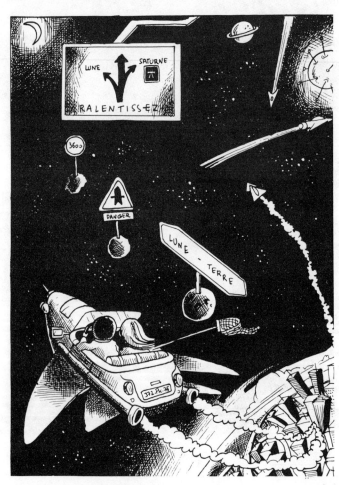

La vie dans notre métropole
affoler *to drive crazy*   Aujourd'hui m'*affole*
s'étendre *to spread*   Paris *s'étend* maintenant
Jusqu'à Perpignan¹

fuir *to get away from*   *Fuyons* la *cohue*
cohue *ici:* crowd   D'un monde trop vieux
A nous les grand'rues
nues *f pl ici:* le ciel   Des *nues*
. . . .
Sur Vénus enfin j'ai pris femme
Elle me réclame
D'aller en lune de miel
Au fin fond du ciel

astre *m ici:* une planète   Je n'ai pas d'*astre pour ma bourse*
pour ma bourse *that my*   Pas de *Petite Ourse*
pocketbook can afford   Je ne t'offre pas beaucoup
Petite Ourse *the constellation*   La Lune et c'est tout
Little Bear

Lune ma banlieue
Dernier refuge de nos rêves
Pour les amoureux
terre se lève *the earth rises*   *Terre se lève.*
(as seen from the moon)

1. ville du sud de la France

Guy Béart
Couleurs et colères du temps

1. Conflit social chez les *parvenus* du robot

Avant de lire...

parvenu *m* un nouveau
riche

vraisemblable *likely*

Il y a vingt ans, la calculatrice° est entrée dans notre vie quotidienne; aujourd'hui c'est le micro-ordinateur et demain ce sera le robot. Partout autour de nous, la technologie fait des merveilles, mais malheureusement, il y a aussi les inconvénients. Ce texte futuriste décrit les problèmes d'un couple avec le robot familial. C'est une histoire amusante mais *vraisemblable.*

Lecture

«Alors, Gaston, tu nous ouvres, oui ou non?» Eliane Filochet s'impatiente. C'est le soir de Noël. Avec son mari Jacques, 39 ans, elle attend dehors, devant la porte de la maison.

insolite étrange

Situation *insolite:* ce Gaston, qui ne veut pas ouvrir, n'est pas un être humain: c'est X25, le robot domestique des Filochet. Et le plus inquiétant, c'est que Dagobert Filochet (8 ans) est bloqué à l'intérieur.

Ce fait divers de notre temps s'est passé à Pontoise[2] le 24 décembre dans l'après-midi. Les Filochet vont participer, en ville, au *vin d'honneur* de l'an 2000 offert par leur association communautaire. Ils laissent à la maison, sous la garde du robot, le jeune Dagobert, qui, hélas! comme tant d'enfants, préfère rester *branché* sur son *téléneurophone.*

vin d'honneur réception en l'honneur de
branché en communication avec
téléneurophone appareil imaginaire
capiteux *ici:* excitant
réclame *f* publicité
sexopline produit imaginaire
se comporter *ici:* agir
serviteur *m* servant
justocorps *m* skintight clothes
veiller à *ici:* s'occuper de
bougie *f* candle

Eliane, 32 ans, une blonde *capiteuse, réclame* vivante pour la *Sexopline,* a donné ses dernières instructions à celui qui s'est toujours *comporté* comme un *serviteur* modèle: il fera couler un bain pour Dagobert, il sortira des *justocorps* propres, il *veillera* à la décongélation du souper et il préparera la projection des «Mystères de la Nativité» en hologrammes laser. Pour allumer les *bougies* et faire démarrer le Mozart d'ambiance, X25 Gaston attendra le retour de ses maîtres. Et, bien entendu, il ne laissera entrer aucun étranger.

teinté légèrement coloré
faire des frais à *ici:* faire des politesses à

Madame Filochet est parfaitement tranquille. Faire fonctionner le système de sécurité, c'est un jeu d'enfant pour un robot de la génération des X25, programmé pour répondre à plus d'un millier de stimuli. «Que Monsieur et Madame passent un bon moment . . . » De sa voix douce, *teintée* d'accent du Sud-Ouest, X25 Gaston *fait des frais* à ses patrons, tandis que le couple monte dans son side-car. Jacques et Eliane n'ont aucune raison de se méfier.

ressentir *ici:* remarquer
persienne *f* window blind
clignoter to blink
franchir *ici:* traverser
perron *m* porch
réglé électivement *ici:* programme
se manifester *ici:* parler
ampliphone *m* intercom
y il
glandouiller to hang around
siffloter siffler un air
ne . . . revenir can't believe one's eyes

C'est à 20 heures, quand les Filochet reviennent, qu'ils *ressentent* quelque chose d'anormal. Toutes les *persiennes* de fer sont baissées. Et si l'œil électronique *clignote* comme d'habitude lorsqu'ils *franchissent* le *perron,* la porte ne s'ouvre pas. Appels répétés. Pas de réponse. X25, pourtant, est *réglé électivement* sur la fréquence vocale des Filochet. Il devrait obéir . . .

C'est finalement l'enfant, et non le robot, qui *se manifeste* à l'*ampliphone* pour leur apprendre l'incroyable: X25 Gaston s'est mis en position négative et ne veut plus suivre les directives de ses patrons! «*Y* s'est pas occupé du dîner, explique Dagobert. *Y glandouille* au sous-sol en *sifflotant,* et y m'a dit d'aller me coucher . . . »

Une révolte? Les Filochet *n'en reviennent pas.* La touche finale de leur standing, c'était l'acquisition de ce X25, un des derniers-nés de l'électronique, que le Nouveau Consortium Lap fabrique en séries personnalisées pour trente-deux pays du Marché commun. Evidemment, pour Jacques Filochet, qui est employé à la Coopérative des contrats «bonne santé» de la Région 3, avec un modeste P92348 dans l'échelle des salaires, un X25 Gaston, c'est une vraie folie. Jusque-là, le couple avait dû se contenter d'un B36 Marie, un vieux modèle datant de 1992, juste capable de répondre par oui ou par non, sans aucune culture mémorisée. Alors, comment résister à la classe de X25 Gaston, une machine suprasophistiquée, qui dialogue spontanément avec son entourage?

boudeur sulky
buté obstiné
mutisme *ici:* silence
supplier implorer

Et voilà un modèle de cette série, *boudeur, buté,* qui s'enferme dans son *mutisme* . . .

Etrange. Où veut-il en venir, X25 Gaston? Madame Filochet intervient à nouveau. «Gaston, *supplie*-t-elle, pourquoi cette attitude négative? Tu as quelque

2. ville au nord-ouest de Paris

être . . . sur *ici* être exigeant
repassage *m* ironing
position de veille *guard duty*
bricoler *to keep busy, to tinker*
taquin *ici: who teases*
tondeuse . . . d'air *air-riding lawn mower*
faire . . . de *pretend*
exprès *on purpose*
déclencher *to set off*
avoir affaire à *to deal with*
excédé *exaspéré*
torpille *f a torpedo*
tondeuse à gazon *lawn mower*
bondir *sauter sur*
télécommander *to call by remote control*
baraque *ici: la maison*
composer *to compromise*

bougre *m guy*
lâcher du lest *ici: devenir moins exigeant*

chose à nous reprocher?» La réponse arrive, enfin, douce mais ferme: «Vous me faites chauffer les circuits. Je me sens surexploité . . . »

Surexploité? Eliane Filochet ne comprend pas. Il va fort, Gaston. C'est vrai que la patronne *est à cheval sur* le ménage, la vaisselle, le *repassage,* la cuisine. C'est vrai qu'elle exige une *position de veille* vingt-quatre heures sur vingt-quatre. C'est vrai qu'il y a toujours à *bricoler* dans la maison. C'est vrai que le petit Dagobert est un enfant *taquin,* qui s'amuse à faire sortir et rentrer vingt fois par jour la *tondeuse sur coussins d'air;* qui *fait semblant de* tomber dans la piscine exprès[x] pour *déclencher* le signal d'alarme. Bon, mais quoi? On *a affaire à* une machine, non?

Les Filochet, *excédés,* se fâchent, menacent. «Tu sais ce que tu risques? dit Eliane d'une voix sévère. Monsieur va aller téléphoner aux détecteurs d'élite pour te faire déconnecter.»° Cette phrase malheureuse déclenche la colère du robot. Comme une *torpille,* la grosse *tondeuse à gazon* sort du garage et vient se placer devant les Filochet, tel un animal prêt à *bondir.* «Pas de menace, prévient X25 Gaston, la voix toujours suave. Ou alors, je *télécommande* la tondeuse pour qu'elle démolisse° tout ce qu'il y a dans la *baraque.*» La maîtresse de maison pousse un léger cri. Il faut *composer,* mais comment? C'est Jacques Filochet qui, pour une fois, prend la parole: «On pourrait discuter . . . »

Au bout de deux heures de négociations, Gaston, qui, au fond de ses microprocesseurs, n'est pas mauvais *bougre,* finit par *lâcher du lest.* Les parents de Dagobert entreront dans la maison, mais à plusieurs conditions: pas de reproches, pas de vexations et un jour de congé par mois pour autorecyclage.

Huguette Debaisieux
Extrait de l'*Express*

Exercice de compréhension

Vrai ou faux? Si une affirmation est fausse, corrigez-la.

1. Dagobert est le robot domestique de la famille Filochet.
2. Le robot garde le fils des Filochet.
3. Gaston est chargé de préparer le souper pour le petit garçon.
4. Le robot refuse d'ouvrir la porte à Monsieur et à Madame Filochet.
5. Gaston est le premier robot que les Filochet ont acheté.
6. Gaston pense qu'on lui demande de faire trop de choses.
7. Gaston détruit ce qu'il y a dans la maison.
8. C'est grâce à Monsieur Filochet qu'on arrive à résoudre le problème.

Exercice de langue

Remplacez les mots et les expressions en italique par le synonyme qui convient.

supplier	se passer	au bout de	buté
le patron	se comporter	bondir	exiger
les congés	réclamer	se méfier de	franchir

1. Cette histoire extraordinaire *est arrivée* en Espagne.
2. Tout le monde aime la compagnie de cet homme car *il agit* toujours comme une gentilhomme.
3. Les ouvriers demandent cinq semaines de *vacances*.
4. Je *n'ai pas confiance en* cette personne.
5. C'est un garçon très *obstiné*.
6. Je lui ai écrit; *après* un mois, il m'a finalement répondu.
7. Je *veux absolument* que vous reveniez demain à trois heures.
8. Soudain, le tigre a *sauté* sur sa victime.
9. C'est le seul pont qui existe pour *traverser* la rivière.
10. *Le directeur* de cette usine est très autoritaire.

■ ■ ■ ■ ■ ■ ■ ■ ■ ■
Parlons un peu

Exprimer l'incertitude. Pour exprimer l'incertitude, on peut utiliser les expressions ci-dessous. Notez que la plupart sont suivies du subjonctif. Répondez aux questions suivantes en vous servant d'une de ces expressions.

Je ne suis pas sûr que	+	*subjonctif*
Il n'est pas certain que	+	*subjonctif*
Je ne crois pas que	+	*subjonctif*
Je ne pense pas que	+	*subjonctif*
Ça m'étonnerait que	+	*subjonctif*
Je me demande si	+	*futur*

EXEMPLE: Le satellite restera en orbite?

Je ne suis pas sûr que le satellite reste en orbite.

1. Le robot préparera le repas?
2. Le gâteau sera réussi?
3. Les rayons lasers détruiront le monde?
4. Le TGV arrivera à l'heure?
5. Pierre passera le week-end sur la lune?
6. Marie acceptera mon invitation?
7. La fusée remplacera l'avion?
8. Les gens mangeront du poulet synthétique en 2010?

■ ■ ■ ■ ■ ■ ■ ■ ■ ■
Votre point de vue

A. Supposez que vous ayez un robot; imaginez cinq travaux que vous lui demanderiez de faire.

B. Qu'est-ce qu'un robot ne pourra jamais faire?

C. Connaissez-vous des robots célèbres dans le cinéma américain?

2. Comment les Français vivront demain?

Avant de lire... A votre avis, est-ce que la population du monde augmente ou diminue? Et celle des Etats-Unis? du Canada? de la France? Quels éléments contribuent aux variations démographiques?

Pouvez-vous imaginer votre domicile en 2010? Comment sera-t-il? Où sera-t-il?

Est-ce qu'il y aura des cinémas en 2010? Quelles seront vos activités pour vos loisirs?

Est-ce que votre système des valeurs est le même que celui de vos parents? Seront-elles les mêmes dans 25 ans?

Maintenant lisez le texte pour apprendre ce qu'on prévoit pour la France de demain.

Lecture

Démographie

prévoir *to anticipate*

atteindre *arriver à*

aggraver *rendre plus grave*
l'espérance de vie *life expectancy*

En l'an 2000 on *prévoit* que la France aura de moins en moins de bébés et de plus en plus de personnes âgées. Dès 2005, la population française va commencer à diminuer, après avoir *atteint* un maximum de 56 millions d'habitants. En 2050, à ce rythme-là, nous ne serons plus que 48 millions de Français.

L'âge de cette population *aggrave* encore cette situation. Les progrès de l'hygiène et de la médecine ont permis d'allonger *l'espérance de vie* des individus. En l'an 2000, la majorité des grand-mères atteindra les 80 ans et les grand-pères devraient fêter en forme leur 71e anniversaire. En 2050, les plus de 60 ans représenteront près de 27 pour cent des individus (18,5 pour cent en 1985), les moins de 20 ans ne formant plus que 22 pour cent des Français (29 pour cent en 1985). Vision pessimiste? Peut-être. Pour augmenter la qualité de la vie, on restreint le nombre d'enfants par famille.

retraité *m retired person*
cotisation *f retirement deduction*

assister à *ici: voir*

Moins de jeunes, plus de vieux. La France vieillit. Qui va alors financer les *retraités?* Pour maintenir les retraités en l'an 2000 à leur niveau de 1985, il faudrait déjà augmenter aujourd'hui *les cotisations* de retraite de 20 pour cent. On risque d'assister à une société qui se fragmente. Par exemple, on a créé en 1970 aux U.S.A., une association de personnes âgées, «les panthères grises», pour la défense des retraités. *Assistera-t-on* à la même révolte en France?

Habitat: *à bas* les grandes villes

à bas *down with*

entassement *m une accumulation*

faire recette *avoir du succès*
à la rigueur *even possibly*

Hier, la grande ville était un symbole de promotion sociale; aujourd'hui, elle est de plus en plus associée à *l'entassement* et à la pollution. En l'an 2000, elle ne *fera* plus *recette.* Cinquante-neuf pour cent des jeunes interrogés déclarent vouloir habiter demain à la campagne ou *à la rigueur* dans une petite ville de province. Et très logiquement, 80 pour cent des mêmes sondés préfèrent la maison individuelle.

En 1982, 54 pour cent des logements en France était constitué de maisons in-dividuelles. En l'an 2000, on prévoit que 60 pour cent des ménages choisiront cette forme d'habitat.

Bref, les villes grandes et moyennes verront leur population diminuer: les ménages avec enfants les quitteront pour *un cadre* plus «*aéré*», cédant leurs ap-partements aux célibataires et aux couples sans enfants, toujours plus nombreux.

Moins d'enfants dans des centres urbains: faudra-t-il fermer demain les écoles et *les crèches* des centres-villes et en construire de nouvelles dans les communes suburbaines, rurales?

Autre changement prévisible à l'horizon 2000: le logement sera de moins en moins considéré comme une acquisition pour la vie et de plus en plus comme un «objet de consommation». Le logement de demain nous *fournira* des services de plus en plus nombreux et adaptés à nos besoins: pourquoi pas des pièces à «gé-ométrie variable» grâce à des *cloisons amovibles*, et une salle de gymnastique à côté du garage. Pourquoi ce changement? Parce que la mobilité résidentielle serait beaucoup plus élevée qu'aujourd'hui suivant le principe: «A chaque étape de la vie familiale ou professionnelle, un logement adapté aux besoins». Mais les mentalités s'adapteront-elles facilement à ce nouveau modèle social?

bref *in short*

cadre *m ici:* un environnement

aéré *spacious*

crèche *f daycare center*

fournir *to provide*

cloison amovible *movable partition*

loisirs *m pl leisure activities*

canapé *m sofa*

faible croissance *f slow economic growth*

autoproduction *do-it-yourself*

auparavant *avant*

marché de l'ameublement *home furnishings sales*

croissance rapide *f rapid economic growth*

envahir *ici:* faire l'invasion de

aigri *bitter*

Loisirs: le grand boom du temps libre

Vidéo gymnastique, télé-casino ou visiter un musée assis sur son *canapé?* Ces activités seront-elles nos loisirs de demain? Peut-être. Mais ces loisirs rêves de l'an 2000 coûtent cher. Ne seront-il pas de plus en plus un privilège?

Les formes que prendront ces loisirs dépendront étroitement des revenus et des niveaux de vie.

Premier scénario: une *faible croissance.* La télé occupe déjà plus de la moitié de nos loisirs. Devant la multiplication des chaînes et des réseaux cables, le temps passé devant le poste progressera de 2h45 par jour en 1985 à 3h 35 en 1990. Autre activité privilégiée: le bricolage et *l'autoproduction.* Pour faire des économies on fabriquera soi-même ce qu'on faisait réaliser *auparavant.* Le kit, qui représente actuellement 3 pour cent du *marché de l'ameublement* pourrait atteindre 20 pour cent en 1990. Le sport et les activités physiques occuperaient le reste de nos loisirs.

Deuxième scénario: une *croissance rapide.* Nos revenus augmentent de 4 à 5 pour cent par an. La télématique, les magnétoscopes, les vidéodisques, les ordinateurs et autres équipements électroniques *envahissent* alors les foyers. Les caves se transforment en salle de gym et en sauna, les machines à apprendre à chanter remplacent les professeurs, et les télé-services à domicile (télé-loteries, télé-voyages, télé-banques . . .) nous immobilisent pendant des heures devant un écran.

Loisirs actifs ou loisirs passifs, en 2000 notre vie sera largement organisée autour de nos temps libres et nos passions.

Valeurs: liberté, égalité, fraternité; travail, famille, patrie

Les sociétés qui nous ont précédés étaient fondées sur un petit nombre de certitudes. Depuis maintenant quarante ans, toutes ces valeurs «traditionnelles» sont en crise: certaines ont été rejetées avec plus ou moins de force (travail, égalité), d'autres se sont transformées (famille). On trouve dans la France de 1986 une variété de styles de vie, parfois contradictoires. Pourtant certaines tendances émergent peu à peu.

Première tendance: la recherche d'une certaine qualité de vie dans le travail, la famille, l'environnement.

Deuxième tendance: la montée en force de l'individualisme, la «glorification de l'ego». La solidarité, valeur collective, cède la place au corporatisme, à la peur de l'autre ou même à la xénophobie.

Sur le plan politique, c'est la fin des grandes idéologies: même la traditionnelle séparation droite-gauche est compromise.

Alors, que va-t-il sortir de tout cela? La France de l'an 2000 sera-t-elle dynamique, tolérante ou au contraire *aigre* et, pour tout dire, décadente? A nous d'en décider.

Extrait de *Phosphore*

| **Exercice de compréhension** | Vous trouverez ci-dessous un mot clé relevé dans chaque paragraphe. Relisez le texte et écrivez un commentaire d'une phrase sur chacun de ces sujets. |

EXEMPLE: la population française

Il y aura de moins en moins de bébés et de plus en plus de personnes âgées.

1. les retraités
2. la grande ville
3. les logements
4. les ménages
5. les écoles et les crèches
6. la mobilité résidentielle
7. les loisirs de demain
8. la télé
9. les équipements électroniques
10. les valeurs
11. l'individualisme

| **Exercice de langue** | Mettez les mots ci-dessous dans la catégorie qui convient. |

les sports	la maison	les centres urbains	l'individualisme
le centre-ville	la population	l'espérance de vie	les logements
le bricolage	les retraités	l'égalité	la fraternité
les bébés	la télévision	la xénophobie	l'écran

la tolérance	la décadence	les personnes âgées	le corporatisme
la liberté	les ménages	les pièces	la vidéo
les vidéodisques	la solidarité	la télé-casino	les individus
les magnétoscopes	les appartements	les habitants	le temps-libre

DEMOGRAPHIE   HABITAT   LOISIRS   VALEURS

■ ■ ■ ■ ■ ■ ■ ■ ■ ■
Votre point de vue

A. Ecrivez comment chacun des phénomènes ci-dessous se passait en 1930, comment il se passe aujourd'hui et comment il se passera en 2010.

1. voyager

   a. En 1930, on voyageait en train.
   b. Aujourd'hui, _____.
   c. En 2010, _____.

2. écrire

   a. En 1930, _____.
   b. Aujourd'hui, on écrit avec un ordinateur.
   c. En 2010, _____.

3. payer ses factures

   a. En 1930, _____.
   b. Aujourd'hui, _____.
   c. En 2010, on payera ses factures par télématique.

4. aller en vacances

   a. En 1930, on allait en vacances à la campagne.
   b. Aujourd'hui, _____.
   c. En 2010, _____.

6. aller quelque part pour s'amuser

   a. En 1930, on allait au théâtre pour s'amuser.
   b. Aujourd'hui, _____.
   c. En 2010, _____.

7. travailler

   a. En 1930, beaucoup de gens travaillaient dans des usines.
   b. Aujourd'hui, _____.
   c. En 2010, _____.

8. chauffer le domicile

   a. En 1930, on chauffait le domicile au charbon.
   b. Aujourd'hui, _____.
   c. En 2010, _____.

9. ? ? ? (à vous de choisir)

   a. En 1930, _____.
   b. Aujourd'hui, _____.
   c. En 2010, _____.

B. En utilisant les réponses ci-dessus écrivez trois paragraphes différents: le premier pour décrire le mode de vie en 1930; le deuxième la vie d'aujourd'hui et le dernier la vie en 2010. Enchaînez vos phrases et vos propositions en vous servant de conjonctions et d'adverbes tels que *et*, *aussi, de plus, en outre*, etc.

3. Publicité: Passeport pour l'avenir

Avant de lire... La publicité de la page 202 vous propose plusieurs formules pour vous préparer à une carrière touristique. Examinez ces différentes possibilités et répondez aux questions qui suivent.

<table>
<tr><td>

Exercice de compréhension

</td><td>

1. Est-il nécessaire d'avoir un diplôme pour s'inscrire à un des programmes décrits dans cette publicité?
2. Vers quel âge peut-on commencer le programme BT de Tourisme?
3. Que pouvez-vous devenir si vous avez le goût des langues?
4. A quoi sert le «passeport» mentionné dans le titre de la publicité?

</td></tr>
</table>

4. Le Restaurant et l'ordinateur

Avant de lire...

Les ordinateurs et les micro-ordinateurs jouent déjà un rôle important dans notre vie quotidienne, même si très souvent on ne s'en rend pas compte. Par exemple, savez-vous qu'il existe des restaurants dans lesquels on utilise des ordinateurs pour améliorer les revenus du patron ainsi que le service? En lisant ce texte, vous allez voir quel usage on fait des ordinateurs dans deux restaurants français.

Sur les tables?

Au Stégosaure, un restaurant ouvert en 1980 à Valenciennes,[3] l'informatique a fait son apparition . . . sur les tables. Celles-ci sont en effet équipées d'un clavier avec lequel les clients commandent eux-mêmes leur repas. Leur choix° s'inscrit en cuisine sur un écran, le chef sait aussitôt combien d'*andouillettes* il doit *percer*, et l'hôtesse à quelle table elle doit les porter. Georges Guillaume, le concepteur du Stégosaure, voulait démontrer que la convivialité n'est pas incompatible avec un système de transmission de *données*. Le succès commercial de son restaurant—qui *accueille* à midi une clientèle de bureau et, le soir, des familles—semble lui donner raison.

Au début, il a été confronté à l'absence de matériel *idoine*. L'équipement de Valenciennes est donc une *maquette probatoire* en attendant le prochain Stégosaure qui ouvrira en janvier prochain dans l'Ouest. Révolutionnaire en ce qui concerne la prise de commande, le Stégosaure fonctionne pour le reste sur caisse enregistreuse.° Pour ses *confrères*, M. Guillaume a juste apporté un gadget que l'intéressé défend en arguant de la rapidité de la formule. «Pour tous les restaurants qui connaissent le *coup de fouet* 12 heures—14 heures, c'est la solution de l'avenir.» L'approche est originale, mais le *dessein* est classique: gain de temps et de *main-d'œuvre*. L'*affichage* instantané des commandes au «piano» a permis de faire l'économie d'un cuisinier, quant aux hôtesses qui se sont substituées aux serveurs

andouillette *f type of sausage*
percer *to pierce*

données *f pl data*
accueillir *recevoir*

idoine *approprié*
maquette probatoire *ici: une installation prototype*

confrère *m un collègue*

coup de fouet *hustle and bustle*

dessein *le but, l'intention*
main-d'œuvre *f labor*
affichage *m display*

3. ville du nord de la France

traditionnels, elles n'ont besoin d'aucune expérience, et des étudiants font très bien l'affaire. A ce compte-là, le «gadget» a sans doute un bel avenir.

Le Programme AUBERGE

Jean-Louis Tanguy, ingénieur du CNAM (Centre national d'application en micro-ordinateurs), a trouvé dans la restauration un *créneau* idéal pour la micro-informatique. Le programme AUBERGE qu'il a *conçu* spécialement pour les restaurateurs avec Laetitia Leret d'Aubigny est un travail d'artisans pour des artisans. Les auteurs *visent* en effet une clientèle de restaurateurs qui «font» 100 à 150 *couverts* par jour—même si leur programme peut en servir bien plus.

Le premier *exemplaire* fonctionne depuis début novembre à l'auberge Etchegorry, rue Croulebarbe, à Paris. L'ordinateur qui fonctionne avec AUBERGE assure naturellement la *gestion* du stock mais il apporte également à son utilisateur un *allégement* de ses *tâches* administratives. Par exemple, le «plat du jour»: chaque fois que le restaurateur en change, il doit modifier—à la main—les exemplaires de sa carte en circulation. Ce travail de *copiste* a disparu pour Henri Laborde, le propriétaire: il lui suffit de taper son plat du jour en toutes lettres sur son clavier et l'imprimante qui complète l'ordinateur va le multiplier *à loisir*, sur *papier à en-tête*, le reste de la carte étant inchangé. *Imbattable* en matière de sens pratique, AUBERGE pousse ses services jusqu'à déterminer avec précision le *prix de revient* de chaque plat, dont les ingrédients—même la *pincée* de sel!—sont *comptabilisés*.

Daniel Garcia
Extrait du *Monde Dimanche*

---

créneau *ici:* une application
concevoir *imaginer, inventer*

viser *to target*
couvert *m un repas*
exemplaire *m un spécimen*

gestion *f management*
allégement *ici:* une réduction
tâche *f task*
copiste *m transcriber*
à loisir *at leisure*
papier à en-tête *m letterhead paper*
imbattable *insurpassable*
prix de revient *cost price*
pincée *f pinch*
comptabilisé *computed*

Exercice de compréhension

Répondez aux questions suivantes.

1. Que fait le client du Stégosaure pour commander son repas?
2. Comment le chef est-il informé du choix des clients?
3. Combien de restaurants Stégosaure existe-t-il?
4. Est-ce que c'est une application sérieuse de cette science? Expliquez.
5. Quels sont les avantages de l'ordinateur pour Monsieur Guillaume?
6. Comment s'appelle le propriétaire de l'auberge Etchegorry?
7. A qui les auteurs du programme AUBERGE espèrent-ils vendre leurs produits?
8. A quoi sert l'ordinateur à l'auberge Etchegorry?
9. Que signifie la phrase «C'est un travail d'artisans pour des artisans»?

Exercice de langue

Trouvez dans le texte les mots correspondants aux définitions suivantes.

1. surface sur laquelle on projette des images au cinéma ou à la télévision
2. la personne qui sert les clients au restaurant
3. la partie d'un piano ou d'un ordinateur sur laquelle on met les doigts
4. papier portant l'adresse d'une entreprise, utilisé pour écrire les lettres officielles
5. les informations qui apparaissent sur l'écran d'un ordinateur
6. écrire en utilisant un clavier de machine à écrire ou d'ordinateur

■ ■ ■ ■ ■ ■ ■ ■ ■ ■
Votre point de vue

A. Si vous appeliez un restaurant «Le Stégosaure», comment expliqueriez-vous le choix de ce nom? Inventez deux ou trois noms de restaurant.

B. Connaissez-vous des restaurants dans lesquels on utilise un ordinateur? A quoi sert-il? Mangeriez-vous dans un restaurant où il faut composer votre menu en tapant votre commande sur un clavier d'ordinateur?

C. Citez trois entreprises dans lesquelles l'emploi d'un ordinateur est très important. Dites pourquoi.

D. Pensez-vous que l'utilisation de l'ordinateur va rendre la vie quotidienne moins humaine à l'avenir?

Vocabulaire

This vocabulary contains all French words and expressions used in the text with the exception of identical cognates, those words and expressions in *Français Fondamental 1ᵉʳ degré* and those glossed in the text margins.

The gender of all nouns is indicated by the notation *m* or *f*, and the feminine endings of adjectives are indicated where appropriate. Expressions consisting of more than one word are listed under the principle word.

abonné *m* subscriber; **être** _____ to subscribe to; **être** _____ **au téléphone** to have a telephone

abonnement *m* subscription

abonner: s' _____ to subscribe to

aboutir to end up in, to result in

abriter to shelter; to accommodate

accéder to reach, to attain, to rise to

accord *m* agreement

accorder to give, to grant _____ **de l'importance à qqch** to attach importance to something

accueil *m* welcome, reception

accueillant, e welcoming

achat *m* purchase

acheteur, euse *m, f* buyer

achever to complete, to finish

actif, ive active; **à son** _____ to his credit

activité *f* activity; _____ **d'éveil** readiness activity

actuel, elle present

actuellement at present

admettre to admit

administré, e *m, f* citizen

adopter to adopt

adresser to send; to address s' _____ to speak to

adversaire *m* opponent, adversary

affolant, e frightening

affronter to face

agacement *m* irritation

agacer to irritate

âgé, e: être _____ to be old

agent *m* agent; dealer

agir to act **il s'** _____ **de** it is a matter of, it is a question of

agréable pleasant

agriculteur *m* farmer

aide *f* help, assistance, aid

ail *m* garlic

ailleurs elsewhere **d'** _____ besides, furthermore

aîné, e oldest

ainsi thus **et** _____ **de suite** and so forth

aise *f* joy, pleasure **être à l'** _____ to feel at ease, to be comfortable

aller to go _____ **de soi** to be obvious

allocation *f* allocation _____ **s familiales** family allowance, child benefits

allumer to light, to turn on

alpinisme *m* mountain climbing

ambiance *f* atmosphere

âme *f* soul

amélioration *f* improvement

amer, amère bitter

amitié *f* friendship

amuser to amuse, to entertain s' _____ to have fun

ancien, ienne former

ancien, ienne *m, f* alumnus; elder **les** _____ **s** the ancients

animé, e busy; lively

annonce *f* announcement; classified ad

anomalie *f* abnormality

anormal, e abnormal

apparaître to appear

appareil *m* apparatus, device; phone; camera

apparemment apparently

appartenir à to belong to

appréciable appreciable; important

apprécier to appreciate

appui *m* support

appuyer to press on **s'** _____ **sur** to rely on

apte à capable of

arbitrer to arbitrate

arguer to deduce

arrêt *m* stopping, stop

arrêter to stop; to give up

arriver to arrive, to come _____ **à** to manage; to succeed

arrondissement *m* district

arsenal *m* **arsenaux** *pl* arsenal

artisan *m* craftsman

artisanat *m* craftsmanship

ascension *f* rise, ascent

assertion *f* assertion

assimiler à to compare to

assistant, e *m, f* assistant _____ **e sociale** social worker

associé, e: _____ **à** related to

assurance *f* self-confidence **les** _____ **s** insurance

assurer to secure; to ensure; to provide

athlétisme *m* track and field

atout *m* advantage

atrophier: s' _____ to atrophy

atteindre to reach; to hit **atteint de maladie** struck by a disease

attendre to wait for **s'** _____ **a qqch** to expect **en attendant** in the meantime; while

attester to testify to, to attest

attirer to attract

attribuer to attribute

augmentation *f* increase

augmenter to increase

autant as much **d'** _____ **plus que** all the more

autodidacte self-taught

automatiser to automate

autonome autonomous

autorecyclage *m* automatic recycling

autoritaire authoritarian

autoroute *f* superhighway

avaler to swallow

avance *f* advance **à l'** _____ in advance

avancé, e advanced

avenir *m* future

avocat, e *m, f* lawyer

avortement *m* abortion

avouer to admit; to confess

bachot *m* baccalaureat *(slang)*

bagarre *f* fight, brawl

baiser *m* kiss

baisse *f* fall, drop

bal *m* dance

balade *f* walk; run; ride

bancaire banking **compte** _____ bank account

banlieue *f* suburbs, outskirts

banlieusard *m* suburbanite

banque *f* bank

barrette *f* barrette

base *f:* **à** _____ **de plantes** made primarily from plants

bassiste *m, f* bass player

bâtiment *m* building

bâtir to build

beau, belle beautiful, lovely; handsome **avoir** _____ **aimer** however much one likes

bébé *m* baby

belge Belgian

bénéficier de to benefit from

besoin *m* need

béton *m* concrete

bien que although

bijou *m* jewel

binaire binary

bistrot *m* café, bar

blé *m* wheat; bread *(slang for money)*

bloquer to block; to lock

boîte *f* box; can _____ **de nuit** nightclub

bond *m* leap, bound

bonheur *m* happiness **faire le** _____ **de qqn** to make someone happy

bon marché cheap

bordure *f* edge

bouger to move, to stir

boum *f* party *(slang)*

bourgeoisie *f* middle classes

brigade *f* brigade, unit

bronzage *m* suntan

bronzer to tan

brunir to tan

bruyant, e noisy

but *m* goal

cadeau *m* present, gift

cadre *m* executive; frame; setting, surroundings

cahier *m* notebook

caisse *f* wooden crate; cash register

camionnette *f* small van

campagne *f* country, countryside

canard *m* duck

car *m* bus

caresser to caress; to toy with; to entertain

carrière *f* career

cartable *m* schoolbag

carton *m* cardboard; file

cas *m* case, situation

casque *m* helmet

caissier, ière *m, f* cashier

catalyseur *m* catalyst

cave *f* cellar

céder to yield; to give up

célèbre famous

célibataire *m, f* single man or woman

cellule *f* cell

censure *f* censorship

centre *m* center _____ **commercial** shopping center

cependant however, nevertheless

cesser to stop, to cease

chaîne *f* chain; channel; production line

chaleur *f* heat, warmth

champêtre rural

champignon *m* mushroom

changement *m* change

chanson *f* song

charcuterie *f* pork butcher's shop and delicatessen

charge *f* load, burden **être à la** _____ **de qqn** to be the responsibility of someone

charmant, e charming

château *m* castle

chaussée *f* road

chef *m* head, leader _____ **d'entreprise** company manager

chef-d'œuvre *m* masterpiece

chemisier *m* blouse

chêne *m* oak tree

chèque *m* check

chercher to look for _____ **à** to try

chiffre *m* figure, numeral _____ **d'affaires** sales revenue

chimiquement chemically

choix *m* choice

chômage *m* unemployment

chômeur, euse *m, f* unemployed person

choquer to shock; to offend

chouette great, smashing

chronique *f* chronicle, article

circulation *f* traffic

circuler to circulate; to go, to move (car, bicycle)

citadin, e *m, f* city dweller

citer to cite

clarté *f* clarity

classer to classify; to file

clavier *m* keyboard

cocon *m* cocoon

coiffeur, euse *m, f* hairdresser

coiffure *f* hairstyle; barbershop, beauty salon

col *m* collar **à** _____ **roulé** turtleneck

collectivité *f* group; organization; the community

commande *f* order

commenter to give a commentary on

commettre to commit

commode convenient, handy

communautaire community

commune *f* commune; the smallest administration in France, governed by a mayor assisted by a municipal council

compétition *f* competition **faire de la** _____ to go in for competitive sports

comportement *m* behavior

comprendre to consist of, to comprise; to understand

compte *m* count _____ **bancaire** bank account

compter to count; _____ **sur** to rely upon; to have; to intend

comptoir *m* counter; bar

concessionnaire *m* dealer

concours *m* competition **présenter un** _____ to take a competitive exam

concurrence *f* competition

concurrent *m* competitor

conducteur, trice *m, f* driver

conférence *f* lecture; meeting

conférer to give; to confer

confiture *f* jam

conflit *m* conflict

congé *m* holiday; vacation; leave _____ **s payés** annual paid vacation

conjoint *m* partner, husband or wife

conquête *f* conquest

consacrer to devote to

conscient, e conscious _____ **de** conscious of, aware of

conseiller *m* adviser

conservateur, trice conservative

conserve *f* canned food

conserver to keep; to maintain

consommation *f* consumption; drink

consommer to consume; to eat; to drink

constater to notice, to see

constituer to constitute

contemporain, e contemporary

contestation *f* objection

contrainte *f* obligation; constraint

contraire *m* the opposite

contrairement unlike

convaincre to convince

copain, copine *m, f* buddy, pal

copieux, euse copious; hearty

coquetterie *f* stylishness; consciousness of one's appearance

coquille *f* shell

cordon *m* cord; string

corps *m* body

correct, e correct; proper; adequate

costume *m* suit; costume

coup *m* knock; blow **faire le _____** to play a trick **frapper un grand _____** to really pull one off

courant, e everyday, standard

courrier *m* mail

cours *m* course **au _____ de** in the course of **en _____** in progress

course *f* race; shopping

courtoisie *f* courtesy

coussin *m* cushion

coûteux, euse costly, expensive

craindre to fear

crainte *f* fear

craquer to explode

créer to create

cri *m* cry, shout **pousser un _____** to shout, to cry out

crise *f* crisis

croissance *f* growth

croissant, e growing

cross *m* cross-country

crudités *f pl* mixed salad; cold marinated vegetables

cuir *m* leather

cuisinier, ière *m, f* cook

cuisinière *f* kitchen stove

cultivé, e cultured

danois, e Danish

dater de to date back to

davantage more; longer

débarquer to land; to unload; to turn up (somewhere)

débat *m* debate

débrouiller to disentangle, to sort out **se _____** to manage

décevoir to disappoint

déconnecter to disconnect

décontraction *f* relaxation

découverte *f* discovery

découvrir to discover

décrire to describe

défaite *f* defeat

défaut *m* flaw; fault

défection *f* desertion

défenseur *m* defender; advocate

déguisé, e disguised

déléguer to delegate

demande *f* request

demander to ask (for)

démarrer to start up

déménager to move

demeure *f* residence **à _____** permanently

demeurer to remain; to live

démontrer to demonstrate, to prove

départment *m* administrative region of France

dépassé, e outmoded

dépasser to exceed; to overtake

dépense *f* expense

déplacement *m* trip; commuting

dépliant *m* brochure

déployer to deploy; to display

déranger to disturb, to bother

dès as soon as

désespérément desperately

désigner to refer to; to designate

destinée *f* fate, destiny

détacher to detach; to remove

détecteur *m* detector

dette *f* debt

dialoguer to have a conversation

diététique dietary

diffuser to distribute

diffusion *f* distribution

diminuer to reduce, to decrease

dire to say **pour ainsi _____** so to speak

directeur, trice *m, f* manager; director; head

direction *f* direction; management

diriger to direct; to run; to send **se _____ vers** to make one's way toward

discuter to discuss

disparaître to disappear, to vanish

disparition *f* disappearance

disperser to scatter; to disperse; to break up **se _____** to scatter

disposer to place **_____ de** to have at one's disposal

distraction *f* amusement, entertainment; absentmindedness

divers diverse; various

dizaine *f* about ten

doctrinaire *m, f* doctrinaire

domestiquer to domesticate; to harness

domicile *m* home, domicile

donnée *f* datum

doucement softly; slowly

douche *f* shower

douloureux, euse painful; distressing

drogue *f* drug, **la _____** drugs

dune *f* dune

durée *f* duration

durer to last

échange *m* exchange

échapper to escape

échec *m* failure; **les _____ s** chess game

échelle *f* ladder; **à l' _____ de** at the level of

éclatant, e radiant

éclater to burst open

économe thrifty

économie *f* economics; economy **faire des _____ s** to save money

économiser to save

écran *m* screen

écrivain *m* author; writer

effet *m* effect **en _____** as a matter of fact; indeed

efforcer: s' _____ de to strive

égal, e equal

égalitaire egalitarian

égalité *f* equality

égard *m* consideration **à notre _____** with regard to us

église *f* church

égoïste selfish; egotistical

électeur, trice *m, f* voter

élevage *m* raising of animals

élevé, e high

élire to elect

élite *f* elite **d' _____** first class

embarras *m* hindrance; embarrassment **avoir l' _____ du choix** having too great a choice

embarras *m* _____ **intestinal** upset stomach

émerveillement *m* marvel, astonishment

émerveiller to fill with wonder

émission *f* program

emploi *m* job; use _____ **du temps** schedule, timetable

empoisonner to poison **s' _____** to get food poisoning

emporter to take along

emprunter to borrow

encombrant, e burdensome

encombrer to clutter

énervé, e irritated; annoyed

enfance *f* childhood

enfumer to fill with smoke

engagement *m* agreement

ennui *m* boredom; trouble

ennuyer to bore **s' _____** to be bored; to bother, to annoy

enquête *f* survey

enquêteur, euse *m, f* pollster

enrichir to make rich

enseignant *m* teacher

enseignement *m* education _____ **secondaire** secondary schools

ensemble together **dans l' _____** on the whole

ensemble *m* whole; unity; set; collection **un grand _____** housing development; building complex

ententre to hear **s' _____** to agree; to get along with

entourage *m* family circle; set

entourer to surround

entraînement *m* training

entraîner to drag along; to train, to coach; to bring about

entraîneur *m* coach

entrant, e *m, f* new registrant

entrecôte *f* rib steak

entrée *f* entrance; admission **les _____ s et les sorties** the comings and goings

entreprise *f* business, firm, company

envie *f* desire, longing **avoir _____ de + inf.** to feel like

environ about, approximately

envisager to consider; to contemplate

épargner to save

épique epic, dramatic

époque *f* epoch, era **à l' _____** at that time

époux *m* **épouse** *f* spouse

épouser to marry

éprouver to feel, to experience

équilibre *m* balance

équilibré stable, well balanced

équipe *f* team

équitation *f* horseback riding

escargot *m* snail

esclave *m* slave

espace *m* space **en l' _____ de deux ans** within two years

essai *m* attempt; **prise à l' _____** on a trial basis

essence *f* essence; gasoline

estimer to appraise; to estimate _____ **que** to consider that

établir to establish **s' _____** to settle down

établissement *m* establishment _____ **hôtelier** hotel

étape *f* stage, step

état *m* state, government

étonnant, e surprising, amazing

étonner to surprise **s' _____** to be amazed

étranger, ère foreign

étranger, ère *m, f* foreigner

étude *f* study **faire des _____ s** to study for a degree

étudiant, e *m, f* student

évader; s' _____ to escape

éveil *m* awakening; **les activités d'** _____ readiness activity

évidemment evidently

éviter to avoid

évoluer to evolve

évoquer to give as an excuse

exclure to exclude

exclusivité *f:* **en** _____ exclusively

exercer to practice

exhiber to flaunt

exigeant, e demanding

exigence *f* demand, requirement

exiger to demand

exploit *m* feat, exploit

exploitant, e *m, f* farmer

exploitation *f* working; exploitation; running _____ **agricole** farming business

exportation *f* export

exprès, esse on purpose **à la condition** _____ **que** only on the condition that

exprimer to express

fabricant *m* manufacturer

fabrique *f* factory

fabriquer to make

faciliter to make easier, to facilitate

facture *f* bill

faculté *f* faculty; university

faiblesse *f* weakness; smallness

faiblir to get weaker, to weaken; to slacken

faire: se _____ **à** to get accustomed to

fameux, euse very good

fantaisiste eccentric; whimsical

fantôme *m* ghost

farci, e stuffed

farouchement fiercely

fatalité *f* fate; inevitability

fatigant, e tiring; tiresome

faute de for want of

féliciter to congratulate **se** _____ to congratulate oneself

ferme firm

féroce ferocious

ferroviaire railroad

fier, fière proud

fièrement proudly

figurer to appear

financier, ière financial

fixe fixed

flacon *m* bottle

flatter to flatter

fléchir to bend; to drop

flic *m* cop

flotter to float

foie *m* liver **pâté de** _____ **gras** goose liver pâté

fois *f* time **à la** _____ at the same time

folie *f* madness; lunacy

follement madly, wildly

fonction *f* post; office

fonctionnaire *m, f* state employee

fondé, e justified

fonder une famille to start a family

fonderie *f* foundry

football *m* soccer

force *f:* **à** _____ **de** by dint of

forcément inevitably

formidable tremendous; great; incredible

fort, e strong; containing a high percentage of alcohol

fou, folle crazy; terrific

foutre *(fam)* to do; to shove _____ **qqn à la porte** to kick someone out

foyer *m* home; family; employee dormitory

frais *m pl* expenses, costs; fees

franchement frankly

francophone *m, f* French speaker

frapper to strike; to hit

fréquemment frequently

fréquence *f* frequency

fréquentations *f pl* company

fréquenter to frequent

frisson *m* shiver

froid, e cold **n'avoir pas** _____ **aux yeux** to be adventurous

front *m* forehead

frontière *f* border

frustré, e frustrated

fusée *f* rocket

gage *m:* _____ **de** proof of

gagner to earn; to win; to reach; to gain

gamin *m* kid

garantie *f* guarantee

garde *f* care; child care, baby sitting

gars *m:* **les** _____ men; boys

gazeux, euse fizzy; carbonated

gênant, e embarrassing

gêne *f* bother; nuisance; discomfort

genre *m* kind, type **le** _____ **humain** mankind

gifle *f* slap in the face

gosse *m, f* kid, child

gourmandise *f* greediness

goût *m* taste

goûter to taste; to have an after-school snack

goutte *f* drop

grâce *f* grace; charm _____ **à** thanks to

grade *m* rank

grand, e big; tall; great _____ **e surface** large discount store

gratte-ciel *m* skyscraper

gratuit, e free

gravement gravely, seriously

grec, grecque Greek

grève *f* strike

grimper to climb; to increase

gros, se big, large **en** _____ roughly

grossir to put on weight

habitat *m* housing

habituer to accustom **s'** _____ to get used to

haïr to hate

hardiment boldly

harmonie *f* harmony

hâte *f*: **à la** _____ hastily

hectare *m* hectare (plot of land measuring 10,000 square meters)

histoire *f* story

homard *m* lobster

honte *f* shame **avoir** _____ **de** to be ashamed of

honteux, euse shameful

horaire *m* schedule, timetable

hors de outside, out of

hurler to scream

identifier: s' _____ **à** to identify with

identique identical

illustrer to illustrate

immeuble *m* apartment building

immigrer to immigrate

immobilier *m* real estate business

impardonnable unforgivable, unpardonable

impasse *f* cul-de-sac, dead end

impatienter to irritate, to annoy **s'** _____ to get impatient

imperméable *m* raincoat

implantation *f* establishment; implantation

implanter to establish

importe: n' _____ any

imposer to impose **s'** _____ to become established

impôt *m* tax

impressionnant, e impressive

imprévu, e unexpected

imprimeur *m* printer

inattendu, e unexpected

incertitude *f* uncertainty

incitation *f* incitement

inciter to incite; to urge

incontestablement incontestably, indisputably

inconvénient *m* disadvantage, inconvenience

incroyable *m* the unbelievable

indifféremment equally

indigner: s' _____ to be indignant

indiscipliné, e undisciplined, unruly

industriel, elle *m, f* industrialist, manufacturer

inexistant, e nonexistent

informatique *f* computer science

ingéniérie *f* engineering

ingénieur *m* engineer

ingéniosité *f* ingenuity

innover to innovate

inquiet, ète worried

inquiétant, e disturbing

inquiéter to worry; to disturb **s'** _____ to worry

inquiétude *f* anxiety, worry

inscrire to register

inscrit, e: être _____ to have one's name on a list

insensible insensitive

inspirer to inspire **s'** _____ **de** to be inspired by

instituteur, trice *m, f* primary-school teacher

insuffisant, e not enough, inadequate

insularité *f* insularity; isolation

insupportable unbearable

intégralement fully

interdit, e prohibited, forbidden

interprète *m, f* interpreter

interpréter to perform

intime private; intimate

intransigeant, e uncompromising, intransigent

inutile useless; unnecessary

inventaire *m* inventory

inverse opposite

inversé, e reversed

inversement conversely

jadis long ago

jaloux, ouse jealous

jambon *m* ham

jardinage *m* gardening

jardinet *m* small garden

joie *f* joy

joindre to join; to combine; to add; to enclose

joueur, euse *m, f* player; casino gambler

jouir de to enjoy; to have

jour *m* day _____ **férié** public holiday

journée *f* day

juge *m* judge

jumeau *m* twin

juridiquement legally

juste skimpy; only

lâcher to let go of; to drop; to give up

laine *f* wool

laitier, ière dairy

lancer to throw; to launch; to start up

largement widely, greatly

lecture *f* reading

légèreté *f* lightness

lendemain *m* the next day **au _____ de** soon after

lenteur *f* slowness

lessive *f* laundry powder; **faire la _____** to do the laundry

lettre *f* letter _____ **de château** thank you note

libéral, e: profession _____ profession such as dentist, lawyer, architect, etc.

libérer to ease restrictions on; to release

libre free; open _____**-service** self-service

librement freely

lieu *m* place _____ **de rencontre** meeting place **avoir _____** to take place

limitation *f* limitation _____ **des naissances** birth control

linéaire linear

litre *m* liter

littéraire *m, f* student in arts and letters

livraison *f* delivery

livrer to deliver _____ **un appartement** to be ready for occupancy

local *m* space, room

locataire *m, f* renter

location *f* renting

logé, e: être _____ et nourri to have room and board

logement *m* housing, lodging; apartment

loger to live

lointain distant; remote

lointain *m* remoteness; distance

loisir *m* leisure **les _____ s** leisure activities

lorsque when

louer to praise

loyer *m* rent

luxe *m* luxury

luxueux, euse luxurious

lycée *m* high school

lycéen, enne *m, f* high school student

macadam *m* macadam

magasin *m* store, shop **grand _____** department store

maillot de bain *m* swimming suit

maire *m* mayor

mairie *f* city hall

maison *f* house _____ **individuelle** (detached) house; single-family dwelling

majeur, e major **être _____ to** be of age

mal *m* **maux** *pl* evil, ill **avoir du _____ à faire qqch** to have trouble or difficulty doing something

malgré in spite of, despite

manche *f* sleeve **la Manche** the English Channel

manifestation *f* demonstration; event

manoir *m* manor

manque *m* lack of, shortage

manqué: garçon _____ tomboy

manuel *m* handbook; manual laborer

maquillage *m* makeup

maquiller: se _____ to put on makeup

marché *m:* **bon _____** cheap

marié, e married

marquer to mark; to show

marrer: se _____ to have fun

matière *f:* **en _____ de** concerning

mécontentement *m* discontentedness

mécontenter to displease; to annoy

médecin *m* physician _____**-chef** head doctor

méfier: se _____ de to distrust, to be wary of

mémoriser to memorize

menacer to threaten

ménage *m* housework; couple; household

ménager, ère household, domestic

mener to conduct; to lead

mentir to lie

messe *f* mass

météorologie *f* meteorology

métropole *f* metropolis

mettre to put; to wear **se _____ à l'écoute** to begin to listen to _____ **au point** to finalize

meublé, e furnished

minette *f* pussycat; young girl

ministériel, elle cabinet

mi-temps *f:* **travailler à** _____ to work part-time

mobylette *f* moped

mode *f* fashion **à la** _____ fashionable

mode *m* method _____ **de vie** way of life

modéré, e moderate

moins less **de** _____ at least

montagne *f* mountain

montée *f* climb, ascent

monter to go up; to set up _____ **en grade** to be promoted

montrer to show **se** _____ to appear, to show

moquer: se _____ **de** to make fun of, to laugh at

motif *m* motive; reason

motiver to motivate

moyen, enne average

moyen *m* means, way

moyenne *f* average; average speed

naissance *f* birth **limitation des** _____ **s** birth control

naître to be born

natal, e native

négliger to neglect

négocier to negotiate **se** _____ to be sold

nerf *m* nerve

net, nette neat, tidy; clear

net bluntly

nettement clearly

niveau *m* level _____ **de vie** standard of living

noce *f* wedding

nombre *m* number

notaire *m* notary public

notamment notably

note *f* bill

noter to notice

nourrir to feed; to harbor a feeling **se** _____ to eat

nourriture *f* food

nouveau, nouvelle new **à** _____ again

nouveauté *f* new thing; novelty

novateur innovative; revolutionary

nuageux, euse cloudy

numérique numerical

obligatoire obligatory, mandatory

obligatoirement inevitably

obtenir to obtain, to get; to receive

occidental, e western

office *m:* **faire** _____ **de** to serve (act) as

offrir to offer

ondulation *f* undulation

opter pour to choose

ordinateur *m* computer

ordre *m* order

originaire de native of

osciller to oscillate; to fluctuate

oser to dare

ouest *m* west

pair: aller de _____ to go together with

paire *f* pair

palais *m* palate; palace

panne *f* breakdown

Pâques *m* Easter

paraître to look; to appear; **le journal à** _____ to be published

parcourir to cover, to travel across

parfaitement perfectly

parfois at times

parfum *m* perfume

parmi among

part *f* part **une place à** _____ a special place

partager to share

partisan, e *m, f* supporter

pas *m* step **sauter le** _____ to take the plunge

passer to spend; to become **se** _____ to take place, to happen **se** _____ **de** to do without _____ **un examen** to take an exam

passionnant, e exciting

passionner to fascinate

pâté de foie gras goose liver pâté

patrie *f* homeland

patron *m* boss, owner

pauvreté *f* poverty

pavé, e paved; cobbled

payer to pay

pêche *f* fishing; peach

peine *f* sorrow, sadness **à** _____ hardly

peintre *m* painter

peler to peel

pénible tiresome; **travail** _____ hard work

pension *f* boardinghouse

percer to pierce **se faire** _____ **les oreilles** to have one's ears pierced

perfectionnement *m* perfection; improvement

permettre to allow **se** _____ to afford

permis, e permitted

permis *m* permit, license
_____ **de conduire** driver's
license

petit-enfant *m* grandchild

piaule *f* room (slang)

pièce *f* room _____ **de théâtre**
play

piéton *m* pedestrian

pilote *m*: _____ **d'essai** test
pilot

pilule *f* pill

pire: le _____ the worst

piscine *f* swimming pool

piste *f* trail, path; track

placer to place

plage *f* beach

plaindre to pity, to feel sorry for

plaisir *m* pleasure

plan *m* map; plan; level **sur le**
_____ **scolaire** as far as
studies are concerned

plateau *m* tray

plénitude *f* fullness

pleuvoir to rain, to shower, to
pour

plombier *m* plumber

plonger to dive; to plunge; to
immerse

plupart: la _____ most, the
majority

point not; no

point *m* point _____ **de vente**
shop, store

pointe *f* point; peak **à la** _____
de in the forefront of

poivre *m* pepper

port *m* harbor, port _____
d'attache port of registry; home
base

porter to carry; to wear; to stand
se _____ **bien (mal)** to be
well (not well)

porteur, euse *m, f* porter; bearer

portière *f* car door

portion *f* portion, helping

poste *f* post office; postal service

poste *m* position; TV or radio
receiver

postier *m* post office employee

potage *m* soup

poudre *f* powder

pourtant yet, nevertheless

pouvoir *m* power **les** _____ **s**
publics public administration

précédent, e previous

précisément precisely; accurately

préciser to specify, to make clear

prendre to take _____ **pour** to
mistake for

présentateur, trice *m, f* TV or
radio announcer

présenter un concours to take a
competitive exam

président-directeur général *m*
chairman and managing director

pressé, e hurried

prêt *m* loan

preuve *f* proof

prévision *f* prediction

prévisionnel, elle anticipated

prévoir to foresee; to anticipate;
to provide for

prévoyant, e provident

prier to pray **se faire** _____ to
need coaxing

principe *m* principle

prise *f* hold, grip _____ **en**
charge acceptance of financial
responsibility

privé, e private

priver de to deprive

privilégié, e privileged; favored

prochain *m* fellow man; nearness

prochainement soon

proche near; close

produire to produce **se** _____
to happen, to occur

profit *m* profit; advantage

profond, e deep, profound

profondément deeply;
profoundly

projection *f* projection; showing

projet *m* plan

promenade *f* walk, stroll; drive;
sail

promoteur, trice *m, f* promoter;
developer

propre own

propriétaire *m* owner

propriété *f* property, ownership

prospérer to prosper, to flourish

prudence *f* caution; wisdom

psychiquement psychically

psychologue *m, f* psychologist

publicitaire advertising

pudeur *f* sense of modesty,
decency

puissance *f* power; strength

puissant, e powerful

purée de pommes de terre *f*
mashed potatoes

qualificatif *m* term, qualifier

quant à as for, as to

quasi almost

quelque part somewhere

quelque-uns, unes some, a few

queue *f* tail **faire la** _____ to
wait in line

quinzaine *f* about fifteen

quotidien, ienne daily

raccompagner to take home

raccourcir to shorten

racine *f* root

raison *f* reason, cause **à** _____ **de** at the rate of

rajouter to add

rame *f* oar; train

ramener to bring back

randonnée *f* ride; walk; trip

rang *m* rank

rapport *m* report; yield, revenue; link, relationship _____ **s** relations, relationships

rapprochement *m* parallel, comparison

rareté *f* rarity; scarcity

rassurer: se _____ to reassure oneself

rater to fail; to mess up

rattraper to catch up with; to make up for

rayon *m* ray; radius; range; spoke

réagir to react

réalisateur *m:* _____ **de cinéma** film director

réalisation *f* realization; fulfillment

réaliser to make; to achieve; to produce; to realize

récemment recently

récepteur *m* receiver

recherche *f* search; pursuit; quest

réciproquement vice versa

réclamer to claim; to ask for

recteur *m* director of education for a region (includes all levels of education)

rectorat *m* office of the director of education for a region

recul *m* retreat; **être en** _____ to be on the decline

redevenir to become again _____ **à la mode** to be back in style

réduire to reduce

réel, elle real, genuine

refaire to redo

réfléchir à to think about

refus *m* refusal

regarder to look at, to watch

régie *f* state-owned company

régime *m* government

règle *f* rule

réglementation *f* regulations

réglementer to regulate, to control

régler to settle; to settle up, to pay

régner to reign

rejeter to expel; to throw back; to reject

relier to connect

remarquable remarkable, outstanding; striking

remarquer to notice

remboursement *m* reimbursement, repayment of loan

rembourser to reimburse

remède *m* remedy, cure

remonter to go back up _____ **à** to date back to

remplacer to replace

remplir to fill

rencontre *f* meeting

rendez-vous *m* appointment

rendre to give back, to return **se** _____ **à** to go to **se** _____ **compte de** to realize

renforcer to reinforce

renoncer à to give up

rentrée *f* return to school or work; return home

repassage *m* ironing

répondre to answer

représenter to depict, to show **se** _____ to imagine

reproche *m* reproach

réseau *m* network

réserve *f* reserve **les** _____ **s** savings

résidence *f* residence _____ **secondaire** second home; weekend cottage

résoudre to solve

responsable *m, f* person in charge; official; person who is to blame

ressentir to feel

restauration *f* restoration

restaurer to restore

rester to stay, to remain; to be left

restreindre to restrict **se** _____ to cut down on

résultat *m* result

résulter de to result from

rétablir to reestablish

retenir to remember, to hold back

retour *m* return

retraite *f* retirement

retrouver to find again **se** _____ to end up in; to find oneself

réunir to gather; to collect **se** _____ to meet; to get together

réussite *f* success

revanche *f* revenge **en** _____ on the other hand

rêve *m* dream

révéler to disclose, to reveal **se** _____ to reveal itself, to be revealed

rêver to dream

rhume *m* cold

richesse *f* wealth

rigueur *f* rigor; **être de** _____ to be required

risque *m* risk

risqué, e risky

roman *m* novel

rondelle *f* slice; round

rouge à lèvres *m* lipstick

routier, ière of the road

sachet *m* sachet; bag

sacré, e sacred; damned

sagesse *f* wisdom

sain, e healthy

salaire *m* salary

salarié, e *m, f* salaried employee, wage earner

saler to salt

saleté *f* dirt

sanitaire health; sanitary

saturer to saturate

saumon *m* salmon

saut *m* jump, leap **faire un** _____ to pay a short visit

scène *f* stage (theater)

sceptique skeptical

scolarité *f* schooling

scrutin *m* ballot

secteur *m* sector

secousse *f* jolt; shock

sécurité *f* safety, security

séjour *m* stay

séjourner to stay

sens *m* meaning; direction; sense

sensibilité *f* sensitivity

sensible sensitive

senteur *f* scent, perfume

sentir to smell; to feel **se** _____ to feel

sereinement serenely, calmly

serré, e tight

service *m* duty _____ **compris** service charge (tip) included

sévère severe; harsh

siècle *m* century

siffler to whistle

signifier to mean, to signify

sinon if not; except

société *f* society; company, firm

soie *f* silk

soin *m* care _____ **dentaire** dental care

soins *m pl* care; health-care products

solaire: lait _____ suntan lotion

solennel, elle solemn

sondage *m* statistical survey

songer to dream _____ **à** to think of

sort *m* fate; lot

sorte *f* sort; kind **en quelque** _____ in a way, as it were

sortie *f* night out

sortir to go out **s'en** _____ to get over it

souci *m* worry

soucieux, euse de concerned about

soufflé, e amazed

souffrance *f* suffering

souffrir to suffer

souhaitable desirable

souhaiter to wish, to desire

soutien *m* support

spectacle *m* show

spectateur, trice *m, f* spectator; moviegoer; person in the audience

spiritueux *m* spirit (alcohol)

sportif, ive *m, f* sportsman, sportswoman

stage *m* training period

station *f* subway station; bus stop _____ **balnéaire** seaside resort

stop *m* stop sign **faire du** _____, **faire de l'auto-** _____ to hitchhike

stopper to halt, to stop

suave suave, smooth

subir to undergo; to suffer

subventionner to subsidize

sucrer to sugar

sueur *f* perspiration

suffire to be enough, to suffice

suffisamment sufficiently

suite *f* continuation

suivi, e regular; steady

suivre to follow _____ **un cours** to take a course

supportable bearable

supporter to stand, to tolerate

supposer to suppose, to assume

supprimer to remove; to suppress

surboum *f* party *(slang)*

surprenant, e amazing, surprising

surveillance *f* watch; supervision

survivre to survive

sympa (sympathique) friendly, nice

syndical, e union

syndicat *m* union

tâche *f* task, work

tacot *m* old car; old crate

taire: se _____ to be quiet

tandis que while

tant pis that's too bad, that's tough *(slang)*

taper to beat; to knock; to type

tarif *m* rate, tariff; fare

tartine f: _____ de beurre buttered bread

taux m rate

teinture f dye

téléviseur m TV set

témoigner to testify, to give evidence

témoin m witness

tendance f tendency

tendresse f tenderness

tenir to hold _____ à to insist on; to care about **se _____ bien** to behave

tenter to tempt _____ **de** to attempt, to try to

terminale f high school senior; last year of secondary school

terminer to terminate, to bring to a close

terrain m ground; soil **sur le _____** in the field

terrine f: **pâté _____ de volaille** fowl pâté

tête f head **en _____ de** at the head of

thon m tuna fish

tiers m third

tirer to pull **se _____** to leave (slang)

tissu m fabric, cloth; tissue

toile f cloth; canvas; painting

toit m roof; home

tolérer to tolerate

tombe f tomb; grave

ton m tone

totaliser to total

touche f touch; stroke

toucher to touch; to receive

tour f tower; high-rise building

tourner to revolve, to turn

trace f mark; tracks **marcher sur les _____ s de qqn** to follow in someone's footsteps

tracteur m tractor

traduire to translate **se _____** to be translated

traîner to drag along

traiter to treat

trajet m distance; route; journey

tranche f slice

traversée f crossing

tricher to cheat

troupeau m herd

trouver to find **se _____** to be, to be found **il se trouve** there is, there are

truc m thing; solution

truite f trout

unique only

universitaire m, f academic

urbain, e urban

usuel, elle everyday, ordinary

utilitaire utilitarian

vacancier m vacationist

vague f wave **éviter de faire des _____ s** to avoid complications; to not make waves

vaisselle f dishes; china; **faire la _____** to wash the dishes

valeur f value

valoir to be worth **il vaut mieux** it is better

vanter to praise **se _____** to boast

veau m veal; calf

vedette f star

vélo m bicycle

vélomane m cycling enthusiast

vendeur, euse m, f salesperson

venir to come _____ **de + inf** to have just

vent m wind

vente f sale

véritable real, true

verser to pour; to pay

vestimentaire pertaining to dress

veuf, veuve m, f widower, widow

vexation f humiliation

victoire f victory

victuailles f pl provisions

vierge virgin

vigne f vine

vigueur f vigor

vinaigre m vinegar

virage m turn; change in policy or direction; road curve

vis-à-vis opposite; next to; vis-a-vis

visiblement obviously, clearly

vitré, e glass

vivifiant, e invigorating

voie f way; road **par la _____ des airs** by air **en _____ de** in the process of

voix f voice

volaille f fowl

volontiers willingly, gladly

wagon porte-conteneurs m piggyback flatcar

xénophobie f xenophobia (fear of foreigners)

Permissions

Gérard Mermet, «France: Hier et aujourd'hui», Extrait de *L'Express,* 12-18 avril 1985, pp. 52-57

Thierry Maulnier, de l'Académie française, «Ce Peuple cartésien», Extrait du journal *Le Figaro,* 30 mars 1979, p. 32

Bruno Ferreira, «C'est tout de même en France qu'on vit le mieux . . . », Extrait du *Figaro Magazine,* 21 avril 1979, p. 69

Anne Beaujour, «La Famille: Une idée moderne», Extrait de *L'Express*

Marc Losson, «Les Vieux, rejetés», *Le Monde,* 18 janvier 1979

«Famille nombreuse, le gouvernement vous adore», *Le Journal Français d'Amérique,* 7-20 novembre 1986, p. 3

France de Lagarde, «Ma Télé, ma femme et moi», Extrait de *La Vie,* 21 mai 1981, pp. 24-28

Pierre Laforêt, «Lelouch: Tout ce que je pense des femmes», Extrait de *Madame Figaro,* 23 mai 1981, pp. 34-35

Mariella Righini, «Famille, je vous aime», *Le Nouvel Observateur,* 15 juin 1981, pp. 59-60

Marc Ambroise Rendu, «Les Ecoliers des années 80», Extrait du *Monde, Dossiers et documents,* No. 126, octobre 1985, p. 5

François Danchaud, «Finis les Routards», Extrait du *Monde Campus,* No. 2, 10 avril 1986, pp. 8-10

Marie-Claude Betbeder, «Les Jeunes Couples: 20-25 ans», Extrait du *Monde de l'Education,* No. 128, juin 1986, pp. 30-38

Geneviève Welcomme, Claire Willerval, Larousse et Bayard Presse, «Bac quand tu nous tiens . . . », Extrait de *Juniorscopie,* 1986, p. 128

«Panorama de l'université», Extrait de «La Fac, pourquoi, comment?», *Dossiers de l'Etudiant,* juin 1981, pp. 29-38

«Comment vivent les étudiants?», Extrait de «Comment vivent-ils?», *Dossiers de l'Etudiant,* octobre 1981, p. 34

«Comment les étudiants mangent-ils?», Extrait de «Bouffe», *Dossiers de l'Etudiant,* octobre 1981, pp. 55-60.

«Le Logement», *Dossiers de l'Etudiant,* octobre 1981, pp. 243-244

«Fêtes entre copains», Extrait de «Fêtes», *Dossiers de l'Etudiant,* octobre 1981, p. 215

Catherine Bergeron, «Le Nouveau Paris», *Le Point,* No. 713, 19 mai 1986

Laurent du Plessis, «Le Plus Grand Centre d'Affaires d'Europe», *Figaro Magazine,* 4 juillet 1981

«Les Banlieues: Plus loin qu'on ne le croit, fatiguées, isolées . . . », *Marie-France,* No. 316, juin 1982, pp. 22-25

«Les Vacances» Paroles de Jacques Demarny, Musique d'Enrico Macías, chanson trouvée sur le disque «Dès que me réveille», reproduite avec l'autorisation de LEM America

Jacques Thomas, «Une Obsession: Les Vacances», *Marie-France,* No. 292, juin 1980

«Le Petit Bal du samedi soir», Extrait de «Comment vit l'Europe», supplément hors-série *Le Matin,* 22 mars 1979

Michèle Dannus, «L'Avenir du livre: Nous lirons encore demain», Extrait de *Phosphore,* No. 51, avril 1985, pp. 42-43

Michel Bonduelle, «D'Autres Tours de France», *Vital,* No. 10, juillet 1981, pp. 81-87

«Mariage de l'ordinateur et du téléphone: le Télétel», Extrait de «A la Découverte des Services», supplément au *Minitel Magazine,* No. 15, juin/juillet 1986

«Le Royaume-uni cesse d'être une île», Extrait de *Paris Match,* 31 janvier 1986, pp. 52-53

«France-Angleterre: Le bout du tunnel», *Le Point,* No. 743, 15 décembre 1986

«Avec le TGV, la France rétrécit», *Le Point,* No. 743, 15 décembre 1986

Véronique Buttin, «SNCF: La nouveauté mène le train», Extrait de *Marie-France,* juin 1985, pp. 45-46

Philippe Bouvard, «Conversation avec Paul Bocuse», Extrait de «Le Roi Bocuse se met à table», *Réussites,* No. 8, mai-juin 1981, pp. 64-71

«Salade minute», Extrait de *Femme Actuelle,* No. 53, septembre/octobre 1985, p. 67

«Petit déjeuner», Extrait de *Femme Actuelle,* No. 52, septembre 1985, p. 79

Michèle Barbier, «Le Maïs», Extrait de *Femme Actuelle,* No. 52, septembre 1985, p. 78

Agnes Félice, «Que mangerons-nous en l'an 2000?», Extrait de *Femme Actuelle,* No. 52, septembre 1985, p. 10

Guy Béart, «Lune ma banlieue», *Couleurs et colères du temps*

Huguette Debaisieux, «Conflit social chez les parvenus du robot», Extrait de *L'Express,* No. 1486, 5 janvier 1980, pp. 40-42

«Comment les Français vivront demain?», Extrait de «Comment vivrons nous demain?», *Phosphore,* No. 63, avril 1986, pp. 32-37

Daniel Garcia, «Le Restaurant et l'ordinateur», Extrait de «Les toqués de l'information», *Le Monde Dimanche,* 20 décembre 1981, p. VII

Credits

Stock, Boston: Peter Menzel, 1, 3, 19, 50, 69, 82, 97, 150

Pages 8, 9, 86, 184, cartoons by Hoviv

Page 13, courtesy of Young & Rubicam Advertising, Boulogne, France

Page 29, *Madame Figaro,* No. 12991, 7 juin 1986, p. 16. Cartoon by Nicole Lambert.

Dorka Raynor: 30

Pages 32, 128, *Figaro Magazine,* 14 juin 1986

Alain Mingam: 38

Pages 40, 41, *Téléstar,* Paris

Page 44, courtesy of the Museum of Modern Art/Film Stills Archive, New York

Jean-Claude Lejeune: 47

Stuart Cohen: 22, 52, 122, 132, 198

Page 56, reprinted with permission of Bayard Presse, *Phosphore,* No. 66, Paris, 1986. Illustration by F. Margerin.

Pages 59, 74, *L'Etudiant/Guide des Parents,* 1986

Pages 64, 113, *La Vie Quotidienne*

Page 77, courtesy of Christele Vidon

Photo Researchers, Inc.: Helena Kolda, 92; Richard Frieman, 110

Page 114, courtesy of Etrimo, Grenoble and St.-Egrève, France

Page 105, *Le Point,* No. 713, 19 mai 1986

Page 106, L'Opéra-Bastille, Photo Jean Biaugeaud, © Mission Interministerielle de Coordination des Grandes Opérations d'Architecture et d'Urbanisme

Page 106, La Pyramide du Louvre, Photo Dumage, © Etablissement Public du Grand Louvre

Monkmeyer Press Photo Service: Hugh Rogers, 115

Page 136, *Dauphine,* 16 juin 1986

Page 139, courtesy of *PTT Télécommunications, Service National de l'Edition des Annuaires,* Paris

Michel Bonduelle: 140

Page 148, *Le Point,* 1986

Page 156, "Bouygues, France's Master Builder", *France Magazine,* No. 7, Winter 86/87, p. 39

Page 160, *Le Point,* No. 743, 15 décembre 1986

Page 162, courtesy of French Embassy & Press Information Division, New York

Page 176, courtesy of Food and Wines from France, New York

Page 189, courtesy of Arianespace Inc., Washington, D.C.

Page 191, reprinted with permission of *L'Express,* Paris
Page 196, courtesy of National Aeronautics and Space Administration (NASA)
Page 202, *L'Etudiant/Guide des Parents,* 1986
Jacques Delière: 5, 7, 18, 25, 36 & 37 (Photos de Panneaux Publicitaires), 73, 88, 99, 101, 106 (La Géode), 107, 112, 119, 145, 167, 169, 171, 172, 174, 180

Illustrations

Randy Sorenson: 23, 153
Christopher Carduff: 53, 78, 125, 204
Thomas Lemot: 192